Os desafios da integração regional no Sul Global

FUNDAÇÃO EDITORA DA UNESP

Presidente do Conselho Curador
Mário Sérgio Vasconcelos

Diretor-Presidente / Publisher
Jézio Hernani Bomfim Gutierre

Superintendente Administrativo e Financeiro
William de Souza Agostinho

Conselho Editorial Acadêmico
Divino José da Silva
Luís Antônio Francisco de Souza
Marcelo dos Santos Pereira
Patricia Porchat Pereira da Silva Knudsen
Paulo Celso Moura
Ricardo D'Elia Matheus
Sandra Aparecida Ferreira
Tatiana Noronha de Souza
Trajano Sardenberg
Valéria dos Santos Guimarães

Editores-Adjuntos
Anderson Nobara
Leandro Rodrigues

TULLO VIGEVANI
HAROLDO RAMANZINI JUNIOR

Os desafios da integração regional no Sul Global

O caso da Política Externa Brasileira para o Mercosul

Prefácio
Celso Amorim

Publicado pela primeira vez em inglês sob o título:
The Challenges for Building Regional Integration in the Global South; The case of Brazilian Foreign Policy towards Mercosur por Tullo Vigevani e Haroldo Ramanzini Junior, edição: 1
Copyright © Springer Nature Switzerland AG, 2022
Esta edição foi traduzida e publicada sob licença de Springer Nature Switzerland AG.
A Springer Nature Switzerland AG não se responsabiliza e não será responsabilizada pela precisão da tradução.

© 2023 Editora Unesp

Direitos de publicação reservados à:
Fundação Editora da Unesp (FEU)
Praça da Sé, 108
01001-900 – São Paulo – SP
Tel.: (0xx11) 3242-7171
Fax: (0xx11) 3242-7172
www.editoraunesp.com.br
www.livrariaunesp.com.br
atendimento.editora@unesp.br

Dados Internacionais de Catalogação na Publicação (CIP) de acordo com ISBD
Elaborado por Odilio Hilario Moreira Junior – CRB-8/9949

V674d
    Vigevani, Tullo
        Os desafios da integração regional no Sul Global: o caso da Política Externa Brasileira para o Mercosul / Tullo Vigevani, Haroldo Ramanzini Junior. Prefácio de Celso Amorim. – São Paulo: Editora Unesp, 2023.

        Tradução de: *The Challenges for Building Regional Integration in the Global South; The case of Brazilian Foreign Policy towards Mercosur*
    Inclui bibliografia.
    ISBN: 978-65-5711-198-7

        1. Relações internacionais - Brasil. 2. Política externa - Brasil. 3. Mercosul. I. Ramanzini Junior, Haroldo. II. Título.

2023-1398   CDD 327.81
                                                                                  CDU 327(81)

Esta publicação contou com apoio da Fundação de Amparo à Pesquisa do Estado de São Paulo (Fapesp, processo n.2014/50935-9)

Editora afiliada:

Sumário

Prefácio   7
  Celso Amorim

Nota dos autores   11

Introdução: Política externa brasileira para o Mercosul e a integração regional: um balanço   13

1 Uma perspectiva de longo período sobre a integração latino-americana vista pelo Brasil   27

2 Pensamento brasileiro e integração regional   51

3 O papel da integração regional para o Brasil: autonomia, universalismo e a percepção das elites   89

4 O Mercosul social na perspectiva da política externa brasileira   117

5 Os interesses econômicos brasileiros pela integração regional: Mercosul e América Latina   139

6 Entre alianças e disputas: atitudes brasileiras para as organizações hemisféricas, OEA, Celac, Unasul e Mercosul   173

Considerações finais   215

Posfácio   223
  Tullo Vigevani
  Haroldo Ramanzini Junior

Prefácio

Celso Amorim

O Mercosul é um dos principais alicerces da integração regional. São mais de três décadas de esforços políticos, econômicos e sociais para a sua construção. Esse patrimônio foi essencial para manter viva a chama da integração regional, mesmo quando os ventos contrários mais fortes sopraram. Entretanto, sua atuação e sua institucionalidade se transforaram ao longo dessas décadas. Refletir sobre o seu papel hoje continua sendo prioridade da política externa brasileira.

O livro de Vigevani e Ramanzini Junior lança luz sobre o processo histórico e os principais argumentos e atores sociais mobilizados ao longo da história da diplomacia brasileira no que diz respeito à integração dos países da bacia do Prata e da região como um todo. Esta análise nos permite compreender os desafios e as potencialidades do processo de integração do Mercosul e além dele.

O novo mandato do presidente Lula tem um foco abrangente de revitalização da política de integração regional com a reconstrução da Unasul, a consolidação da Celac e o fortalecimento da Organização do Tratado de Cooperação Amazônica (OTCA). Mas o Mercosul continua sendo o esteio dos processos de integração, ao qual investiremos muito da nossa atenção.

Essa agenda, que é para nós o cumprimento do determinado no parágrafo único do artigo 4º da nossa Constituição Federal, foi abandonada de forma radical nos últimos anos.

No Brasil, um governo negacionista atentou contra os direitos de sua própria população, rompeu com os princípios que regem a nossa política externa e fechou nossas portas a parceiros históricos. Nosso país optou pelo isolamento do mundo e de seu entorno. Essa postura foi decisiva para o descolamento do país dos grandes temas que marcaram o cotidiano dos nossos vizinhos.

Durante esse período, o Mercosul foi objeto de intenso processo de flexibilização que acabou por enfraquecê-lo. Mesmo assim, mostrou-se resiliente: entre diversos espaços regionais que foram desativados, paralisados ou enfraquecidos, o Mercosul sobreviveu às investidas dos que pretendiam debilitá-lo.

O bloco torna-se ainda mais relevante em um contexto global que apresenta desafios de enorme complexidade. As falhas na cooperação internacional durante a pandemia de Covid-19 ilustram essa necessidade. A América Latina foi pega em seu momento de maior fragmentação, o que contribuiu para que estivéssemos entre as regiões mais afetadas pela pandemia: faltaram vacinas, medicamentos, equipamentos de proteção e coordenação transfronteiriça. Cada um dos nossos países atuou isoladamente, sem uma estratégia conjunta que poderia ter mitigado nossas carências.

O acirramento de rivalidades geopolíticas entre grandes potências nos últimos anos alimenta a eclosão ou recorrência de conflitos com repercussões globais e que se entrelaçam de forma delicada e perigosa. A alta global da inflação e do custo de vida agravaram os retrocessos no combate à fome e à pobreza.

Tudo isso ocorre em um momento de enfraquecimento da governança global, em que as principais instituições mundiais enfrentam dificuldades em lidar com a crise climática e a dupla transição energética e digital.

Vivenciamos igualmente a emergência de uma extrema direita que se articula em nível internacional, valendo-se de nacionalismos excludentes para oferecer soluções simplistas a problemas complexos. A desestabilização de processos eleitorais e o avanço de discursos de ódio atinge de forma especial a América do Sul.

É importante recordar que o Mercosul nasceu no contexto de consolidação de nossas democracias, após décadas de regimes ditatoriais em nossos quatro países. A democracia é condição essencial para o desenvolvimento da integração, como nos lembra o primeiro artigo do Protocolo de Ushuaia, assinado em 1998.

O nosso bloco precisa voltar a cumprir um papel estabilizador na América do Sul. Com a superação da crise política na Venezuela, que vemos avançar nos diálogos entre governo e oposição para a realização de eleições presidenciais, esperamos que o país possa em breve reingressar no Mercosul.

A conclusão do processo de adesão da Bolívia como membro pleno permitirá um aumento significativo do tamanho do Mercosul, tanto em sua dimensão econômica como no âmbito político e social. O Mercosul mostra seu poder de atração gravitacional e a necessidade de continuar se relacionando ativamente com os membros associados.

Diante dos desafios multifacetados dos tempos que correm, a integração regional nos torna a todos mais resilientes. Para além da cooperação, facilita a concertação de posições para que tenhamos uma voz mais forte nos foros internacionais e possamos melhor aproveitar as oportunidades que despontam.

Em 2022, o intercâmbio intra-Mercosul somou 46 bilhões de dólares. Não é pouco, mas está abaixo do auge registrado em 2011, de 52 bilhões de dólares. Estamos aquém do nosso potencial. Nosso comércio se caracteriza pela presença significativa de produtos industrializados, e esse é um ativo que precisa ser valorizado e ampliado. A adoção de uma moeda comum para realizar operações de compensação entre nossos países contribuirá para reduzir custos e facilitar ainda mais a convergência.

O bloco também oferece uma plataforma robusta para negociar acordos comerciais extrazona equilibrados, impulsionando nossas exportações para além de matérias-primas, minérios e petróleo, e ampliando o coeficiente de produtos de maior valor agregado.

A articulação de processos produtivos, inclusive na interconexão energética, viária e de comunicações, garante mais resiliência em nossas cadeias de suprimentos. O Fundo de Convergência Estrutural (Focem), com o qual o Brasil quitou recentemente suas contribuições em atraso, tem especial importância nessa dimensão da atuação do bloco.

Será essencial revitalizar as dimensões política e social da integração, avançando na cooperação em áreas como saúde, educação, proteção ambiental, defesa, e no combate aos ilícitos transnacionais, inclusive nas regiões de fronteira.

A construção de um Mercosul mais democrático e participativo, com o fortalecimento do Parlasul, do Foro Consultivo Econômico Social, e com a retomada da Cúpula Social do Mercosul de forma presencial após quase uma década, fomenta os vínculos entre legisladores, empresários e movimentos sociais dos nossos países e confere maior transparência e legitimidade ao bloco.

A reinstalação do Foro Consultivo de Municípios e Estados Federados é também importante para que os entes subnacionais tenham voz. Seu trabalho nas regiões de fronteira e na governança de projetos como o Corredor Bioceânico é imprescindível.

Resgatar o Mercosul requer não apenas iniciativas de política externa, mas também esforços no plano doméstico. O livro *Os desafios da integração regional no Sul Global: o caso da Política Externa Brasileira para o Mercosul* oferece insumos valiosos para se pensar ambas as dimensões, assim como sua interconexão.

Ao apresentar um balanço analítico da política externa brasileira em relação ao Mercosul e à integração regional na América do Sul, a edição em língua portuguesa atualiza o texto e o torna mais acessível aos que pesquisam e pensam a integração regional em nosso país. É uma contribuição valiosa em um contexto de incertezas da ordem global e em um projeto democrático que se vale, desde o início, da pesquisa e do diálogo na construção de saídas coletivas.

A história nos mostra que os países em desenvolvimento, unidos, são muito maiores que os desafios que nos afligem.

Só a unidade do Mercosul, da América do Sul e da América Latina e do Caribe nos permitirá retomar o crescimento, combater as desigualdades, promover a inclusão, aprofundar a democracia e garantir nossos interesses em um mundo em transformação.

Parafraseando o papa Paulo VI em sua encíclica sobre o progresso dos povos, a integração e o desenvolvimento são os novos nomes da paz.

Nota dos autores

A primeira versão deste livro foi finalizada em novembro de 2020 e publicada, em uma primeira edição em inglês, como volume 18 da United Nations University Series on Regionalism, pela Springer Nature, em 2022. De lá para cá, ainda que pouco tempo separe do manuscrito original esta primeira edição em português, é do conhecimento de todos que sobreveio uma sequência de acontecimentos que impactaram a geopolítica global, e, no âmbito que nos interessa especialmente, o cenário regional e nacional.

A pandemia de Covid-19, as eleições nos Estados Unidos em 2020 e uma série de turbulências políticas em solo sul-americano, especialmente a eleição presidencial no Brasil de 2022, acarretaram mudanças de rumo, quando não guinadas radicais, em muitos fronts, com destaque para os encaminhamentos da política externa brasileira.

Tais mudanças não invalidam as análises sobre as quais nos debruçamos no presente volume – ao contrário: estas são fundamentais para a tentativa de se compreender o momento histórico subsequente. Em vista disso, concluímos pela total pertinência da obra para o debate atual. Esta nova edição vem acrescida de um posfácio dos autores, em que tratamos dos últimos anos e conectamos o livro aos dias que correm, fazendo um balanço preliminar da administração Bolsonaro e um esboço da nova fase que se abre com o governo Lula da Silva, iniciado em janeiro de 2023.

A pesquisa que deu origem a esta publicação contou com o apoio do Instituto Nacional de Ciência e Tecnologia para Estudos sobre os Estados Unidos (INCT-INEU), ao qual agradecemos.

Tullo Vigevani
Haroldo Ramanzini Junior

Introdução
Política externa brasileira para o Mercosul e a integração regional: um balanço

Os impasses globais e hemisféricos

O objetivo deste livro é fazer uma avaliação, um balanço analítico, da política externa brasileira em relação ao Mercosul e à integração regional na América do Sul. Analisaremos a trajetória do bloco, do ponto vista do Estado e dos atores domésticos do Brasil. Identificaremos os resultados alcançados, as causas das dificuldades e as razões dos impasses que surgiram nos 30 anos de existência do Mercosul, que se comemoraram em 2021. De março de 1991 aos dias atuais, observou-se uma transformação qualitativa no padrão de relacionamento entre os países-membros, considerando que, desde dezembro de 1994, com a assinatura do Protocolo de Ouro Preto, existe a união alfandegária. Houve ampliação significativa da agenda e da interface doméstica dos temas regionais, bem como interesse no comércio intrabloco, ainda que com fortes oscilações.

Além dessas questões, que serão especificamente analisadas no livro, verificaram-se dificuldades para a afirmação das instituições regionais e para a cooperação e a integração entre os países. Entender essa trajetória é relevante para os estudiosos do regionalismo e da política latino-americana.

Também iremos dialogar com as teorias consolidadas a respeito das motivações dos Estados e das consequências da integração regional. Nesse sentido, alguns dos conceitos utilizados aqui – desenvolvimentismo, distributivismo, autonomia, interdependência e *paymaster* – contribuem para a estruturação do argumento central de que o Brasil, mesmo nas situações em que houve efetivo interesse pela integração, não desenvolveu capacidades de agência para impulsionar decisivamente o processo. Isso se deu em função de interesses contraditórios de partes importantes das elites, bem como em função de fragilidades estruturais, em particular a forma de inserção no sistema econômico e político internacional.

Mariano (2015) discute as diferenças entre a onda integracionista dos anos 1950 e 1960, centrada na experiência da Europa, e os processo de integração na América Latina centrados não em visões de agregação frente a poderes externos, mas, sobretudo, na tentativa de cooperação entre os Estados. Encontramos na literatura um debate sobre a utilidade das teorias desenvolvidas no âmbito dos estudos da integração europeia para a explicação das motivações e das dificuldades para a integração regional em outras partes do mundo, particularmente no Sul. De acordo com Acharya (2016, p.7), "a ECC foi basicamente concebida como um projeto para tutelar o nacionalismo e restringir a soberania estatal; regionalismos não ocidentais foram inspirados por motivações exatamente opostas: promover o nacionalismo e preservar a soberania após séculos de dominação colonial".

Neste livro, buscamos explicar como a integração no Mercosul tem relação com esta perspectiva indicada por Acharya (2016). Nacionalismo e soberania não foram antagônicos à integração, mas tampouco confluíram plenamente nela. Identificamos claramente esta contradição na perspectiva do Estado brasileiro. Diferentemente da União Europeia, onde a integração regional buscou, ao menos em parte, superar o nacionalismo, nos países pobres a região serviria para fortalecer o nacionalismo e a autonomia. No Mercosul, a autonomia serviu para criar instituições regionais, mas esta mesma autonomia também impediu o seu desenvolvimento institucional (Krapohl, 2019; Burges, 2009; Malamud, 2011). Krapohl (2019) é específico ao assinalar a dificuldade de processos de integração em que a assimetria entre os países é muito forte. Uma conclusão central da sua pesquisa é que "as análises empíricas da Asean, Mercosul e SADC fundamentam a hipótese de que a cooperação regional no Sul Global somente ocorre sob a condição de não contrariar os privilégios econômicos extrarregionais das potências regionais" (Krapohl, 2019, p.26). Será enfatizado aqui, pois, que no caso da política brasileira em relação ao Mercosul é necessária uma explicação que englobe outros fatores. Um deles é a forma como a região se insere no padrão de comportamento da política externa brasileira. Outro é o papel dos atores extrarregionais juntamente com a evolução da geopolítica global, em sua relação com a atitude das elites brasileiras. Argumentaremos que no Mercosul não se trata de dizer que a integração contradiz ou favorece os privilégios extrarregionais do país maior. Ao contrário, trata-se de dificuldade do Estado e das elites políticas na visualização do âmbito regional como uma instância apta a promover seus interesses, sejam eles econômicos ou políticos.

Briceño Ruiz e Lombaerde (2018, p.263) apontam que "usar o conhecimento e a teorização específicos do contexto e do caso não é incompatível com o uso de quadros teóricos mais gerais que permitam o trabalho comparativo entre regiões e o fluxo de conhecimento inter-regional". Isso é o que buscamos aqui. Isto é, na análise da política brasileira em relação à integração, buscam-se as experiências exitosas e fracassadas. Recorremos às teorias de integração que têm pretensões universais, particularmente as que surgiram da análise da experiência de integração europeia, confrontando-as com as especificidades no Cone Sul, especialmente as brasileiras. Adiantamos que nossa conclusão será aderente à verificação da realidade a que assistimos: relativo fracasso na formação deste bloco, ainda que reconhecendo conquistas alcançadas. Estamos preocupados pelas razões profundas desse processo, que incluem a formação das elites brasileiras e as questões estruturais. Isso significa examinar a inserção do Brasil e do Mercosul no sistema internacional e os persistentes condicionamentos que não foram superados.

A ideia de realizar um balanço a respeito do Mercosul estimulou fortemente nosso trabalho. Neste balanço, consideramos a composição do Mercosul como sendo a dos quatro sócios originais (Argentina, Brasil, Paraguai, Uruguai), já que a Venezuela, incorporada ao bloco em 2012, foi suspensa em dezembro de 2016. Segundo Botto (2015, p.25), também analisando o bloco, "conhecer os alcances do passado nos permite entender melhor as possibilidades do futuro, e, dessa maneira, evitar falsas expectativas e uma sensação de desânimo". Para isso, utiliza-se a formulação de Hirschman (1971), um crítico da reprodução automática de modelos, que ensina a importância da análise de cada experiência. Ou seja, a questão da agência dos atores regionais, a ênfase na dimensão da autonomia e a centralidade de aspectos como o contexto e trajetórias regionais específicas, enfatizados pela perspectiva do regionalismo comparado (Acharya, 2012; Fioramonti e Mattheis, 2016; Ramanzini Junior e Luciano, 2020), podem dialogar e incorporar aspectos teóricos desenvolvidos no âmbito dos estudos da União Europeia, sem limitar-se a eles.

Levando em consideração as características específicas que motivaram o Mercosul, situamos o caso a partir das teorias de integração regional que se desenvolveram, principalmente a partir do caso europeu. Consideramos a localização espacial, as trajetórias históricas e as características dos países-membros, em particular do Brasil. A motivação para a integração, neste caso, nunca foi substituir o Estado por uma entidade supranacional. Do mesmo modo, argumentaremos que a forma de funcionamento da integração regional no Mercosul não ocorreu mediante alianças entre atores econômicos interessados em uma burocracia supranacional, como preveria o neofuncionalismo. É verdade que houve alguma sinalização nesse sentido, mas apenas de modo inicial, com a proposta da integração do setor automotivo, objetivo que aos poucos foi se diluindo. Como apontam Hooghe e Marks (2019), na perspectiva neofuncionalista, a integração regional avança se grupos dentro dos Estados acreditam que instituições supranacionais são mais promissoras para promover seus interesses do que instituições nacionais. Portanto, sem desconhecer a importância dos estudos sobre integração que partem do método comparativo, como o fizeram pesquisas significativas (Hurrelmann e Schneider, 2015), desde logo deixamos claro que esse método não é o que estrutura nossa análise, que tem maior relação com o institucionalismo histórico (Pierson, 1998).

Como veremos neste livro, isso não aconteceu no Mercosul, em parte pela falta de empresas e de tecnologia. Os Estados, não apenas o Brasil, mas também a Argentina, o Paraguai e o Uruguai, não optaram por um caminho de aprofundamento da integração. Com isso, diminuíram as perspectivas de agência do regionalismo. Alternativamente, os governos escolheram caminhos que classificamos como *salto in avanti*. Houve baixa insistência e baixa capacidade na complementação produtiva e na construção de cadeias de valor. Inversamente, buscou-se investir em objetivos sociais e políticos, ou mesmo no alargamento do bloco em várias direções. Isso se deu pela possibilidade de ações de menor resistência. Trilharam-se caminhos onde acreditou-se que os efeitos negativos da integração seriam difusos, e os positivos, focados. Consequentemente, a resistência de grupos negativamente atingidos seria menor. Analisando a integração na América do Norte, Pastor e Wise (1994) mostram como ela pôde avançar exatamente nesses casos. Nos capítulos deste livro, na perspectiva brasileira, discutiremos as dificuldades estruturais e como a baixa aderência da sociedade e das elites colocou limites ao aprofundamento da integração.

O centro de atenção das diferentes forças políticas direta ou indiretamente envolvidas com a integração regional é o Estado. Nesse sentido, como aponta Moravcsik (1998), aspectos como interesses econômicos e poder relativo têm um papel central. Na perspectiva liberal-intergovernamentalista, a cooperação regional no processo de construção da União Europeia partiu de três etapas, "a formação doméstica de preferências nacionais, negociação intergovernamental e a criação de instituições europeias para garantir acordos" (Hooghe e Marks, 2019, p.1116). Também neste caso há tensões quanto à aderência da expectativa teórica do liberal-intergovernamentalismo para o entendimento do Mercosul. Em particular, em relação ao terceiro aspecto, quanto à capacidade das instituições regionais de garantir acordos negociados, isso se verificou apenas de forma muito parcial no Mercosul. Além disso, ao contrário do que apontaria o liberal-intergovernamentalismo, o Mercosul, cujo início remete à cooperação entre o Brasil e a Argentina a partir do final dos anos 1970, não surgiu da interdependência econômica prévia nem a partir de fortes demandas de grupos de interesses dos países-membros. Ainda que, como demonstrou Gardini (2010), grupos epistêmicos tenham tido importância. Acharya (2012) e Fioramonti e Mattheis (2016) enfatizam a necessidade de ampliar o conhecimento sobre as motivações, as razões das dificuldades e o impacto do regionalismo em outras experiências, de forma a lançar luz e contribuir à compreensão deste fenômeno. Seja no sentido de sua afirmação, seja no sentido de seu declínio. O conhecimento das motivações e das dificuldades é parte do objetivo deste livro.

Podem os países pobres proceder em direção a uma integração regional exitosa? Como veremos, o fato de os países do Mercosul se inserirem na economia mundial de forma semelhante, como exportadores de produtos primários e *commodities*, e terem baixos níveis de poupança interna, sendo, portanto, dependentes de financiamento e da tecnologia externa, torna-os vulneráveis às oscilações dos preços internacionais de *commodities* e dependentes de dinâmicas extrarregionais. No caso do Brasil e no Mercosul, a baixa capacidade de agência acentuou a continuidade da vulnerabilidade. Do mesmo modo, a baixa interdependência econômica coloca obstáculos para a integração. Avaliando os dados, observamos que, de 1991 a 2018, o comércio brasileiro intrabloco diminuiu em termos relativos de 9% para 8%, como discutiremos no Capítulo 5. São dados radicalmente diferentes daqueles existentes em outro blocos, onde complementaridade e cadeias regionais de valor produziram notável aumento da interdependência.

Vê-se aqui confirmado o argumento de Krapohl (2019, p.2) de que "as economias do Sul Global são economicamente menos desenvolvidas, menos diversas e menos interdependentes em relação aos seus vizinhos regionais. Elas são mais dependentes do investimento e do comércio com regiões desenvolvidas, como a Europa, a América do Norte e, progressivamente, o nordeste asiático". Disso o autor conclui que, de fato, os "interesses extrarregionais dos Estados-membros da região estimulam e restringem a integração econômica regional". Ao mesmo tempo, diferentemente de Krapohl (2019, p.4), nossa pesquisa não observa no Mercosul que "o principal objetivo da integração regional nas regiões em desenvolvimento é aprimorar a sua relação com os investidores e os parceiros comerciais extrarregionais". No Mercosul, inclusive para o Brasil, como veremos para o período de trinta anos – 1986-2016 –, o Bloco e a América do Sul em si mesmos foram parte real dos interesses dos Estados e dos governos. O que não contradiz o fato de que a busca de ampliação de parceiros comerciais, investimentos e tecnologia tenha ocorrido a partir de um quadro de referência nacional, de benefícios nacionais, e não regionais. No livro, essa discussão é um tema importante, particularmente no Capítulo 3, "O papel da integração regional para o Brasil: autonomia, universalismo e a percepção das elites". Essa busca deu-se de forma assíncrona para os quatro países.

Krapohl (2019), partindo do estudo dos casos de Asean, Mercosul e SADC, sustenta a hipótese de que a cooperação regional no Sul Global só poderia sustentar-se se não contradiz os privilégios extrarregionais das potências regionais. No Mercosul, seria o caso do Brasil. Um dos argumentos do presente livro indica outra explicação, a de que a debilidade dos governos brasileiros, e também argentinos, a partir das crises de 1999 e 2001, foram enfraquecendo a integração. Debilidade entendida como consequência gêmea da inserção estrutural no sistema internacional e da estrutura do poder interno.

O conceito de regionalismo pós-hegemônico (Riggirozzi e Tussie, 2012) indica o período de 2003 a 2015 como um de governos desenvolvimentistas-distributivistas nos países do Mercosul, engajados na integração. Com o benefício do *ex post facto*, objeto que será discutido nos capítulos a seguir, demonstraremos que este engajamento não foi suficiente para impedir o crescimento dos interesses contrários à integração. Estes, a partir de 2015, contribuíram para o enfraquecimento daqueles governos. No caso do Brasil, a forte instabilidade que levou ao *impeachment* da presidente Dilma Rousseff em 2016 aprofunda ainda mais a crise do bloco. Realimentada por um novo contexto em que o enfraquecimento da capacidade centrípeta do Mercosul resultou de uma onda hemisférica onde os objetivos de autonomia foram sendo rebaixados. Não apenas relações com investidores extrarregionais e parceiros comerciais ganharam maior significado, mas também interesses geopolíticos passaram a atuar de forma mais direta.

Identificaremos a complexa inter-relação entre fatores domésticos e internacionais que influenciam a política externa brasileira e ajudam a entender a trajetória do Mercosul. Concordamos com Farrell, Hettne e Langenhove (2005, p.3) quando eles apontam que "as motivações políticas e econômicas certamente influenciam as ações dos atores; contudo, a importância da identidade e da autopercepção também deve ser reconhecida". Esses são aspectos relevantes que serão desenvolvidos. Ou seja, a percepção do papel do país no mundo e como o regionalismo se encaixa ou não nessa concepção é algo tão relevante quanto os aspectos econômicos e políticos. Assim, o livro terá duas dimensões analíticas inter-relacionadas, quais sejam, 1) a dimensão das ideias e da identidade, 2) a dimensão do comportamento, das ações e dos interesses econômicos e políticos. Do mesmo modo, levará em consideração a dimensão das influências globais e das influências contrapostas dos Estados Unidos e da China, uma vez que os processos de integração regional se desenvolvem tendo também como referência o ambiente global.

Na primeira dimensão, presente nos Capítulos 1 ("Uma perspectiva de longo período sobre a integração latino-americana vista pelo Brasil") e 2 ("Pensamento brasileiro e integração regional"), o livro abordará a trajetória histórica de longa duração no que se refere às posições da política externa brasileira em relação ao regionalismo, de 1902 a 1991, ou seja, do início do período Republicano e da gestão do Barão do Rio Branco como ministro das Relações Exteriores até a assinatura do Tratado de Assunção, que marca o surgimento do Mercosul. Ainda nessa dimensão e com ênfase na segunda metade do século XX, estudaremos como escolas de pensamento, representadas por figuras significativas no campo da política, da economia e da diplomacia, percebem no Brasil o tema do regionalismo e da integração com os vizinhos. Veremos as razões pelas quais o tema do regionalismo demorou e teve dificuldades para surgir no pensamento social e político brasileiro.

A segunda dimensão, presente nos Capítulos 3 ("O papel da integração regional para o Brasil: autonomia, universalismo e a percepção das elites"), 4 ("O Mercosul social na perspectiva da política externa brasileira"), 5 ("Os interesses econômicos brasileiros pela integração regional: Mercosul e América Latina") e 6 ("Entre alianças e disputas: atitudes brasileiras para as organizações hemisféricas, OEA, Celac, Unasul e Mercosul"), analisará a política brasileira dos diferentes governos em relação ao Mercosul e à integração, bem como estudará as formas concretas em que ocorreu a atuação do país. Ou seja, trata-se de análise da política externa brasileira em relação ao bloco e à sua dinâmica de funcionamento e transformações no período de 1991 a 2020.

Depois de analisados os aspectos políticos e institucionais, serão examinados os indicadores econômicos e sociais dos países e dados relativos a comércio, além da relação do Mercosul e do Brasil com outras instituições regionais, hemisféricas e dinâmicas globais. Entre elas, a Unasul, a Celac e a OEA. O papel dos Estados Unidos constitui pano de fundo obrigatório para a compreensão estrutural das políticas e de suas mudanças.

Nessa segunda dimensão, de análise da política brasileira, verificaremos como os fundamentos históricos identificados na primeira dimensão manifestaram-se concretamente a partir de 1991. Com isso ganha força uma pergunta: as sucessivas alterações na percepção das elites brasileiras a respeito da integração e do Mercosul, da América do Sul e mesmo das relações hemisféricas e com os Estados Unidos têm a ver com a demora histórica assinalada nos Capítulos 1 e 2? Seria possível encontrar uma resposta a essa pergunta apenas se entrássemos no campo de cenários ou de propostas normativas. Adiantamos que não foi esse nosso objetivo. Os Capítulos 3, 4, 5 e 6 fornecem as bases para as nossas conclusões relativas ao papel das elites no Brasil e às consequências de suas ações, que influenciaram poderosamente as políticas do Estado em relação à integração e à cooperação.

Nos anos 1980, a ideia de universalismo, importante quando entrelaçada com a de autonomia, evoluiu paulatinamente em direção a um estreitamento das relações com a Argentina. Houve uma reelaboração de ideias, que passaram a convergir com as noções de cooperação e integração regional. O interesse nacional seria atendido num processo de integração abrangente.

Discutimos aqui o momento de construção e implementação dessa forma de orientação do Estado. Em relação ao final dos anos 1990 e início dos 2000, a verificação empírica mostrou a tendência ao afastamento daquele momento em que o interesse nacional pareceu convergir com a integração. Deixamos para o leitor a reflexão sobre a relação entre essas dificuldades e o secular isolamento brasileiro em relação à sua região, inclusive considerando-se o peso do americanismo na elite brasileira.

De acordo com Hettne e Soderbaum (2000, p.461), "regionalização é o processo por meio do qual uma área geográfica é transformada, a partir de um objeto passivo, em um sujeito ativo capaz de articular os interesses transnacionais da região emergente. A regionalização, portanto, pressupõe que uma região é capaz de ser mais ou menos [regionalizada]. O grau de regionalização tanto pode aumentar como diminuir". O Mercosul, durante determinados momentos, desenvolveu um senso de regionalização, ou seja, o bloco atuou em conjunto em determinadas negociações, a exemplo daquela que envolveu a Alca, entre 1994 e 2005. Em outras situações, o bloco não teve uma posição conjunta, evidenciando as diferenças nos interesses comerciais, assim como posições políticas distintas (Guerra do Golfo, aumento do número de membros permanentes do Conselho de Segurança etc.). Como veremos, essas diferenças aos poucos foram ganhando maior peso.

O conceito de autonomia, mais um fio condutor do presente livro, justificou ambiguidades em relação ao Mercosul, na medida em que se enfatiza a capacidade de ação nacional autônoma e se privilegiam instituições regionais intergovernamentais. Argumentaremos que a evolução do Mercosul em boa medida reflete a centralidade da noção de autonomia de parte do Brasil. Disso derivam o desenho institucional e as dificuldades para se avançar em relação a uma comunidade de interesses no âmbito do Bloco. Um conceito relevante na literatura de integração regional para explicar as possibilidades de sucesso da integração é o de *paymaster*. Mattli (1999, p.14) aponta que "é uma condição-chave para uma integração bem-sucedida a presença de uma liderança indisputada dentre o grupo de países em busca de laços mais estreitos. Um Estado que prescreve essa condição age como um ponto focal na coordenação das normas, regulamentações e políticas. Além disso, também pode contribuir para amenizar as tensões, agindo como um *paymaster* regional". No caso do Mercosul, como discutiremos nos Capítulos 3 e 5, o Brasil não assume esse papel, ao menos no sentido esperado pela perspectiva de Mattli.

Também argumentaremos a respeito das dificuldades – se não impossibilidade – de o Brasil cumprir esse papel. As debilidades tecnológicas, militares, financeiras e industriais o impediram, apesar de o PIB brasileiro representar aproximadamente 75% do total do bloco. De acordo com Hermida, Avellar, Xavier e Botelho (2015, p.623),

> No caso dos países que compõem o Mercado Comum do Sul – Mercosul, Argentina, Brasil, Paraguai, Uruguai e, mais recentemente, Venezuela –, predomina uma especialização produtiva fortemente baseada nas exportações de produtos primários e de bens manufaturados intensivos em recursos naturais. Tais produtos, pelas suas características técnicas (baixa intensidade de trabalho e processos contínuos de produção) não são, em sua maioria, objeto de fragmentação das etapas produtivas que está na origem das cadeias globais de valor.

Explica-se aí um argumento importante, intensamente discutido neste livro, sobre as debilidades que impedem o Brasil, país de maiores dimensões, de assumir o papel de *paymaster*. Essa expectativa de liderança atribuída a um país com enormes disparidades econômicas e sociais e com um IDH menor do que países da região, como Uruguai e Argentina, acabou enfraquecendo a integração, mesmo no período pós-hegemônico.

Em relação à integração, procuraremos responder às seguintes questões:

1) Qual é o limite entre uma concepção de mundo em que a integração tem o seu lugar, e uma em que a integração é instrumental, ainda que importante? Do ponto de vista analítico, isso nos levou a discutir a maneira como foi internalizada a questão da integração, como se moveram os interesses do Estado e da sociedade.

2) Como se passou da ideia de uma integração com forte conteúdo comercial, mesmo considerando que o cimento político e a visão de mundo foram também relevantes, para outra concepção, na qual o enfraquecimento do conteúdo comercial e da integração econômica alavancou as visões que se voltaram para a integração política, social e cultural?

3) Qual é a relação entre uma integração apoiada na ideia de aprofundamento do processo e uma que vise ao seu alargamento? Em outras palavras, qual é o sentido de focar no Mercosul e ao mesmo tempo fortalecer outras instâncias regionais, como a Unasul, a Celac ou outras que ainda tenham caráter técnico ou setorial?

Depois de um início de altas expectativas, alimentadas pelo processo crescente de cooperação com a Argentina (iniciado em 1979, com o Tratado Tripartite para a utilização das águas do Rio Paraná), mas, sobretudo, pelos acordos de 1985 e 1986, com o Programa de Integração e Cooperação Econômica (Pice), a partir de 1999 o avanço institucional e econômico do Mercosul encontra maiores dificuldades. A concepção inicial pró-integração, do período de 1986 a 1994, que considerava os riscos de isolamento da região em relação ao mundo – que naqueles anos estava se estruturando em blocos e se globalizando (Moreira, 1989) –, continuou presente. Mas não atingiu densidade suficiente para o *spillover* (Malamud, 2020) que seria necessário para o aprofundamento do processo. Uma das razões para isso, ainda não suficientemente pesquisadas, foi a atração dos países centrais em geral e dos Estados Unidos em particular. A partir dos anos 2000, a China se torna um parceiro econômico muito relevante para todos os países do Mercosul. As consequências desse relacionamento para o bloco permitiram aliviar tensões que depois voltaram à luz nos quatro países e na América Latina em geral.

Thomas Shannon, diplomata dos Estados Unidos, explora essa evolução na percepção norte-americana sobre a região. Em entrevista à pesquisadora

Fernanda Magnotta (2019, p.167-79), ele mostra as mudanças do governo dos Estados Unidos no tocante à inserção da China na América do Sul:

> [...] durante a administração Bush, a principal percepção era de que deveríamos cooperar com a China e tentar integrá-la na ordem global... Nós certamente não víamos a China como uma ameaça geopolítica para a América Latina. Na realidade, em meio às recessões econômicas internacionais de 2008-2009, ela foi útil: suas compras de commodities ajudaram a estabilizar os governos latino-americanos e demonstraram ser muito valiosas em nosso benefício. Não apenas para a América Latina e, especialmente, para os países sul-americanos, mas também para os Estados Unidos... Eu não acredito que tenhamos parado de interagir, mas houve uma menor receptividade para a presença chinesa.

De acordo com a entrevista de Shannon, o que aumentou a preocupação norte-americana com a presença chinesa, sobretudo a partir das viagens de Hu Jintao, em 2004 e 2010, na América do Sul, particularmente no Brasil, foi a possibilidade de utilização da China como elemento de contrapeso aos Estados Unidos. Segundo o diplomata, isso foi especialmente visto em relação ao governo do PT. Ele mostra como esse conjunto de posições acentuou contradições na diplomacia brasileira. Shannon sinaliza ainda que "assim foi o início de uma mudança na forma como entendemos a presença da China na região". Ou seja, no decorrer do final da primeira década dos anos 2000 há uma modificação na forma como os Estados Unidos visualizam a presença chinesa. Essa percepção acentua-se no desenrolar dos anos 2010, contribuindo para o redirecionamento da política norte-americana, com consequências para a política brasileira. Portanto, esse movimento geopolítico exógeno à região passa a impactar mais diretamente o regionalismo sul-americano, contribuindo para o seu enfraquecimento.

Neste livro, analisaremos o comportamento ambivalente do Brasil, de seus governos, das forças políticas e da alta burocracia em relação à região. Em diálogo com outras interpretações, levamos em conta as capacidades brasileiras, sem sobrevalorizá-las, bem como os princípios orientadores da inserção internacional do país e os condicionantes internos e internacionais. A algumas dessas análises agregamos elementos necessários, quais sejam, as razões de longo prazo, políticas e materiais, que explicam oscilações, resistências e oposições ao aprofundamento da integração no Brasil. Busca-se assim explicar os fatores que influenciam o nível de regionalização na inserção internacional do Brasil e destacar as suas consequências para o Mercosul. Para isso, é interessante compreender a formulação de Borzel (2018, p.482):

> [...] se os discursos se tornam mais nacionalistas, e as práticas, menos complacentes, precisamos de teorias que nos digam como e quando essas tendências de

desintegração prejudicarão as transações econômicas, a construção de instituições regionais e as expectativas de mudanças pacíficas entre os europeus. Se enfrentarmos esses desafios, não haverá razão para nos preocuparmos com o futuro dos estudos sobre a UE.

No caso do Mercosul, não é exatamente disso que se trata. Ou seja, havendo continuidade na pesquisa sobre a realidade e o contexto do bloco europeu, o futuro dos estudos sobre a União Europeia deixa aberto o caminho à compreensão de sua efetividade e continuidade, por conta de seu êxito e de suas motivações. No Mercosul, como veremos, há maiores perplexidades, ou seja, uma preocupação em relação ao futuro do bloco, que se estrutura em bases institucionais, ideacionais, econômicas e políticas com menor resiliência. Portanto, há razões para preocupação.

Neste trabalho, não temos a pretensão de formular uma teoria da integração ou da desintegração regional. Recorremos a um contraponto, para lembrar como se pode construir uma teoria ou uma escola de pensamento. Wang e Buzan (2014), discutindo o que seria uma escola de relações internacionais, apresentam a questão em outros termos. Para eles, a escola inglesa ganhou relevância por sua aderência a padrões de interesse universal. O raciocínio de Wang e Buzan (2014) serve para um objetivo específico: avaliar o que seria uma Escola chinesa de relações internacionais. A partir da pesquisa sobre política externa brasileira, estudamos como se constrói o regionalismo e a integração regional no Cone Sul, considerando sua trajetória histórica e suas motivações.

Ao estudar a política brasileira para o Mercosul, nosso objetivo é contribuir para a compreensão sistemática dos acontecimentos, estabelecendo sua *rationale*. Indiretamente, trata-se de incorporar epistemologias geoculturais, seja em momentos de decadência, seja de ascenso da política exterior do Brasil. A perspectiva de longo período informada pelo institucionalismo histórico contribui para a sistematização da política externa brasileira em relação ao Mercosul. Isto é, nosso processo analítico subsidia tanto a discussão de teoria de integração quanto a de desintegração. A ideia de Perrotta (2018, p.33) de que "o campo da integração regional responde ou reage *ex post* à política na América Latina" é incorporada para a análise do caso brasileiro. Não se trata de instrumentalização da pesquisa, ou, como diria Cox (1989), de uma teoria *"problem solving"*, construída depois para explicar fatos não teoricamente resolvidos. Trata-se de contribuir para a construção das teorias que busquem entender as razões e as dificuldades da integração regional considerando a dimensão global deste fenômeno.

Esperamos que o livro contribua para os que se interessam por teoria de relações internacionais e de integração regional, bem como por política externa brasileira e organizações internacionais. O regionalismo e a compreensão dos vetores que condicionam a atuação dos Estados em relação aos processos de integração regional encontrarão aqui uma contribuição teórica, apoiada na reconstrução empírica detalhada. Igualmente, há subsídios para a compreensão da atuação de grandes países emergentes, discutindo potencialidades e limites de seu papel regional e global.

Nota dos autores

Os três primeiros capítulos são versões modificadas de artigos publicados e que foram revistos tendo em conta os objetivos deste livro e os marcos analíticos definidos na nesta Introdução. O Capítulo 1 é uma versão modificada de artigo publicado na revista *Contexto Internacional* v.36, n.2, de 2014. Agradecemos a Clodoaldo Bueno, referência no tema e coautor do artigo publicado, pela autorização de sua revisão e publicação neste livro. O Capítulo 2 é uma versão modificada e atualizada de artigo de nossa autoria, publicado na revista *Contexto Internacional*, v.32, n.2, de 2010. O Capítulo 3 é uma versão revista, adaptada e atualizada de artigo publicado na *Revista Brasileira de Política Internacional*, v.51, n.1, p.5-27, de 2008. Agradecemos a Gustavo de Mauro Favaron e Rodrigo Alves Correia, coautores do referido artigo, pela autorização de sua revisão e publicação neste livro. É importante lembrar a valiosa colaboração de André Mellini para a pesquisa e a sistematização dos dados de comércio internacional utilizados. Do mesmo modo, somos gratos a Niels Søndergaard pelo trabalho de tradução dos capítulos deste livro e pelo apoio na organização do material.

Somos gratos ao Instituto Nacional de Ciência e Tecnologia de Estudos sobre os Estados Unidos (INCT-INEU) pelo estímulo à pesquisa que deu origem a este livro, e ao Conselho Nacional de Desenvolvimento Científico e Tecnológico (CNPq) e à Fundação de Amparo à Pesquisa do Estado de São Paulo (FAPESP), que o apoiam.

Referências bibliográficas

ACHARYA, A. Regionalism beyond EU-Centrism. In: BÖRZEL, T. & RISSE, T. (eds.), *The Oxford Handbook of Comparative Regionalism*. Oxford: Oxford University Press, 2016, p.7.

_____. Comparative regionalism: a field whose time has come? *The International Spectator*, v.47, n.1, p.3-15, 2012.

BOTTO, M. *La integración regional en América Latina: quo vadis? El Mercosur desde una perspectiva sectorial y comparada*. Buenos Aires: Editorial Universitaria de Buenos Aires (EUDEBA), 2015.

BORZEL, T. Researching the EU (studies) into demise? *Journal of European Public Policy*, v.25, n.3, 2018.

BRICEÑO RUIZ, J.; LOMBAERDE, P. Regionalismo latino-americano: produção de saber e criação e importação da teoria. *Civitas* – Revista de Ciências Sociais, v.18, n.2, 2018.

BURGES, S. *Brazilian Foreign Policy After the Cold War*. Gainesville, FL: University Press of Florida, 2009.

COX, R. *Production, Power and World Order*: Social Forces in the Making of History. Nova York: Columbia University Press, 1989.

FARRELL, M.; HETTNE, B.; VAN LANGENHOVE, L. *Global Politics of Regionalism:* Theory and Practice. Londres: Pluto, 2005.

FIORAMONTI, L.; MATTHEIS, F. Is Africa really following Europe? An integrated framework for comparative regionalism. *Journal of Common Market Studies*, v.54, n.3, 2016.

GARDINI, G. L. *The Origins of Mercosur. Democracy and Regionalization in South America*. Nova York: Palgrave, 2010.

HERMIDA, C.; AVELLAR, A. P. M.; XAVIER, C. L.; BOTELHO M. R. A. Desempenho e fragmentação da indústria de alta tecnologia do Mercosul. *Revista de Economia Política*, v.35, n.3, 2015.

HETTNE, B.; SODERBAUM, F. Theorising the rise of regionness. *New Political Economy*, v.5, n.3, 2000.

HIRSCHMAN, A. O. *A Bias for Hope*: Essays on Development and Latin America. New Haven. CT.: Yale University Press, 1971.

HOOGHE, L.; MARKS, G. Grand theories of European integration in the twenty-first century. *Journal of European Public Policy*, v.27, n.8, 2019.

HURRELMANN, A.; SCHNEIDER, S. (eds.). *The Legitimacy of Regional Integration in Europe and the Americas*. Londres: Palgrave Macmillan, 2015.

KRAPOHL, S. Games regional actors play: dependency, regionalism, and integration theory for the Global South. *Journal of International Relations and Development*, 2019.

MALAMUD, A. Mercosur and the European Union: comparative regionalism and interregionalism. *Oxford Research Encyclopedias*, 2020.

MAGNOTTA, F. *A política dos Estados Unidos para a China na América Latina no início do século XXI*: acomodação *versus* confrontação. Tese de Doutorado PPGRI – San Tiago Dantas – Unesp, Unicamp, PUC-SP, 2019.

MARIANO, K. L. P. *Regionalismo na América do Sul*: um novo esquema de análise e a experiência do Mercosul. São Paulo: Editora Unesp, 2015.

MATTLI, W. *The Logic of Regional Integration.*Cambridge: Cambridge University Press, 1999.

MORAVCSIK, A. *The Choice for Europe*. Ithaca: Cornell, 1998.

MOREIRA, M. M. O Brasil no contexto internacional do final do século XX. *Lua Nova*, n.18, ago. 1989, p.5-23.

PASTOR, M.; WISE, C. The origins and sustainability of Mexico's free trade policy. *International Organization*, v.48, n.3, 1994. p.459-89.

PERROTTA, D. El campo de estudios de la integración regional y su aporte a las Relaciones Internacionales: una mirada desde América Latina. *Relaciones Internacionales*, n.38, 2018.

PIERSON, P. The path to European integration: a historical-institutionalist analysis. In: SANDHOLTZ, W.; SWEET, A. S. (eds.). *European integration and supranational governance*. New York: Oxford University Press, 1998.

RAMANZINI JUNIOR, H.; LUCIANO, B. T. Regionalism in the Global South: Mercosur and Ecowas in trade and democracy protection.*Third World Quarterly*, v.41, issue 9, 2020.

RIGGIROZZI, P.; TUSSIE, D. (eds.). *The Rise of Post-Hegemonic Regionalism*: The Case of Latin America. Dordrecht: Springer, 2012.

WANG, J.; BUZAN, B. The English and Chinese Schools of International Relations: Comparisons and Lessons. *The Chinese Journal of International Politics*, v.7, n.1, p.1-46.

1
UMA PERSPECTIVA DE LONGO PERÍODO SOBRE A INTEGRAÇÃO LATINO-AMERICANA VISTA PELO BRASIL[1]

O objetivo deste capítulo é discutir o processo de integração latino-americana, com atenção especial às posições brasileiras, visando compreender os elementos de continuidade entre a política dos primeiros anos da República, particularmente o período do Barão do Rio Branco (1902-1912) e a atualidade. Buscam-se as raízes remotas da política brasileira em relação à integração regional que nos anos 1980 confluiu na proposta do Mercosul. Será estudada, portanto, a política brasileira relativa aos seus vizinhos ao longo do século XX. Serão apontados experimentos de coordenação de políticas e estratégias que buscavam a maximização de interesses dos países da região – é o caso do acordo ABC discutido e malogrado no período do Barão do Rio Branco.

Houve outros ensaios de acordos ao longo do século XX. Um deles foi o Tratado sobre Livre Intercâmbio, assinado pela Argentina e pelo Brasil em novembro de 1941, pelos ministros Enrique Ruiz-Guiñazú e Oswaldo Aranha, que não chegou a ser efetivado. A questão foi retomada com a importante proposta de um acordo de livre-comércio apresentada nos anos 1950 por Juan Domingo Perón, da Argentina. Deve ser lembrada ainda a tentativa – que não passou disso – do governo Humberto de Alencar Castello Branco, em 1967, de negociar uma União Comercial com a Argentina, presidida então pelo General Ongania, ideia logo abandonada com a posse do General Artur da Costa e Silva. Esses movimentos são significativos no

---

1 Este capítulo é uma versão modificada de artigo publicado na revista *Contexto Internacional* v.36, n.2, de 2014. Agradecemos a Clodoaldo Bueno, coautor, pela autorização de sua revisão e publicação neste livro.

sentido de demonstrar acordos de aproximação entre os países da região durante o século XX, sobretudo entre Brasil e Argentina, mas, até os anos 1980, não tiveram forte densidade. Durante parte do período em análise neste capítulo, desde a Proclamação da República, em 1889, até 2011, final do governo Luiz Inácio Lula da Silva e início do de Dilma Rousseff, a relação do Brasil com os países vizinhos foi impulsionada por aspectos de rivalidade, aproximação e diferenciação, e, finalmente, de afastamento.

Antes do Mercosul, as discussões sobre a integração na América Latina e do Sul tiveram um caráter romântico ou apenas comercial, como foram os casos da Aliança Latino-Americana de Livre-Comércio (Alalc), criada em 1960, e da Associação Latino-Americana de Integração (Aladi), a partir de 1980. Do ponto de vista da política externa brasileira, apenas a partir de meados dos anos 1980 o âmbito regional passou a ser visto como um eixo estruturador do comportamento internacional do país. Houve tentativas anteriores de fomentar a cooperação regional, não necessariamente em uma lógica de integração. O contexto latino-americano até os anos 1980 permitiu que a busca pelo desenvolvimento nacional autônomo fosse um objetivo forte. Em outros casos, a busca de uma relação privilegiada com os Estados Unidos é uma atração forte não somente por heranças estratégicas determinadas pelo contexto continental, mas também pelos atrativos que a maior economia do continente pode oferecer.

Uma interpretação reiterada por alguns autores é que o ano de 1985 sinaliza a passagem da fase romântica para a fase pragmática da integração, conforme confirmariam as relações entre Argentina e Brasil nos governos Raúl Alfonsín e José Sarney (Barbosa, 1996). Essas relações, a partir desse momento, superam décadas de receios recíprocos, o que possibilitou o início do processo de integração econômica fora de esquemas multilaterais tradicionais, mas apoiado sobre a parcial complementaridade de suas economias. Para o Brasil, preservava-se o sentido universalista de sua política externa, mas, dentro dele, foi fortalecida e ampliada a prioridade das relações com os países vizinhos, sobretudo com a Argentina. As iniciativas de integração, tanto na etapa bilateral, como, posteriormente, na do Mercosul, viriam a modificar o padrão de interação dos países do Cone Sul. Como marcos, temos a solução do contencioso Itaipu-Corpus e, em seguida, a solidariedade brasileira à Argentina na Guerra das Malvinas de 1982.

Tendo em conta os objetivos apresentados acima, o capítulo está organizado da seguinte forma: na primeira seção, discutiremos a trajetória da política brasileira em relação à integração regional no período do Barão do Rio Branco até a Operação Pan-Americana de 1958. Na segunda seção, analisaremos as experiências da Comissão Econômica para a América Latina e o Caribe (Cepal) e da Alalc, buscando identificar seu significado no tocante à política brasileira de integração e cooperação. A terceira seção será dedicada à análise da Aladi. Por fim, a quarta seção tem como objetivo analisar o Mercosul, considerando a sua diferença em relação às experiências anteriores. Também buscamos identificar os elementos de continuidade da política brasileira em relação aos países da América do Sul, do começo do século XX até o final da primeira década do século XXI.

1. Do ABC de Rio Branco à Operação Pan-Americana (1902 a 1958)

O Barão do Rio Branco foi Ministro das Relações Exteriores no período de 1902 a 1912. Serviu a quatro diferentes presidentes: Rodrigues Alves (1902-1906), Afonso Pena (1906-1909), Nilo Peçanha (1909-1910) e Hermes da Fonseca (1910-1914). Durante sua gestão no Ministério das Relações Exteriores (MRE), cultivou retórica elevada e favorável às boas relações com todas as nações do hemisfério, mas reconhecia os limites da solidariedade sul-americana. Por isso, mesmo quando se tornou figura de prestígio em toda a região, teve o cuidado de nunca deixar aparecer que seu país tivesse pretensões de liderança. As diferenças que as nações hispano-americanas exibiam em questões que envolviam interesses brasileiros o levavam a perceber que o Brasil tinha pouca chance de exercer influência solitária sobre elas. Rio Branco e as elites dirigentes consideravam o Brasil diferente dos demais países da América Latina, à época palco de convulsões políticas. O Chile seria a exceção. A maneira mais eficiente de se proteger contra tais atentados seria, segundo Rio Branco, garantir a estabilidade política da região, a fim de promover o encerramento de sua era de revoluções. A linha geral da política exterior de Rio Branco em relação à América do Sul foi a busca do equilíbrio que evitasse sonhos imperialistas ou projetos de hegemonia originados no seu próprio espaço, o que o convencia a observar uma política de cordial inteligência com a Argentina e o Chile (Lins, 1945, p.613). No ofício ao ministro plenipotenciário do Brasil em Buenos Aires, datado de 22 de novembro de 1904, formulou claramente seu pensamento a respeito e sugeriu a criação, pelos três principais países da América do Sul, de um instrumento legal que levasse a atitudes voltadas para a paz e a ordem na região.

Na Argentina, o presidente Julio Roca (1880-1886; 1898-1904) foi também defensor da atuação conjunta das três principais repúblicas da América do Sul, integrantes do então chamado "triângulo ABC". Em 1904, ele e seu chanceler José A. Terry estabeleceram, como uma das condições para o reconhecimento do novo Estado do Panamá, que o ato fosse conjunto, realizando-se, assim, conforme afirmou Fraga (1994, p.44), a primeira ação concreta do ABC.

Ao defender a influência compartilhada, Rio Branco agia sobretudo com pragmatismo. O entendimento entre as três nações, além do equilíbrio, impediria intervenções de uma delas em país de menor peso, bem como deixava o Brasil mais à vontade no contexto sub-regional. Em correspondência oficial, afirmou: "a estreita amizade entre o Brasil e o Chile tem servido para conter as suas [dos argentinos] veleidades de intervenção franca no litígio chileno-peruano, no que tivemos com a Bolívia e no que ainda temos pendente com o Peru" (AHI, 1906). A aproximação das três nações adquiria um ar de *entente* do Sul e provocava receios, sobretudo nos peruanos, conforme informou o embaixador do Brasil em Washington, Joaquim Nabuco.

Em 20 de outubro de 1907, em Santiago, Puga Borne (ministro das Relações Exteriores do Chile) e Lorenzo Anadón (representante da Argentina naquela capital) redigiram um projeto de tratado para regular as relações entre os países do ABC. O esboço feito por ambos, embora contemplasse a regulamentação da imigração e a adesão de outros países, tinha caráter de aliança militar e até previa uma "discreta equivalência" nas forças navais dos três. O assunto não prosperou, sobretudo em razão da conjuntura então existente nas relações bilaterais Brasil-Argentina, marcada pela tensão, diferente, portanto, daquela que se observara ao tempo do presidente Roca. Rio Branco não via possibilidade de cordialidade entre Brasil, Chile e Argentina enquanto seu rival na questão das Missões, Estanisláo Zeballos, que teria "veleidades de hegemonia e intervenção em negócios alheios", fosse ministro das Relações Exteriores. O chanceler brasileiro queria examinar o assunto relativo à *entente* só mais adiante, "com tempo e calma", e de modo a não prejudicar a "intimidade com o governo americano", que era grande, e promover o estreitamento da amizade também com o Chile (apud Conduru, 1998, p.106-10, p.77-8).

Em 13 de fevereiro de 1909, Rio Branco recebeu a minuta de um projeto de pacto de cordial inteligência de Puga Borne, naquele momento ex-ministro das Relações Exteriores, quando de sua passagem pelo Brasil em direção à Europa, a fim de ocupar a representação de seu país em Paris. Rio Branco formulou outro e o entregou, no dia 21 do mesmo mês, ao referido diplomata, mas preferiu que a proposta fosse apresentada à Argentina pelo Chile. Segundo Conduru (1998), o projeto de Rio Branco preservou no artigo 1º a fórmula do projeto Puga Borne, ao declarar que havia entre os três países "a mais perfeita harmonia" e que desejavam "mantê-la e robustecê-la, procurando proceder sempre de acordo entre si em todas as questões que se relacionem com os interesses e aspirações comuns e nas que se encaminhem a assegurar a paz e estimular o progresso da América do Sul". Ricupero (1995) afirma que o "foco do acordo estava no seu artigo 1º." Pelo artigo 2º do projeto, as partes obrigavam-se a "submeter a arbitramento os desacordos de qualquer natureza que ocorrerem entre elas e que não tenham podido resolver-se por via diplomática", desde que não envolvessem "interesses vitais, a independência, a soberania ou a honra dos Estados contratantes". O artigo 6º previa regras a serem observadas na hipótese de desinteligência grave entre eles, que não comportasse recurso a juízo arbitral. A preocupação de Rio Branco com a ordem e a estabilidade da região está refletida no artigo 9º, que previa a obrigação de os governos contratantes impedirem, nos respectivos territórios, que se reunissem e se armassem imigrados políticos. Os dois artigos seguintes detalhavam ainda mais o procedimento ao vedar o comércio aos insurgentes de países limítrofes, além de outras disposições, como o desarmamento de asilados (Conduru, 1998, p.75, p.84, p.110-2; Lins, 1945, p.770-1; Lins, 1965, p.522-3; Ricupero, 1995, p.95).

Convém reiterar que, na concepção de Rio Branco nada constava no projeto do ABC a respeito de economia e comércio entre as nações envolvidas, não se incluía equivalência naval no Cone Sul, a qual descartava veementemente, e reafirmava-se que a aproximação entre Argentina, Brasil e Chile não se destinava a contrabalançar a influência norte-americana. Isso permite concluir que, na visão do chanceler brasileiro, o ABC embutia a ideia do que se pode chamar de condomínio oligárquico de nações, em benefício da paz na América do Sul. Já em julho de 1906, por ocasião da III Conferência Internacional Americana, realizada naquele ano no Rio de Janeiro, em rumorosa entrevista ao correspondente do *La Nación* de Buenos Aires, opinara, entre outras coisas, que, se houvesse um acordo entre Argentina, Chile e Brasil; pelo fato de serem essas as nações "mais fortes e progressistas (...) exerceriam influência sobre as demais, evitando as guerras tão frequentes em alguns países". Tinha como impossível firmar um acordo entre as 21 repúblicas: "Pensamos que um acordo no interesse geral, para ser viável, só deve ser tentado entre os Estados Unidos da América, o México, o Brasil, o Chile e a Argentina." O Brasil, particularmente, só poderia exercer alguma influência sobre o Uruguai, o Paraguai e a Bolívia, desde que atuando de acordo com a Argentina e o Chile. Dos demais vizinhos, em razão da falta de comunicação, o Brasil estava distante (*La Nación*, Buenos Aires, 26 jul. e 9 ago. 1906; AHI, Despacho para Washington, 10 mar. 1906, apud Lins, 1945, p.757-61).

A ideia de que o Brasil, a Argentina e o Chile devessem se apoiar reciprocamente e de que essa eventual *entente* não assumiria caráter antinorte-americano faria aumentar o prestígio das três nações e contribuiria para afastar tentativas imperialistas da Europa.

O ABC, ao tempo de Rio Branco, não passou da fase preliminar de negociações. Mesmo assim, houve uma tentativa de atuação concertada entre as três nações quando da IV Conferência Internacional Americana, que se realizou em 1910, em Buenos Aires. O Brasil tomou a iniciativa de estabelecer secretamente um entendimento prévio com os outros dois países em torno de uma fórmula de resolução em apoio à doutrina Monroe, redigida por Joaquim Nabuco pouco antes de sua morte. A reação que o vazamento do assunto provocou nos representantes das demais nações americanas levou o Brasil e a Argentina, apoiados pelos Estados Unidos, a desistir de submeter a debate a resolução na citada conferência (Burns, 1966, p.154-5). O *New York*

Herald, em 4 de setembro de 1910, publicou matéria de seu correspondente em Buenos Aires, na qual atribuiu à ação dos delegados chilenos o fracasso da ampliação da doutrina Monroe que iria ser proposta pela representação brasileira. A ideia do ABC, todavia, reapareceria mais adiante, na gestão Lauro Müller, mas em outra conjuntura das relações hemisféricas.

Os tratados pacifistas foram uma reação à exacerbação da crise da era dos impérios na primeira década do século XX. Assinaram-se tratados e formaram-se ligas com objetivos ofensivos e defensivos, bem como pactos destinados a evitar rupturas da paz por meio do apaziguamento e propostas de criação de mecanismos para solução de controvérsias.

A visita que Lauro Müller, sucessor de Rio Branco no Ministério das Relações Exteriores, fez à Argentina em 1915 seguiu na esteira da então recente mediação do ABC na crise das relações Estados Unidos-México e assinalou um momento de extrema cordialidade entre as duas principais nações atlânticas do Cone Sul. Em 25 de maio, em Buenos Aires, o chanceler brasileiro e seus colegas José Luis Murature e Alejandro Lyra, respectivamente, da Argentina e do Chile, assinaram um Tratado Pacifista, designado também por Tratado do ABC, destinado a solucionar amigavelmente eventuais questões que surgissem entre os países signatários, não contempladas pelos arbitramentos previstos em tratados anteriores. Tal como o disposto no tratado norte-americano, as controvérsias que não fossem resolvidas por arbitragem ou pela via diplomática direta seriam submetidas a uma comissão permanente, integrada por um delegado de cada país. Não deveria haver hostilidade enquanto a citada comissão não apresentasse seu parecer ou enquanto não decorresse um ano da sua formação. A diferença em relação aos tratados pacifistas dos EUA é que o ABC seria tripartite. A matéria do tratado era modesta e seu propósito era congelar os conflitos por um ano e meio, pois o prazo para a apresentação do parecer podia ser prorrogado por mais seis meses (Burns, 1977, p.394; Ferrari, 1981).

O Tratado do ABC de 1915, conforme consta no relatório ministerial brasileiro, não apresentou nada de especial em relação ao tratado pacifista que o Brasil firmara com os Estados Unidos. O tratado de 1915 era menor que as propostas do ABC de 1907-1909 e complementar aos tratados de arbitramento já assinados bilateralmente. O ato de 1915 foi, portanto, distinto daquelas propostas, até porque não tinha alcance regional e não se previa aliança militar, equivalência naval ou (como propusera Rio Branco) cooperação anti-insurrecional (Conduru, 1998, p.12).

A ideia inicial de Müller era firmar um tratado de amizade perpétua com a Argentina. Seu colega José Luis Murature, todavia, acolheu a proposta no sentido de enquadrá-la nos termos dos atos semelhantes já firmados pelos Estados Unidos.

A concepção que o governo argentino tinha do tratado do ABC de iniciativa brasileira foi vista pelo representante da França em Buenos Aires como simples cortesia internacional. Tal constatação não era difícil de se fazer, pois o governo argentino aproximava-se do ABC, mas não abandonava sua política de armamentos, conforme notou o jornal portenho *La Mañana*. A Câmara dos Deputados brasileira aprovou o tratado de 25 de maio, o mesmo fazendo o Senado em 3 de novembro de 1915. O presidente da República sancionou-o no dia 12 do mesmo mês. O tratado foi também aprovado pelo Senado chileno. Na Argentina, o Senado aprovou-o por unanimidade após o discurso do relator Joaquim Gonzáles. Não o foi, todavia, na Câmara dos Deputados, onde seus opositores não encontraram razão para não estendê-lo às demais repúblicas, além de terem vislumbrado intenções hegemônicas e intervencionistas. Luís Maria Drago e Zeballos foram os destaques da oposição.

Na Argentina, havia ainda a interpretação de que o tratado do ABC limitaria a direção de sua política exterior, pois ela seria obrigada a marchar a reboque do Brasil e do Chile. Luis P. Tamini, já em 1912, enxergara desta forma a aproximação do ABC. Com a chegada dos radicais ao poder, o tratado foi definitivamente descartado em Buenos Aires. Em março de 1917, *La Gaceta* de Buenos Aires registrava o "esfriamento na ativa fraternidade propiciada pela gestão anterior do doutor Plaza" (Ferrari, 1981, p.70; *La Gaceta*, 14 mar. 1917).

Na interpretação de Heitor Lyra (1922), o ABC teria sido um fracasso da diplomacia brasileira em razão da sua inoportunidade e da inabilidade no seu encaminhamento, e, por isso, acolhido negativamente no continente, sobretudo nos países "bolivarianos", que se sentiam colocados em segundo plano. A iniciativa de Müller recebeu também crítica interna. O deputado federal Dunshee de Abranches – estudioso das relações internacionais e ex-colaborador de Rio Branco – criticou na Câmara, na sessão de 6 de outubro de 1915, a iniciativa do ministro Müller, com, entre outros, o argumento de que o tratado seria desnecessário. Pandiá Calógeras, em 1918, classificou o tratado como "desastre", porque, "em política internacional, ato inútil é ato perigoso, pois não resolve problema algum e, por suas declarações, pode ser invocado em circunstâncias outras, que não haviam sido previstas". Já havia três pactos bilaterais entre Argentina, Brasil e Chile sobre arbitramento. Assim, indagava por que substituir uma eventual discussão entre dois contratantes por outra de três, o que levaria a um "agrupamento de dois contra um". Além disso, sendo um "pacto de amizade perpétua", firmando "princípios de fraternidade continental", não tinha como evitar a adesão de outras potências sul-americanas, e perguntava: "Sendo o Chile um dos signatários, que atitude [seria] a do ABC se o Peru e a Bolívia aderissem e, por iniciativa brasileira (já que tivemos o caso) reviverem a palpitante questão de Tacna e Arica, a Alsácia-Lorena de nosso continente? Adormecida, hoje, terá vindo despertá-la a desasada gestão do Itamaraty" (Conduru, 1998, p.71-3). A conclusão de Calógeras foi enfática: "Resultado: de simpático a todas as repúblicas do Pacífico, o Brasil se tornou a ameaça à paz da América" (Calógeras, 1987, p.502).

Mas Müller, se foi sincero em suas palavras ditas a bordo do Gelria quando regressava do Prata, tais como reproduzidas pelo *La Razón*, via o Tratado do ABC com uma dimensão irreal, pois esperava que o mesmo, apesar da indiferença de alguns políticos, "tivesse uma repercussão de transcendental importância na política internacional". Os países sul-americanos, a partir de então, teriam mais peso na política internacional, pois, se "antes eram considerados como parte inativa na política de além-mar, terão agora um voto firme que será necessário considerar e apreciar" (*La Razón*, 9 jun.1915).

Cumpre reforçar que o Tratado de 1915 nada tinha de resistência à penetração política e econômica dos Estados Unidos ou mesmo da Europa. A aliança informal do ABC não fora acolhida com hostilidade pelos Estados Unidos, que estariam mudando sua forma de tutela sobre os vizinhos do sul. A Primeira Guerra levou a uma crise total da ordem internacional na qual se inseria o ABC, que, em consequência, desapareceu sem encontrar condições para ressurgir no entreguerras. No começo de 1923, houve o colapso definitivo da política do ABC, pois a chancelaria argentina recusou proposta brasileira de uma reunião prévia dos três em Valparaíso, para tratar do tema relativo aos armamentos navais, antes da realização da V Conferência Pan-Americana de Santiago (Smith, 1991, p.80; Donghi, 1972, p.292-3; Ferrari, 1981, p.70).

A Primeira Guerra Mundial interrompeu a sequência das conferências internacionais americanas, o que contribuiu para o arrefecimento da solidariedade hemisférica na década de 1920, visível na VI Conferência Internacional Americana (Havana, 1928), quando ficou nítida a cisão EUA-América Latina. Na conjuntura imediatamente anterior à Segunda Guerra, os Estados Unidos voltaram-se novamente para a América Latina, praticando uma política de aproximação liderada pelo presidente Franklin D. Roosevelt, que a designou de "boa vizinhança". No Brasil, a partir de outubro de 1930, iniciou-se o período Getúlio Vargas, no qual se prestigiou o pan-americanismo, aplicado na questão de Letícia (conflito entre Peru e Colômbia), e na mediação, juntamente com a Argentina, da Guerra do Chaco. Na ordem mundial do segundo pós-guerra, foi prevista na carta da ONU a criação de organismos regionais. Assim, em 1947, foi assinado em Petrópolis o Tratado Interamericano de Assistência Recíproca (Tiar), que previa mecanismos de manutenção da paz e da segurança hemisférica. A Organização dos Estados Americanos (OEA), criada em 1948 pela IX Conferência Internacional Americana, realizada em Bogotá, é a sucessora da União Pan-Americana criada em 1890 e responsável pelas conferências que se lhe seguiram. Com o Tiar e a OEA, o regionalismo hemisférico integrou-se à ordem mundial do segundo pós-guerra.

Ao término da Segunda Guerra (maio de 1945), da qual o Brasil participou ao lado dos Aliados, seguiu-se a deposição de Vargas em outubro. Redemocratizado o país, o marechal Eurico Gaspar Dutra foi eleito pelo voto direto em 2 de dezembro de 1945 e tomou posse em janeiro do ano seguinte. O novo presidente manteve a política externa centrada na proximidade aos Estados Unidos (apesar de fortes divergências no campo econômico) em sequência da aliança militar havida durante a guerra. No plano interno, administrou economia e finanças nacionais segundo princípios liberais. Nas vertentes interna e externa, assumiu, portanto, trajetória diversa daquela da Argentina, que, nas mãos de Juan Domingo Perón, rumava para o nacionalismo e afastamento dos Estados Unidos, fatores que punham o Brasil em guarda e refratário a qualquer projeto internacional de aproximação tipo ABC. O retorno de Vargas ao poder em 1951 alterou esse quadro, voltando dubiedades próprias de seu estilo de governar, o que acabou levando ao distanciamento dos Estados Unidos. À frente do Ministério das Relações Exteriores foi alçado João Neves da Fontoura, defensor da proximidade com os EUA e contrário à aproximação com Buenos Aires, em cuja embaixada repôs João Batista Lusardo, gaúcho, antigo companheiro, adepto do pacto do ABC e amigo de Juan Domingo Perón, que ansiava pela união das três principais nações do sul do hemisfério. Internamente, os contrários à aproximação denunciavam que, por trás do pretendido pacto, Perón alimentava propósitos expansionistas sobre o segmento sul do continente. Isso porque, diante dos blocos de poder antagônicos liderados pelos EUA e pela União Soviética, Perón propunha uma "terceira posição" – a América do Sul liderada pelas nações que compunham o ABC. A oposição liberal e parte da imprensa denunciaram o perigo da instalação de uma república sindicalista ao ver a aproximação com Perón. Após um período de hesitação permeado pelo embate interno, Vargas contatou Perón reservadamente em 1953, usando um intermediário, para indagar sobre sua disposição de formar o ABC. Após dar resposta positiva, o presidente argentino ficou aguardando manifestação de Vargas, que, todavia, não deu sequência ao assunto, provavelmente em razão da crise interna. A demora levou Perón, em conferência secreta na Escola Nacional de Guerra argentina, a acusar Vargas de fraqueza e opinar que o Itamaraty punha obstáculos à união dos dois países. O texto vazou e, no Rio de Janeiro, chegou às mãos do oposicionista Carlos Lacerda, que o publicou na *Tribuna da Imprensa*, transformando o assunto em escândalo político. Vargas foi acusado de traidor da pátria, particularmente pelos apoiadores do veemente jornalista Carlos Lacerda. Nessa altura, o governo Vargas já perdia sustentação. Meses depois, em 24 de agosto de 1954, Vargas suicidou-se em meio a uma crise política na qual se entrecruzaram componentes externos e internos. Perón foi derrubado do poder não muito tempo depois, em 21 de setembro de 1955 (Bandeira, 1987, p.25, p.30-2). Antes disso, já estavam mortas as possibilidades de um pacto tipo ABC (Cavlak, 2008, p.56, p.65, p.169, p.171, p.176, p.182, p.195, p.201).

As relações do Brasil com a América Latina voltaram a ganhar ênfase na gestão de Juscelino Kubitschek de Oliveira (1955-1960) com o lançamento da Operação Pan-Americana (OPA) em 1958, como proposta de cooperação internacional de âmbito hemisférico com vistas a banir da América Latina a miséria e o subdesenvolvimento, vistos como portas de entrada para ideologias antidemocráticas. A apresentação da OPA aproveitava o momento de recrudescimento do antinorte-americanismo que criava dificuldades nas relações dos Estados Unidos com as nações do sul hemisférico que não receberam os benefícios da cooperação econômica prestada por aqueles a outras áreas do mundo. O presidente brasileiro pediu ao presidente norte-americano Dwight Eisenhower que o pan-americanismo político tivesse tradução econômica, pois seria a maneira mais eficiente de o hemisfério se opor à "ameaça materialista e antidemocrática do bloco soviético". Kubitschek referia-se não apenas ao Brasil, mas à América Latina na defesa do reforço da democracia, pois esta seria incompatível com a miséria. Para ele, a OPA não era "um simples programa, mas *toda uma política*" ajustada "às novas modalidades da crise mundial, em um momento crítico para o Ocidente". A proposta pedia estudos sobre a aplicação de capitais em áreas atrasadas do continente, aumento do crédito das entidades internacionais, fortalecimento da economia interna, disciplina no mercado de produtos de base, formação de mercados regionais, ampliação e diversificação da assistência técnica, e a necessidade de capitais públicos para setores básicos e infraestrutura. Apesar da má vontade do secretário de Estado John Foster Dulles, que achou a ideia inoportuna, o governo norte-americano não teve como fugir de sua discussão em razão da repercussão internacional que o assunto adquiriu. A OPA, apesar de bem acolhida pela OEA, que constituiu uma comissão especial de representantes dos seus 21 membros (Comitê dos 21) incumbida de lhe dar execução, apresentou poucos resultados práticos. A criação do Banco Interamericano de Desenvolvimento (BID) é apontada como seu único resultado concreto, até porque coincidiu com aspiração antiga na região (Bandeira, 1973, p.378, p.381-2; *RBPI*, 5, p.137-44; 6, 116-23, 1959; Sette, 1996, p.251; Leite, 1959, p.26-43).

Até o início dos anos 1950, o integracionismo, para os latino-americanos, teve caráter político. As relações comerciais, incipientes em algumas sub-regiões, eram regidas por acordos bilaterais. As possibilidades de soerguimento econômico da área pela via da integração comercial e da cooperação econômica começaram a ser percebidas no decorrer daquela década (na qual se situa a gestão Juscelino Kubitschek no Brasil), mercê, inclusive, de exemplos externos, nomeadamente o Tratado de Roma (1957).

2. O Brasil, a Cepal e a Alalc

Rubens Barbosa (1996, p.135) considera que o período de discussões conduzidas pela Cepal (Comissão Econômica para a América Latina e o

Caribe), no final dos anos 1950 e início dos anos 1960, deve ser definido como romântico, do ponto de vista das propostas e possibilidades concretas para a integração. As discussões na Cepal iniciaram-se em 1953 e foram estimuladas por problemas reais existentes na América Latina e que, pensava-se na Comissão, poderiam ser ao menos atenuados por um processo de integração econômica entre os países da região, visualizado, então, sobretudo como integração industrial. É importante considerar que, na perspectiva da Cepal, a integração regional é pensada com base no fortalecimento de capacidades nacionais.

Nos marcos da Cepal, a industrialização era vista, nas décadas de 1950 e 1960, como a solução de longo prazo para o problema da vulnerabilidade externa, que seria uma característica intrínseca dos processos de industrialização periféricos. A integração regional era apontada, também, como uma possível resposta para esse problema. A Cepal esteve diretamente envolvida na criação da Alalc (Associação Latino-Americana de Livre-Comércio) e entendia que esse novo acordo regional poderia contribuir para o início de um processo de diversificação das exportações dos países da região por esforço próprio, através da via "teoricamente" mais fácil do comércio intrarregional. O mercado comum latino-americano teria a virtude de ampliar as transações dos setores industriais exigentes, facilitando o aprofundamento do processo substitutivo de importações (Bielschowsky, 2000). Porém, os objetivos cepalinos em relação à integração e a passos de maior envergadura demonstravam-se difíceis de serem alcançados porque os pressupostos das políticas nacionais a respeito do desenvolvimento não os colocavam como questões centrais. De acordo com Cervo (2008, p.155), o pensamento cepalino erigido em torno de conceitos como indústria, emprego, proteção, mercado interno e autossuficiência se expressou em práticas políticas que tiveram como consequência, ainda que não fosse seu objetivo, constranger os processos de integração. Do ponto de vista do Brasil, as teses da Cepal fortaleceram a perspectiva dos que defendiam as ideias de desenvolvimento e projeção nacional.

Desde 1953, a Cepal reconheceu a necessidade de incrementar o comércio intrarregional, cuja premissa seria a redução ou a eliminação das tarifas alfandegárias que aparentemente o limitavam. Na reunião de ministros da Economia de novembro de 1954, em ocasião da IV Sessão Extraordinária do Conselho Interamericano Econômico e Social da OEA, são apresentados documentos da Cepal em que se discute o papel do comércio regional como elemento de desenvolvimento (Nações Unidas, 1954). Nesse contexto, a Cepal criou em 1956 um Comitê de Comércio, cuja finalidade era estudar as questões que entravavam o comércio regional. Esse comitê criou um grupo de trabalho denominado Mercado Regional Latino-Americano, que se reuniu inicialmente em fevereiro de 1958 em Santiago, produzindo o documento *Bases para la formación del mercado regional latinoamericano*.

As concepções de Raul Prebisch eram visíveis. Como diretor principal da Cepal, ele foi o chefe da Secretaria do grupo Mercado Regional. Pelo Brasil, participou José Garrido Torres, presidente do Conselho Nacional de Economia; e, pela Argentina, Eustaquio Méndez Delfino, presidente da Bolsa de Comércio de Buenos Aires. Esse texto, certamente precursor, reconheceu a exigência social de desenvolvimento. Os caminhos seriam a tecnificação da agricultura e a progressiva industrialização dos países. "A industrialização requer amplo mercado, sem o qual não será possível alcançar em nossos países a elevada produtividade dos grandes centros industriais. A América Latina poderia ter um amplo mercado, porém o tem fragmentando em vinte compartimentos estanques" (Nações Unidas, 1961b, p.41). Sem dúvida, como teremos oportunidade de ver ao estudar as razões da crise da Alalc e da debilidade da Aladi, essa ideia de um mercado latino-americano compreendendo todos os países da região parece ter sido uma das razões que levou alguns a classificar as próprias propostas da Cepal como românticas. Isto é, não foi levada em conta a diversidade de interesses e até mesmo a impossibilidade de uma visão latino-americanista abrangente. O documento da Cepal de fevereiro de 1958 reconhece diferenças. Afirma que "os países menos avançados deverão ser objeto de tratamento especial" (Nações Unidas, 1961a, p.43), mas ao mesmo tempo não há clareza sobre as vantagens dos países maiores, que eram Argentina, Brasil e México. Por outro lado, as potenciais vantagens desses países maiores serão decisivas para sua adesão à Alalc. A Cepal sugere não apenas uma área de livre-comércio, mas também a perspectiva de um regime tarifário comum frente ao restante do mundo, considerando-se a possibilidade oferecida pelo Acordo Geral sobre Tarifas e Comércio (General Agreement on Tariffs and Trade – Gatt), que aceitava em suas regras uma união alfandegária. O impacto do Tratado de Roma, de março de 1957, que criou a Comunidade Econômica Europeia, era evidente nesses debates.

No que se refere à Alalc, em geral, todas as análises coincidem na opinião de que os primeiros anos de seu funcionamento, até 1967, podem ser avaliados positivamente. Neste ponto, cabe indicar as razões, se não para o fracasso, certamente para o definhamento da Alalc. Uma de caráter econômico, outra de caráter político. Se um processo de integração não tem impacto sobre a gestão estratégica dos governos, trata-se de um forte indício da precariedade de todo o processo. No caso da Alalc e de outros processos de integração regional na América Latina, com exceção do Pacto Andino, não se desenvolveu, por ação – deliberada ou não – dos governos, qualquer esforço no sentido de trazer esses mesmos processos para o quadro de uma nova institucionalidade que viabilizasse a absorção do tema, de forma a torná-lo um fato nacional relevante. Particularmente no caso do Brasil, o entorno geográfico, com raros momentos de exceção, como no caso do acordo de Uruguaiana de 1961, teve pouco peso na atuação e nos objetivos internacionais do país nos anos 1960, 1970 e parte dos anos 1980 (Cervo; Bueno, 2011).

Os primeiros anos da Alalc certamente foram positivos, mas tiveram escasso impacto nas economias regionais. As principais delas foram sobretudo Brasil e México, caminhando para um crescimento voltado para dentro e buscando sempre a melhora de suas relações com os países centrais. Na análise das razões econômicas do definhamento da Alalc, deve-se levar em conta o surgimento de graves diferenças entre os países, cujas causas foram de várias origens. À medida que a negociação levava ao rebaixamento de tarifas de produtos com baixa competitividade, que poderiam ser comprados a preços menores em países externos à Associação, as tensões iam aumentando. Ao mesmo tempo – e isto é uma questão essencial em todos os processos de integração regional –, vislumbravam-se crescentemente situações de distribuição desigual de custos e benefícios. Enquanto alguns, sobretudo Argentina, Brasil e México, obtinham resultados positivos, particularmente no comércio de manufaturados, outros se encontravam em desvantagem. Conflitos sobre o tratamento tarifário de produtos importantes, como petróleo e trigo, foram aumentando as tensões. Certamente essa foi uma das razões que acabaram por levar um grupo de países ao Acordo de Cartagena de maio de 1969, quando Bolívia, Chile, Colômbia, Equador e Peru criam o Grupo Andino. A percepção de prejuízos de parte dos países menores e médios acabou afetando a credibilidade do bloco.

No período que precedeu o Tratado de Montevidéu de 18 de fevereiro de 1960, a convergência dos países latino-americanos no plano político era mínima. A situação não mudou nos anos seguintes, apesar de algumas tentativas importantes. A Operação Pan-Americana, como vimos, havia sido uma proposta do governo Kubitschek destinada à América Latina, mas que deveria surgir sobretudo da cooperação norte-americana. A criação do Banco Interamericano de Desenvolvimento (BID), em 1º de outubro de 1960, conta com a ativa participação dos Estados Unidos, mas não se apresenta junto com programas diretamente vinculados à integração latino-americana, cujo debate estava se dando exatamente no mesmo período. Reflexo da situação existente na região é o encontro de Uruguaiana, em 20 de abril de 1961, entre os presidentes Arturo Frondizi e Jânio Quadros. Naquela ocasião, as conversações versaram sobre o conjunto das relações entre os dois países, políticas, militares e econômicas, assim como sobre as relações com outros países da região e com os Estados Unidos. Os termos da Convenção de Amizade e Consulta e da Declaração de Uruguaiana estabeleciam a ação conjunta, argentina e brasileira, na solução dos problemas internacionais. Falava-se também em maior integração, mas a referência específica ao possível significado da Alalc para o processo de integração não surge (Melo Franco, 1968). Não seria possível explicar essas aparentes contradições e incoerências buscando o fio condutor apenas na política exterior dos países ou na concepção de integração regional. As situações internas desses países não permitiam um elevado nível de coerência em suas ações externas. Como sabemos, os anos seguintes foram intensos, marcados por graves acontecimentos que levaram à renúncia e a golpes de Estado.

É importante assinalar que, para os países que a constituíram, particularmente para o Brasil, a Alalc teve caráter delimitado, e nela parecem consagrar-se algumas das características que não desapareceriam dos debates nas duas últimas décadas do século XX. Na percepção da época, o Tratado de Montevidéu resultou de uma Conferência de caráter técnico. Uma Zona de Livre-Comércio não exigiu, na interpretação brasileira, "modificações da política econômica interna e da política comercial em face dos demais membros". Constata-se, também, a não exigência de uma autoridade supranacional para seu funcionamento, mas sim de organismos intergovernamentais que a administrem (Resenha, 1960, p.110). O Tratado criou o Comitê Executivo Permanente, com uma Secretaria, único órgão administrativo conjunto, que permaneceria no segundo Tratado de Montevidéu, em 1980. De certo modo, serviu de modelo para a secretaria do Mercosul, também estabelecida em Montevidéu a partir de 1991, igualmente com características técnicas e destituída de força política.

Processos de integração regional em nível de áreas de livre-comércio não precisam ter políticas de desenvolvimento como pressuposto. Mas qualquer processo de integração regional deve ser percebido pelos Estados e pela sociedade como de interesse próprio. No caso da Alalc, desde o início, mas com maior ênfase na segunda metade dos anos 1960, mesmo com o crescimento do intercâmbio, o esforço de integração estagnava. Da mesma forma, os objetivos cepalinos dos anos 1950 e 1960 demonstravam-se impossíveis de serem alcançados. Nem mesmo era possível dar alguns passos maiores em sua direção porque os pressupostos das políticas nacionais os inviabilizavam. Outras razões para o enfraquecimento da perspectiva da integração, provavelmente decisivas na América Latina, são o papel do Estado nacional e, sobretudo, a perspectiva nacionalista com que a própria integração foi considerada, particularmente nos casos da Argentina e do Brasil. Perspectiva que se manteve até a nova fase, que se iniciou em novembro de 1985 com a assinatura da Declaração de Iguaçu. É importante mencionar que, com a Ata de Iguaçu, pela primeira vez, a política externa brasileira elegeu como parceiro estratégico um país da América do Sul. Parceria mais simétrica, significativamente diferente daquelas estabelecidas entre Brasil, Alemanha e Japão nos anos 1970, ou mesmo com os Estados Unidos em diferentes momentos.

Pode-se afirmar que a década de 1960 foi intensa em iniciativas que visavam superar o subdesenvolvimento: Conferência de Alta Gracia, II Conferência das Nações Unidas para o Comércio e o Desenvolvimento, com a criação da Conferência das Nações Unidas Sobre Comércio e Desenvolvimento (UNCTAD), Grupo dos 77. Nenhuma dessas iniciativas, porém, caminhava no sentido da integração. O novo governo brasileiro, resultante do golpe militar de março de 1964, sinalizou que a integração deveria ser entendida em primeiro lugar como instrumento de fortalecimento da própria posição comercial na região: "tudo faremos em favor do fortalecimento da Alalc, para aumentar a presença do Brasil no mercado latino-americano" (Leitão da Cunha, 1965, p.136). Convém destacar que, mesmo no período que se inicia em 1967, quando retornaram à política exterior do Brasil concepções nacionalistas autoritárias e parcialmente terceiro-mundistas, o objetivo da integração regional nunca foi objeto de preocupação maior. Mesmo a retomada, a partir do governo Costa e Silva (1967-1969), de alguns aspectos da política externa independente do período Quadros e Goulart, não trouxe maior preocupação pela integração regional.

Daí a grande relevância das mudanças a partir de 1985, que sinalizam significativo redirecionamento, rumo a uma transformação estrutural da política regional e a criação de uma política de integração. Essa afirmação deve ser bem situada. A política exterior brasileira, tanto na versão autonomista quanto na universalista, ou na perspectiva do *global trader*, sempre privilegiou a própria independência. A adesão convicta à integração com a Argentina e no âmbito do Mercosul, a partir de 1985 e 1990, deve ser entendida como instrumento de fortalecimento nacional, portanto compatível com uma perspectiva realista de política externa, que, como sabemos, aceita a integração, quando vista como instrumento do próprio interesse e do próprio fortalecimento relativo.

3. Aladi

Na análise dos impasses da Alalc que desembocaram na criação da Aladi, podemos considerar o ano de 1969 como um ponto marcante. O Protocolo de Caracas estendeu o término do período de transição previsto para a criação da área de livre-comércio, além de reduzir as metas quantitativas anuais de desgravação tarifária e definir as bases para o início de negociações visando a adequação do Tratado de Montevidéu de 1960 a uma nova etapa de integração. Essas negociações tiveram início apenas em 1974 e continuaram em 1975, sem produzir resultados imediatos. De todo modo, ficou consolidada a aspiração geral de flexibilização dos mecanismos operacionais criados a partir de 1960, com a eliminação das metas quantitativas e dos prazos definidos para alcançar os objetivos finais estabelecidos, que estavam ligados à perspectiva de criação de um mercado comum latino-americano. Foi nessa fase que o modelo da Aladi começou a ser desenhado, com a promoção de acordos parciais entre grupos ou entre dois países, limitando o acordo regional a uma zona de preferências comerciais. O tema do tratamento preferencial aos países de menor desenvolvimento econômico relativo foi objeto de debates, mas sem conclusões. Em novembro de 1978, a XVIII Conferência da Alalc decidiu abrir formalmente as negociações para um novo tratado. As reuniões que ocorreram em 1979 e no primeiro semestre de 1980 encerraram-se na XIX Conferência Extraordinária da Alalc, realizada em Acapulco, em junho de 1980. O Tratado de Montevidéu de 1980, como é conhecido, foi assinado em 12 de agosto de 1980 (Moavro, 1992, p.180-6). Para a compreensão das diferenças entre os dois tratados, é importante ter em mente que a Aladi reflete a convicção da impossibilidade de uma política de integração regional, posição plenamente compartilhada pelo governo brasileiro.

O Tratado de 1980 abandona o objetivo de estabelecer uma zona de livre-comércio. Esse aspecto talvez seja o mais importante do ponto de vista político. Consequentemente, deixa de lado todos os compromissos quantitativos e provisórios. Na prática, cria um instrumento de registro de acordos entre dois ou mais países, compatibilizando-os com as regras do GATT. Substancialmente, as diferentes perspectivas políticas, sociais e econômicas dos países refletiram-se no acordo. Os países andinos insistiam em níveis superiores de integração, tais quais tarifa externa comum, programa de desenvolvimento industrial, tratamento semelhante ao capital estrangeiro, objetivos não aceitos pelo Brasil, que mantinha uma política de alta proteção tarifária, o que era fortalecido pelas necessidades colocadas pela crise cambial que se aguçava. Por outro lado, as políticas liberais da Argentina, do Chile e do Uruguai haviam erodido as margens de preferências estabelecidas no quadro da Alalc. A partir de 1980, as crises do petróleo e, sobretudo, as crises da dívida externa, a começar pela do México de 1982, acentuaram a tendência de todos os países a buscar aumentar suas próprias exportações. Nesse contexto, a Aladi passou a valorizar os interesses individuais dos países-membros em prejuízo da visão comunitária (Barbosa, 1996, p.146).

Ao mesmo tempo que a perspectiva de integração latino-americana ou mesmo sul-americana se afasta, outros fatos sugerem novos desdobramentos. Havia novas referências explicando o caráter reducionista da Aladi, adequadas às realidades existentes. Em 1977, é assinado um primeiro acordo entre Argentina e Brasil no sentido de estabelecer cooperação no campo nuclear. Mais importante: em outubro de 1979, os governos Jorge Videla e João Baptista Figueiredo, vencidas as resistências de setores militares com leituras não cooperativas da soberania nacional, assinam o acordo que permite a utilização trinacional das águas do Rio Paraná, viabilizando as usinas de Itaipu e Corpus. Significativa foi a influência, para esse acordo, de setores interessados em resultados positivos, não situados no núcleo decisório dos Estados: no caso brasileiro, a Itaipu Binacional e a Eletrobras; no caso argentino, áreas econômicas preocupadas com o setor de energia (Caubet, 1991). O ministro das Relações Exteriores do Brasil, Saraiva Guerreiro, logo depois da assinatura do Segundo Tratado de Montevidéu, manifestou preocupação com o relacionamento continental. Para ele, "traduzir em ações e empreendimentos o vocabulário da solidariedade latino-americana" significava enveredar pelo caminho do pragmatismo. Não mais dos acordos gerais. Nos governos militares, fala-se em caminhos novos, mas não surgem direções privilegiadas. A relação com a Argentina tem certo destaque, mas de maneira vaga, sem distingui-la claramente das relações com os outros países (Saraiva Guerreiro, 1980, p.38 e p.40).

Em seus primeiros anos, a Aladi consolidou parcialmente o que havia sido alcançado entre 1960 e 1980, o então chamado patrimônio histórico. O Acordo de Preferência Tarifária Regional, assinado em 1984 em níveis baixos, continuou produzindo pequeno efeito comercial. Ao longo da década de 1980, o intercâmbio intrarregional reduziu-se, depois de ter alcançado US$ 24 bilhões em 1981. Para os efeitos dessa discussão sobre a integração latino-americana e as políticas brasileiras, cabe assinalar que as preferências comerciais nada acrescentaram ao comércio regional, enquanto a possibilidade criada pela Aladi de negociação de acordos bilaterais acrescentou um instrumento que foi intensamente utilizado nos anos seguintes, particularmente nas relações entre Argentina e Brasil, e de ambos com o Uruguai. Em 1986, nova tentativa de fortalecer a Aladi deu-se com a convocação da Rodada Regional de Negociações, finalizada em março de 1987, quando o Conselho de Ministros da organização aprovou o Programa de Recuperação e Expansão do Comércio. Segundo Roberto Martínez Clainche (1984), a baixa prioridade da integração manifesta-se também pela aparente falta de preparação técnica para as negociações: funcionários mal qualificados, falta de instruções claras e também a falta de coordenação nos setores público e privado envolvidos na integração (Clainche, 1984, p.173). A Aladi caracterizou-se por ser uma instituição declaradamente técnica e de registro. Nos processos de integração, os benefícios políticos e sociais são considerados partes essenciais, e também assim foram considerados na Alalc e no Pacto Andino. Não fizeram parte dos objetivos do Tratado de Montevidéu de 1980. Alguns anos depois, os objetivos políticos e sociais surgem com força, no bojo de uma relação e de um projeto diferente.

O desenvolvimento das relações entre a Argentina e o Brasil a partir de 1985 corresponde, como vimos, à fase que Barbosa (1996) chama de pragmática. Superando décadas de receios recíprocos, alguns dos quais discutimos nas páginas precedentes, por iniciativa de Buenos Aires os presidentes dos dois países decidem iniciar o processo de integração econômica, fora dos esquemas multilaterais, mas apoiados sobre a parcial complementaridade entre suas economias. Na percepção brasileira, sugerida pelo ministro das Relações Exteriores Olavo Setúbal, apoiada pelo presidente Sarney, que convocou especialmente os ministros da Fazenda, da Agricultura e de Minas e Energia, "a integração latino-americana só se poderia viabilizar com a integração prévia do Cone Sul e esta, por sua vez, dependeria da integração Brasil-Argentina" (Barbosa, 1996, p.149). A Aladi, tendo optado pela aceitação das iniciativas bilaterais e pelos Acordos de Complementação Econômica, acabou por endossar naturalmente o processo que se iniciava. A partir de então, a política brasileira para a Argentina fundamenta-se em uma lógica de cooperação, tanto no sentido político (consolidação da democracia e aumento do poder de barganha no sistema internacional) quanto no âmbito econômico, em que a inflação alta e o endividamento externo representavam a face comum do desafio que ambos os países enfrentavam. Ao escrevermos este livro, depois de um forte agravamento das tensões institucionais no Brasil a partir de 2016, com pesadas consequências no tocante às relações com a Argentina e o Mercosul, é preciso considerar que houve forte diminuição na relevância atribuída a essas mesmas relações. E, talvez, a partir de 2019, até mesmo uma mudança de trajetória.

4. Mercosul

Uma sequência de acordos determinou mudanças importantes nas relações entre os dois países, com impactos para o conjunto das relações latino-americanas. Os principais acordos são: 1) a Declaração de Iguaçu, de novembro de 1985, assinada pelos presidentes Sarney e Alfonsín, que enfatizava, entre outras questões, a importância da consolidação do processo democrático nos dois países e a união de esforços com vistas à defesa de posições comuns em foros internacionais; 2) o Programa de Integração e Cooperação Econômica (PICE), de julho de 1986, que estabeleceu 24 protocolos setoriais voltados à integração de setores produtivos específicos; 3) o Tratado de Integração, Cooperação e Desenvolvimento de novembro de 1988, no qual Brasil e Argentina estabeleceram um prazo de dez anos para a formação de um espaço econômico comum.

Para Celso Lafer (1997), o que poderíamos chamar de transformação do sistema regional seria o resultado de: 1) o acordo trilateral sobre a utilização das águas do rio Paraná, de 1979; 2) a posição brasileira em relação à Guerra das Malvinas; e 3) o processo de democratização, com ênfase no desenvolvimento, controle civil dos militares e relação transparente e confiável na esfera nuclear. Corolário abrangente foi o Tratado de Assunção, que deu origem ao Mercosul. A radical inovação no padrão precedente de relações regionais deriva de uma cooperação política, que tem como ponto de partida uma nova percepção de inserção internacional, uma nova compreensão do que seja a cooperação política, e o desmantelamento, com participação ativa de grupos epistêmicos que compreendiam militares, da hipótese de confronto entre os dois países.

Nos anos de 1985 e 1986, os governos argentino e brasileiro consideraram a integração uma mudança radical nas atitudes dos Estados frente ao parceiro. A ideia da fase pragmática e realista reflete essa percepção. "O governo brasileiro definiu, em nível presidencial, uma clara política em relação ao processo de integração regional. A mais alta prioridade passou a ser dada ao projeto de integração e cooperação econômica com a Argentina; a integração latino-americana só se poderia viabilizar com a integração prévia do Cone Sul, e esta, por sua vez, dependeria da integração Brasil-Argentina" (Barbosa, 1996, p.149). Para Luiz Felipe Seixas Corrêa (1996, p.374), retomando ideia de Rubens Ricupero – um dos formuladores da política brasileira nesse período –,

> [...] talvez a principal e mais duradoura linha de política externa do governo Sarney tenha sido a reformulação do relacionamento do Brasil com a Argentina, mediante a superação de rivalidades e desconfianças que sobreviviam ao passado e a concomitante implantação de um espaço preferencial de entendimento democrático e de integração econômica que veio a desembocar no Mercosul.

Após a constituição do Mercosul, o fato de Argentina, Brasil, Uruguai e Paraguai apresentarem posições conjuntas diante de outros países ou organizações é razoavelmente inédito. A coordenação de ações produziu resultados, como se verificou no tocante à posição do bloco perante a Iniciativa para as Américas, inicialmente proposta pelo presidente George Bush em junho de 1990. Naquela ocasião, o Acordo 4+1, ou Acordo do Jardim das Rosas (Amorim; Pimentel, 1996), assentou o princípio de que o bloco regional negociaria como tal diante dos Estados Unidos. A partir de 1994, com o Protocolo de Ouro Preto, estrutura-se a união alfandegária entre os países do Mercosul, fato que traz a obrigatoriedade legal de posições conjuntas entre os países-membros em negociações comerciais internacionais. A posição dos países do Mercosul foi um dos elementos fundamentais para o encerramento das negociações para uma Área de Livre-Comércio das Américas (Alca), continuidade da iniciativa de Bush, na reunião de Mar del Plata em 2004.

A política brasileira de integração regional, como vimos, ancorou-se no Mercosul, mas, ao mesmo tempo, produziu outras iniciativas. A proposta de criação da Área de Livre-Comércio da América do Sul (ALCSA) em 1993, no governo Itamar Franco, e, em 2008, no governo Luiz Inácio Lula da Silva, a União das Nações Sul-Americanas (Unasul), mostram o interesse brasileiro em fortalecer a perspectiva de integração do subcontinente. Essas iniciativas resultam da preocupação dos formuladores das políticas de Estado pelo conjunto da região, o que levou à criação do conceito geopolítico de América do Sul e, ao mesmo tempo, à preocupação com a estabilidade de todo o subcontinente.

O aumento das correntes de comércio intrabloco nos primeiros anos de funcionamento do Mercosul foi altamente significativo. Contudo, depois de vinte anos, abrem-se impasses em relação aos quais o Estado brasileiro ainda terá que se posicionar, não havendo consenso na sociedade e entre as elites sobre as formas de consolidação. O Mercosul é um bloco de integração não apenas comercial, mas também econômica, em sentido amplo. Como os instrumentos do Estado, financeiros, fiscais e institucionais devem ser alocados para o aprofundamento do bloco, não está claro. A agenda recente em relação ao tema tem sido ocupada pela questão da distribuição dos benefícios da integração, pelas discussões sobre seu fortalecimento institucional e maior internalização da lógica da integração nos países-membros. A constituição do Fundo para a Convergência Estrutural do Mercosul (Focem), o Protocolo de Olivos, as discussões em torno do Parlamento do Mercosul (Parlasul) e do Foro Consultivo de Municípios, Estados Federados, Províncias e Departamentos do Mercosul (FCCR) e os procedimentos facilitadores de cadeias produtivas regionais são todos temas que se inserem no objetivo de adensar o processo de integração. Indicam possibilidades importantes, cujos resultados não estão garantidos. A vontade do Estado brasileiro nos últimos governos, inclusive no de Dilma Rousseff, iniciado em 2011, é claramente favorável à continuidade da integração, mas essa vontade política não é suficiente para garantir os avanços pretendidos. A crise econômica, inclusive a da União Europeia, provocará impactos.

Considerações finais

A discussão feita demonstra que, quase até o final do século XX, o tema da integração regional não estava no centro do debate no Estado e na sociedade brasileira. Nem no plano político, nem no econômico, nem mesmo no cultural. Ainda que na literatura o tema da América Latina surja esporadicamente, a continentalidade do país não estimulou sua inserção nos grandes debates nacionais. Há explicações para isso. A quase totalidade dos demais países tem em comum a origem colonial espanhola, o que tem seu peso, ainda que em alguns casos esse peso tenha sido de caráter negativo. A América Latina, especialmente a bacia do Prata, foi considerada o ambiente natural para expansão da influência brasileira, mas não se tratava ainda de integração. Essa expansão enfrentava a competição de um Estado poderoso, a Argentina. À época dos ABCs, conforme discutimos, considerava-se a cooperação política. Apenas a partir da década de 1980 a integração regional passou a ser vista como instrumento do fortalecimento nacional. Em décadas anteriores, 1940, 1950, 1960, surgiram esporadicamente iniciativas visando a integração. Nenhuma delas teve sucesso. Discutimos as dificuldades da Alalc, que inicialmente propunha uma área de livre-comércio, finalmente reduzida a instrumento de regulação comercial, como foi a Aladi. A ideia de integração como instrumento de fortalecimento nacional não é particularidade brasileira. Todos os processos de integração partem do pressuposto de que serão benéficos para o próprio país, para toda a sociedade e para suas elites.

O Brasil, como quase todos os países da América Latina, esteve condicionado no século XX pelas relações com os Estados Unidos. Os temas da aproximação com esse país, de como obter benefícios dessa relação, como ser autônomo e fortalecer um projeto nacionalista, fizeram e fazem parte de um debate permanente. O desdobramento foi a não urgência de um projeto de integração regional, continuamente remetido a um depois um pouco distante. As propostas da Alalc, da Cepal e da Aladi não contribuíram decisivamente para introduzir o tema da integração no Brasil. As mudanças econômicas e políticas dos anos 1970 e 1980 estimularam a passagem de uma formulação idealista da integração para a formulação de um projeto concreto. Enquanto isso, a noção de desenvolvimento acabou encontrando um terreno comum com a de integração. Esta é absorvida no corpo do Estado brasileiro e nas suas elites. Nos anos 2000, a criação da Unasul sugere que a preocupação pela integração se estende a toda a América do Sul.

Referências bibliográficas

AHI – Arquivo Histórico do Itamaraty. Despacho para Buenos Aires, 22 nov.1904.
_____. Despacho reservado para Washington, 31 mar. 1906.
_____. Ofícios, Buenos Aires, 23 dez. 1914.
_____. Ofícios, Buenos Aires, 24 jan.1915.
AMORIM, C.; PIMENTEL, R. Iniciativa para as Américas: o acordo do Jardim das Rosas. In: ALBUQUERQUE, J. A. G. *Sessenta anos de política externa brasileira (1930-1990)*. v.II. São Paulo: Cultura/Nupri USP/Fapesp, 1996.
BANDEIRA, M. *O eixo Argentina-Brasil*: o processo de integração da América Latina. Brasília: Editora Universidade de Brasília, 1987.
BARBOSA, R. O Brasil e a integração regional: a Alalc e a Aladi (1960-1990). In: ALBUQUERQUE, J. A. G. (Org.). *Sessenta anos de política externa brasileira (1930-1990)*. v.II. Diplomacia para o Desenvolvimento. São Paulo: Cultura/Nupri USP/Fapesp, 1996.
BIELSCHOWSKY, R. (Org.). *Cinquenta anos de pensamento na Cepal*. Rio de Janeiro: Record, 2000.
BURNS, E. B. *The Unwritten Alliance*: Rio Branco and the Brazilian-American relations. Nova York: Columbia University Press, 1966.
CALÓGERAS, P. *Ideias políticas de Pandiá Calógeras*: Introdução, cronologia, nota bibliográfica e textos selecionados por Francisco Iglesias. Brasília: Senado Federal, 1987.
CAUBET, C. G. *As grandes manobras de Itaipu*: Energia, diplomacia e direito na Bacia do Prata. São Paulo: Editora Acadêmica, 1991.
CAVLAK, I. *A política externa brasileira e a Argentina peronista (1946-1955)*. São Paulo: Annablume, 2008.

CERVO, A. L. *Inserção internacional*: formação dos conceitos brasileiros. São Paulo: Saraiva, 2008.

_____; BUENO, C. *História da política exterior do Brasil*. 4.ed. Brasília: Editora Universidade de Brasília, 2011.

CLAINCHE, R. M Le. *La ALALC/Aladi*. México: El Colegio de México, 1984.

CONDURU, G. F. *A política externa de Rio Branco os tratados do ABC*. Dissertação (mestrado em História) – Universidade de Brasília, Brasília, 1998.

DONGHI, T. H. *História contemporánea de América Latina*. 3.ed. Madri: Alianza Editorial, 1972.

ETCHEPAREBORDA, R. *Historia de las relaciones internacionales argentinas*. Buenos Aires: Pleamar, 1978.

FERRARI, G. *Esquema de la política exterior argentina*. Buenos Aires: Editorial Universitária de Buenos Aires, 1981.

FRAGA, R. *Roca y el Brasil*. Buenos Aires: Editorial Centro de Estudios Unión para la Nueva Mayoria, 1994.

LAFER, C. Relações Brasil-Argentina: alcance e significado de uma parceria estratégica. *Contexto Internacional*, v.19, n.2, jul./dez. 1997.

LEITÃO DA CUNHA, V. Palestra do ministro das Relações Exteriores na Associação Comercial do Rio de Janeiro, em 11 de novembro de 1964. *Revista Brasileira de Política Internacional*, ano VIII, n.29, mar. 1965.

LEITE, C. Banco Interamericano de Desenvolvimento. *Revista Brasileira de Política Internacional*, n.6, p.26-43, 1959.

LINS, Á. *Rio-Branco*. Rio de Janeiro: José Olympio, 1945.

_____. *Rio-Branco*. 2.ed. São Paulo: Nacional, 1965.

MELO FRANCO, A. A. *Planalto* – Memórias. Rio de Janeiro: José Olympio, 1968.

MOAVRO, H. R. *La decisión*: aportes para la integración latinoamericana. Caracas: IFEDEC, 1992.

MRE – Ministério das Relações Exteriores. *Relatório*, v.I, 1914/15.

NAÇÕES UNIDAS. *A cooperação internacional na política de desenvolvimento latino-americana*. Rio de Janeiro: Nações Unidas, 1954.

_____. Bases para la formación del Mercado Regional Latinoamericano (informe de la primera reunión del Grupo de Trabajo, Santiago de Chile, 3 a 11 de febrero de 1958). In: *La cooperación economica multilateral en America Latina*. v.I, Textos y Documentos. México: Nações Unidas, 1961a.

_____. Recomendaciones acerca de la estructura y normas del Mercado Común Latinoamericano (informe de la Segunda reunión del Grupo de Trabajo, México, 16 a 27 de febrero de 1959). In: *La cooperación economica multilateral en America Latina*. v.I, Textos y Documentos. Nações Unidas: Mexico, 1961b.

RESENHA. Zona de Livre Comércio na América Latina. *Revista Brasileira de Política Internacional*, ano III, n.10, jun.1960.

RICUPERO, R. Um personagem da República. In: RICUPERO, R.; ARAÚJO, J. H. P. (com a colaboração de JOPPERT, R.). *José Maria da Silva Paranhos, Barão do Rio Branco*. Brasília: Fundação Alexandre de Gusmão, 1995.

SARAIVA GUERREIRO, R. Conferência pronunciada pelo ministro das Relações Exteriores na Escola Superior de Guerra, em 5 de setembro de 1980. *Revista Brasileira de Política Internacional*, ano XXIII, n.89-92, 1980.

SEIXAS CORRÊA, L. F. A política externa de José Sarney. In: ALBUQUERQUE, J. A. G. (Org.). *Sessenta anos de política externa brasileira (1930-1990)*. v.I, Crescimento, modernização e política externa. São Paulo: Cultura/Nupri USP/Fapesp, 1996.

SETTE, L. L. A diplomacia econômica brasileira no pós-guerra (1945-1964). In: ALBUQUERQUE, J. A. G. (Org.). *Sessenta anos de política externa brasileira (1930-1990)*. v.2. São Paulo: Cultura/Nupri USP/Fapesp, 1996. p.239-66.

SMITH, J. *Unequal Giants*. Diplomatic Relations between the United States and Brazil, 1889-1930. Pittsburgh: University of Pittsburgh Press, 1991.

2
PENSAMENTO BRASILEIRO E INTEGRAÇÃO REGIONAL[1]

1. Introdução

O objetivo deste capítulo é analisar a forma como algumas escolas de pensamento, representadas por figuras significativas, percebem no Brasil o tema da integração regional. Nosso foco é a segunda metade do século XX, buscando compreender as concepções de projeção regional e internacional do país, que fundamentam as possibilidades de integração. Para isso, serão discutidos os seguintes temas: o papel do Estado, a visão de país, o nacionalismo, o desenvolvimento econômico e o subdesenvolvimento, o reconhecimento internacional, a percepção dos vizinhos (Gardini e Almeida, 2016). A ideia da singularidade frente aos países vizinhos é um elemento presente na obra de intelectuais e de formuladores de políticas. Ela se faz presente em muitos países, inclusive em outros da região. Buscaremos entender como essa ideia evoluiu no Brasil ao longo do tempo, chegando em diferentes momentos, inclusive nos anos 1980, à aceitação da existência de comunidade de interesses com os países do Cone Sul e da América do Sul.

As ideias brasileiras a respeito da integração regional são influenciadas pela dimensão continental do país e pela aspiração a um papel de destaque no cenário internacional. Influenciam essa percepção a própria história, a formação do Estado e do território. Algumas dessas ideias, juntamente com as rivalidades seculares na Bacia do Prata, inclusive no século XX, não fortaleceram a perspectiva da integração (Ricupero, 2017). Ao longo do tempo,

---

[1] Este capítulo é uma versão modificada de artigo publicado na revista *Contexto Internacional*, v.32, n.2, p.437-87, 2010.

por conta de fatores internos e externos, houve significativa mudança na forma como se vê o tema da integração regional. Como argumentaremos, nas modificações ocorridas, o surgimento de novas concepções não superou totalmente a estrutura de ideias anteriores, que contribuem para algumas das dificuldades da integração. As ideias não se transformam em ações sem que haja algum processo de rotinização, normalmente de longa duração, ligado a interesses. Durante muito tempo, a relação do Brasil com os vizinhos era impulsionada por aspectos de rivalidade e diferenciação. A concepção predominante, como vimos no Capítulo 1, mudou a partir dos anos 1980, mas encontrou dificuldade para se enraizar. Por isto, *ex post facto*, podemos dizer que sua não plena sedimentação ajuda a explicar fenômenos que ganharam luz a partir de 2015.

Nosso intuito consiste em discutir a tradição do pensamento brasileiro no tocante à integração regional, verificando os momentos de existência e suas formas e os momentos de não existência. Há, no Brasil, linhagens de pensamento desenvolvimentista, americanista, antiamericanista e nacionalista, mas não há uma longa tradição de pensamento brasileiro latino-americanista. Isso não quer dizer que diferentes pensadores ou correntes fossem contrários às perspectivas da integração, mas significa que o projeto e a ideia de Brasil subjacente às suas reflexões, na maior parte das vezes, não incluía a integração com os países vizinhos como uma variável importante. Darcy Ribeiro (1996), mas também outros, discutiu nos anos 1950 e 1960 a importância da integração em vista do que considerava a necessidade da união dos países da região contra o imperialismo norte-americano. Integrantes do pensamento geopolítico brasileiro também nos anos 1950 e 1960, como Golbery do Couto e Silva (1967), com significativa influência na Escola Superior de Guerra (ESG), fizeram do interesse nacional o eixo de suas preocupações. Nesse mesmo período, o conceito de desenvolvimento, tal como formulado pelos integrantes do Instituto Superior de Estudos Brasileiros (Iseb), não situava a integração com os vizinhos como componente fundamental. Para eles, a preocupação principal, visando o interesse nacional, era a integração nacional.

A ideia de Brasil-potência foi constitutiva da Doutrina de Segurança Nacional, muito importante durante o regime militar (1964-1984). A concepção nacional-desenvolvimentista e o modelo de industrialização por substituição de importações, assim como a leitura que alguns fizeram das teses da Comissão Econômica para a América Latina e o Caribe das Nações Unidas (Cepal), fortaleceram a perspectiva nacional de desenvolvimento e de projeção internacional.

As ideias incidem no contexto cultural no qual se formula a posição internacional dos países, embora elas não sejam as únicas determinantes e não estejam dissociadas de outros interesses. As ideias são compreendidas a partir do entendimento dos problemas históricos aos quais se relacionam e de seu vínculo com as instituições (Goldstein e Keohane, 1993). Assim, é preciso levar em consideração os contextos específicos em que são formuladas e discutidas. No caso brasileiro, uma poderosa matriz no campo intelectual é a ideia do desenvolvimento político e econômico do país.

No Brasil até os anos 1980, o tema da integração não se viu associado à grande agenda. A partir da Segunda Guerra Mundial, o problema do desenvolvimento/subdesenvolvimento, o tema da industrialização, as discussões a respeito da participação do capital estrangeiro na economia do país, estiveram focados numa lógica estritamente nacional. Ainda que vinculado às relações com o mundo exterior, o debate era entendido como tendo relação sobretudo com os países em desenvolvimento. No campo da projeção internacional, o núcleo do debate centrou-se na necessidade de uma política externa mais independente, menos alinhada aos Estados Unidos. Na década de 1970, particularmente nos governos de Emilio Garrastazu Médici (1970-1973) e Ernesto Geisel (1974-1978), ganha força a ideia de Brasil-potência, que trouxe consigo dificuldades no relacionamento com os outros países da região, sobretudo com a Argentina. Nos anos 1980, no bojo do processo de redemocratização, da crise da dívida externa e da espiral inflacionária, o tema e a possibilidade da integração regional emergem de forma mais concreta na percepção de uma parte dos intelectuais brasileiros. Desde o início dos anos 1970, autores como Celso Lafer (1973) compreenderam a importância do entendimento entre Argentina e Brasil.

Este capítulo está organizado da seguinte forma: na próxima seção, analisaremos a forma como o Iseb entendia o Brasil e as implicações disso para as relações com o seu entorno. Na terceira seção, discutiremos a política externa independente com base nas ideias de San Tiago Dantas e Araújo Castro. Além disso, consideraremos o pragmatismo responsável, a partir do pensamento de Azeredo da Silveira, tendo em vista a parcial existência de algumas coincidências analíticas. Na quarta seção, analisaremos a doutrina da ESG, sobretudo as ideias de Golbery do Couto e Silva, que teve considerável importância durante o regime militar brasileiro e contribuiu para a formulação das relações com a região. Na quinta seção, abordaremos a forma como as ideias da Cepal foram absorvidas no Brasil, com especial ênfase para as concepções de Celso Furtado, relacionando-as com a visão de América Latina. Discutiremos também as concepções de dois intelectuais brasileiros ligados à teoria da dependência, Fernando Henrique Cardoso e Ruy Mauro Marini. Na sexta seção, veremos as ideias recentes relacionadas à integração, principalmente as de Celso Lafer e Samuel Pinheiro Guimarães, que identificamos como bastante representativas do pensamento contemporâneo. Nas considerações finais, delimitaremos os principais aspectos que compõem o pensamento brasileiro sobre integração regional. Argumentaremos que, se no século XIX e na maior parte do XX a questão regional não esteve no centro das preocupações, houve mudança nos anos 1980 e 1990 e agora no século XXI no sentido de incorporar a ideia de integração da região como tema de peso intelectual e político. Já dissemos que esta evolução importante apresentou dificuldades para seu enraizamento em setores sociais e grupos epistêmicos.

2. O Iseb: concepções sobre o Brasil e o desenvolvimento nacional

O Iseb (Instituto Superior de Estudos Brasileiros) foi criado em 1955, sob a liderança de um grupo de intelectuais brasileiros coordenados por Hélio Jaguaribe. Participaram dele, entre outros, Álvaro Vieira Pinto, Cândido Mendes, Alberto Guerreiro Ramos, Nelson Werneck Sodré, Roland Corbisier. Durante seus nove anos de existência (1955-1964), o Iseb se constituiu num centro de elaboração teórica de um projeto nacional-desenvolvimentista. A reflexão isebiana legou ideias que tiveram impacto no debate intelectual brasileiro. Pécaut (1990) entende que a ideologia desenvolvimentista do Iseb se tornou progressivamente o horizonte de pensamento para o qual tendia a opinião pública. Como veremos, está ausente no Instituto a ideia de América Latina, a não ser como parte de um bloco mais geral, que deveria contrapor-se ao imperialismo. No plano das ideias, nos anos 1950 e 1960, o Iseb se torna um contraponto à ESG. Enquanto esta, sob a influência de oficiais como Golbery do Couto e Silva, Cordeiro de Farias e Castello Branco, via o mundo a partir da perspectiva Leste-Oeste, o Iseb desenvolvia a matriz do pensamento nacionalista e desenvolvimentista. O sujeito principal, ator decisivo, era a Nação.

O objetivo do Iseb era formular estudos e fomentar debates que fossem capazes de dar suporte para a elaboração de uma política ou estratégia nacional de desenvolvimento. Da mesma forma, buscava contribuir para a emergência de um pensamento brasileiro capaz de sugerir soluções para dificuldades nacionais, com especial ênfase para as dimensões sócio-políticas e culturais do desenvolvimento.

Segundo Pereira (2004), com a eleição de Juscelino Kubitschek (1956-1960), o Iseb transforma-se no principal centro de pensamento nacionalista e desenvolvimentista. Esse pensamento foi concebido pelo grupo como uma ideologia que poderia levar o país à superação do atraso econômico e da alienação cultural através da ação estatal por meio do planejamento, da intervenção econômica e de uma ampla aliança multiclassista. Toledo (2005) argumenta que, embora não possa ser rigorosamente identificado como um aparelho ideológico a serviço do chamado desenvolvimentismo de Kubitschek, é certo que – particularmente nos primeiros anos dessa administração – há uma nítida sintonia entre os intelectuais do instituto e o projeto industrializante do governo. A preocupação central do grupo era pensar o desenvolvimento e, dentro do possível, influenciar o governo a adotar suas recomendações. Tenhamos em conta que, iniciando-se em 1953, com aceleração a partir de 1958, como vimos no Capítulo 1, desenvolve-se entre países latino-americanos uma discussão, sob o patrocínio da Cepal, que levaria à assinatura do Tratado de Montevidéu de 1960, que constituiu a Associação Latino-Americana de Livre-Comércio (Alalc). Essa negociação não teve repercussão significativa entre os membros do Iseb, permanecendo relegada a aspectos técnicos de comércio. No Brasil, as grandes correntes de pensamento permaneceram distantes do tema da integração regional.

Os membros do Iseb, apesar de terem diferentes matrizes teóricas e ideológicas, convergiam no sentido de considerar que no Brasil, historicamente, as elites não buscaram orientar seus interesses de acordo com as necessidades do conjunto da sociedade. Concordavam também no diagnóstico de que o país só poderia ultrapassar o estágio de subdesenvolvimento mediante a intensificação da industrialização, pensada como fenômeno nacional não conectado à potencialidade de um mercado regional. Mesmo quando houve iniciativas relativas à integração, de parte da Argentina no governo Perón, estas não repercutiram no debate intelectual do período. A industrialização era vista como o elemento dinâmico do desenvolvimento. A política deveria ser nacionalista e a sua efetivação introduziria mudanças no sistema político, determinando o enfraquecimento das antigas elites dirigentes do país e a consequente diminuição do peso dos atores ligados ao latifúndio mercantil, modificando o quadro de hegemonia da classe dominante agrária. A visão de que os empresários constituíram o núcleo do desenvolvimento foi posteriormente criticada por Fernando Henrique Cardoso (1972), que buscava demonstrar a fragilidade da "ideologia que afirmava a viabilidade da aliança entre a burguesia nacional, parte da massa popular urbana e o Estado para produzir transformações estruturais capazes de dinamizar o desenvolvimento econômico em bases nacionais" (Cardoso, 1972, p.14). Na perspectiva do fortalecimento do capitalismo nacional, não surgia a ideia do estreitamento das relações com o entorno geográfico. Parecia não haver motivação para isso. Em verdade, em todo o mundo subdesenvolvido, mesmo quando se buscaram acordos políticos entre países, o não alinhamento e o neutralismo fazem parte desses acordos, não emergiam a perspectiva de integração e uma ideia de identidade. Nos anos 1950 e 1960, a ideia de integração e de comunidade desenvolveu-se na Europa, motivada por circunstâncias históricas, sociais, geopolíticas, econômicas específicas.

Na visão isebiana, a defesa da revolução democrático-burguesa, que alguns chamam de ideologia nacional-populista (Cardoso, 1972; Weffort, 1978), apontava para a necessidade de uma união entre burguesia nacional, camponeses, proletariado e outros segmentos sociais interessados na industrialização nacional para combater os latifundiários ligados ao comércio exportador. Segundo Guerreiro Ramos, "em conclusão, devemos considerar que devem ser considerados como adversos aos objetivos nacionais todos os fatores que contribuam para a formação de pressões psicossociais, políticas, ideológicas, institucionais e econômicas, tendentes a debilitar o capitalismo brasileiro" (Ramos, 1960, p.70). Para esse autor, assim como para outros membros do Iseb, os grupos ligados à economia agrário-exportadora, assim como o imperialismo internacional, eram os elementos que mais ameaçavam o projeto nacional-desenvolvimentista. A visão de mundo, mesmo inserida no contexto das ideias do período, relacionava-se ao debate nacional, à solução nacional dos problemas. Compreender o significado dessa perspectiva é fundamental para entender por que existiu um razoável desconhecimento da região. Ela era parte dos países subdesenvolvidos, com os quais o Brasil compartilhava interesses, mas quase sempre não como a parte mais identificada com a perspectiva nacionalista e anti-imperialista, que tinha presença maior em outros continentes.

Sodré (1967), retomando parte da linguagem da III Internacional, foca nos entraves para o desenvolvimento, considerando as relações de produção e mostrando o papel negativo do imperialismo. Na visão desse autor, a presença de "relações feudais" no campo, a influência nociva do capital estrangeiro e a dominação imperialista seriam os principais elementos que travariam o desenvolvimento do capitalismo no Brasil. Trata-se de uma perspectiva de avanços de tipo nacional. A revolução brasileira relacionar-se-ia com o fim do poder e da hegemonia das classes latifundiárias e do imperialismo, pois estes reforçariam o colonialismo e dificultariam a formação da economia nacional (Sodré, 1967). A solução dos problemas insere-se numa perspectiva nacional. Isso não surge como contraposto à América do Sul, à conexão com os países da região, simplesmente há uma ausência de conectividade. O monopólio da terra por parte dos latifundiários, bem como o imperialismo, seriam elementos que obstruiriam o crescimento econômico, e deviam ser combatidos no plano nacional. Sodré enfatizava a necessidade de uma industrialização planificada em bases estritamente nacionais para viabilizar o desenvolvimento capitalista nacional e preparar a passagem ao socialismo (Bielschowsky, 2004).

Para o Iseb, o conceito de desenvolvimento envolve o processo de acumulação de capital, incorporação de progresso técnico e elevação dos padrões de vida da população do país, que se iniciaria com uma revolução capitalista e nacional. Seria, segundo Pereira (2004, p.58), o processo de crescimento sustentado da renda da população sob a liderança estratégica do Estado nacional, tendo como principais atores os empresários nacionais. Portanto, o desenvolvimento seria nacional, pelo fato de se realizar internamente, sob a égide de instituições definidas e garantidas pelo Estado. No plano internacional, a preocupação central referia-se à busca de superação da dependência externa e de suas consequências. Como argumenta Corbisier (1968, p.33), "se o projeto de desenvolvimento visa promover a emancipação nacional, sua realização implicará a negação prévia da dependência, isto é, entrará em contradição com o domínio de nossa economia por qualquer centro hegemônico estrangeiro". Com o benefício do *ex post facto*, pode-se afirmar que essa forma de análise levou à exclusiva identificação dos problemas brasileiros na contradição centro-periferia, de forma tal que as possíveis identidades com o entorno acabaram subsumidas.

No pensamento de Ignácio Rangel (1962), Guerreiro Ramos (1960) e Hélio Jaguaribe (1958, 1972), a superação do subdesenvolvimento por meio da industrialização estaria relacionada com a superação do capitalismo mercantil. Seria com a passagem do capitalismo mercantil para o industrial que a acumulação capitalista, com incorporação sistemática do progresso técnico, se viabilizaria, possibilitaria o crescimento sustentado da renda e a melhora nos padrões de vida da população. Já a revolução nacional seria a associação dos diversos setores da sociedade em torno de um projeto nacional. Nesse sentido, o nacionalismo seria a ideologia da revolução nacional. Segundo Sodré (1960, p.33), "o nacionalismo surge da necessidade de compor um novo quadro conjugando interesses de classe, reduzindo-os a um denominador comum mínimo, para a luta em defesa do que é nacional em nós. É o imperativo de superar a contradição entre a burguesia nacional e a classe trabalhadora que adota o nacionalismo como expressão oportuna de uma política".

Como vimos, os temas da industrialização, da possibilidade de aliança entre as classes em prol do desenvolvimento, de um projeto nacional, a questão dos investimentos estrangeiros, o nacionalismo, a problemática do mimetismo cultural, eram alguns dos principais temas que estavam presentes no debate intelectual do período. No que tange aos aspectos internacionais, o principal tema, inclusive do Iseb, é a crítica ao imperialismo, para demonstrar as diferenças no processo de desenvolvimento do centro e da periferia, sendo estas questões discutida na Cepal. A periferia, ao contrário do centro, em seu processo de desenvolvimento teria que superar os interesses do capitalismo internacional e das elites locais alienadas, ligadas ao imperialismo. Como argumenta Corbisier (1968, p.53) "podemos perceber que nada há em comum, a não ser a identidade do termo, entre o nacionalismo dos países subdesenvolvidos, em luta contra as nações opressoras pela conquista da soberania política e da independência econômica, e o nacionalismo dos países industrializados, empenhados em manter o domínio de suas áreas coloniais e em conquistar ou ampliar mercados para as suas manufaturas". Essa concepção deixa subjacente a questão da região sul-americana. Há uma potencial coincidência de interesses, mas ela não se materializa. É nisto que reside a dificuldade para pensar a questão da América Latina: a região acaba não sendo vista, não passa a integrar as preocupações política, econômicas e culturais. O tema da integração regional, no sentido da discussão das possibilidades de adensamento das relações entre os países da região, não está presente no pensamento brasileiro do período. Não era possível contextualizar a forma como esses intelectuais pensavam o Brasil e o desenvolvimento nacional num processo de integração regional, que, por definição, tem como pressuposto a perda de autonomia em algumas funções do Estado nacional para recompor essas funções em nível regional, diminuindo, portanto, a chamada autonomia do Estado nacional (Mattli, 1999; Mariano, 2007). Quando a América Latina surge na reflexão isebiana, o foco principal não é a integração regional, mas sim o entendimento das causas históricas do subdesenvolvimento latino-americano. Como veremos, esse entendimento tem algum parentesco com o de outras linhagens do pensamento brasileiro, como o da teoria da dependência, mas há também fortes diferenças entre eles. A não reflexão sobre a região não é uma casualidade, deriva dos fundamentos conceituais dos isebianos, baseados na ideia de que o Estado é *locus* resolutor. Consequentemente, é a ele que se dirigem as atenções.

3. Política Externa Independente e Pragmatismo Responsável

Em relação ao início dos anos 1960, a afirmação de um novo perfil sociopolítico da sociedade brasileira, a força das ideias nacionalistas, a radicalização das posições de alguns grupos políticos e sociais, as transformações no cenário externo e a busca da atuação internacional autônoma são aspectos que ajudam a entender o contexto de emergência da Política Externa Independente (PEI) (1961-1964). Em geral, a literatura atribui a San Tiago Dantas sua formulação. A partir do governo Jânio Quadros (1961), o Brasil viveu três anos de significativas mudanças nas prioridades, na implementação e no quadro conceitual orientador de suas relações externas, que foram relativamente interrompidas a partir do golpe militar de 1964. Em parte, essas prioridades foram retomadas a partir de meados dos anos 1970, ainda que haja fortes diferenças entre as duas políticas. Nesta seção, buscaremos discutir alguns aspectos conceituais da PEI e do Pragmatismo Responsável (PR) (1974-1978), recorrendo às ideias de San Tiago Dantas, Araújo Castro e Azeredo da Silveira.

Os princípios básicos da PEI eram: a ampliação do mercado externo, a formulação autônoma dos planos de desenvolvimento econômico, a necessidade de manutenção da paz mediante a coexistência pacífica, o desarmamento geral e progressivo, a não intervenção nos assuntos internos de outros países, a autodeterminação dos povos, o respeito ao Direito Internacional e o apoio à emancipação completa dos territórios não autônomos (Dantas, 1962). Alguns desses princípios estavam anteriormente presentes na política exterior do Brasil, mas outros eram novos, como a questão do apoio brasileiro à emancipação completa dos territórios não autônomos. Isso mudava a posição do Brasil em relação ao regime salazarista de Portugal. Posição apoiada também por grupos conservadores. É o caso do jornal *O Estado de S. Paulo*: a família Mesquita resgatava suas origens tradicionalistas e liberais, posicionando-se contrariamente à ditadura de Salazar e ao colonialismo.

A PEI buscava transformar a atuação internacional do Brasil e projetar uma posição menos alinhada aos Estados Unidos. Fonseca Jr. (1998, p.363) considera que "o período é de abertura universalista da política externa e de coleção de um acervo de relações bilaterais de amplo alcance [...] são estabelecidos ou renovados vínculos com os países africanos, amplia-se a presença no Oriente Médio e, mais importante, os laços com a América Latina ganham nova densidade". Na mesma direção, Dantas (1962, p.11) afirma que

> [...] a rápida ampliação do mercado externo de nossos produtos tornou-se um imperativo do desenvolvimento do país [...] A conquista de mercados (deve ser) a tônica de nossa política econômica exterior. Nossa política voltou-se para a América Latina, em primeiro lugar, e, em seguida, para os países socialistas, sem desprezo das possibilidades de incremento do comércio com os Estados Unidos e com a Europa Ocidental.

Gilberto Freyre (1962, p.294) considerava que

> [...] essa política de instituir um sistema efetivo de relações mais estreitas entre as novas nações africanas e asiáticas e o Brasil deve ser realizada com tato e sabedoria. Porque implica tanto maior independência para o Brasil em face de alianças mais antigas, quanto sua liderança natural de todo um novo grupo de nações tropicais com problemas similares àqueles já a caminho de solução entre os brasileiros.

Freyre, preocupado com as relações com os países africanos, dissocia-se da PEI, sinalizando que a liderança brasileira em relação aos países tropicais deveria ser compatível com as alianças antigas, que ele associa particularmente a Portugal.

Na década de 1960, até 1964, nos marcos da PEI, foi intensa a participação brasileira em iniciativas internacionais que tinham como tema a superação do subdesenvolvimento. A preocupação pelos projetos de desenvolvimento nacional era suficientemente forte para ser incorporada à lógica de qualquer processo de integração mais amplo. A busca do desenvolvimento era vista como possível apenas enquanto consequência do esforço nacional, que deveria ser interno ao país. A questão da integração com outros Estados, mesmo os do entorno, não surgia como problema relevante no período. Amado (1996, p.284) observa que "para muitos observadores, a PEI, instituída no governo Quadros, resultou da consciência de que o Brasil já não podia ficar confinado aos princípios do pan-americanismo".

O aprofundamento da industrialização do país, nos marcos da PEI, tendo influências isebianas, tinha como pressuposto que o Brasil tivesse uma posição mais autônoma frente aos Estados Unidos. A formulação conceitual da PEI era permeada por uma gama de ideias oriundas do nacional-desenvolvimentismo do período. Fonseca Jr. (1998, p.302) reforça essa interpretação ao afirmar que a PEI "nasce de um projeto político, de uma concepção intelectual", que incluía uma crítica ao *status quo* internacional e à forma como o tema do desenvolvimento era discutido. Araújo Castro, importante formulador da política externa durante esse período, em uma crítica à forma como o tema do subdesenvolvimento era tratado internacionalmente, argumentava que "tenta-se converter o grave problema do subdesenvolvimento em um mero problema de estabilização, com o esquecimento do fato de que, se fôssemos estabilizar muitos países no nível econômico atual, procederíamos uma estabilização em nível extremamente baixo" (Amado, 1982, p.201).

José Honório Rodrigues (1966, p.187) afirma que "a política independente foi logo aceita pela opinião pública e pelos setores mais progressistas. O Brasil desejava seguir uma política de portas abertas, sem compromissos com blocos ideológicos ou militares". Surge, com a PEI, o paradigma universalista (Mello, 2000; Faverão, 2006) ou globalista (Pinheiro, 2004) da política externa brasileira. O agravamento da crise política, econômica e internacional nos anos do governo João Goulart (1961-1964) acabou por dificultar a efetiva implementação das propostas da PEI. Estas, em outras condições políticas e com outras bases sociais, foram parcialmente retomadas a partir de meados dos anos 1970, com o PR desenvolvido pelo ministro das Relações Exteriores Azeredo da Silveira no governo Ernesto Geisel (1974-1978) (Fonseca Jr., 1996).

Segundo Dantas (1962, p.5), a PEI visava "a consideração exclusiva do interesse do Brasil, visto como um país que aspira ao desenvolvimento e à emancipação econômica e à conciliação histórica entre o regime democrático representativo e uma reforma social capaz de suprimir a opressão da classe trabalhadora pela classe proprietária". As ideias nacionalistas dos anos 1950 e 1960 e a formulação da PEI, tal como elaborada por Dantas e Castro, não apenas representavam uma posição frente ao mundo exterior que buscava impulsionar o desenvolvimento industrial do Brasil e aumentar as exportações, mas continham também a proposta de projetar o Brasil como um ator relevante no palco internacional. Castro (apud Amado, 1982, p.212) considera que "O nacionalismo não é, para nós, uma atitude de isolamento, de prevenção ou de hostilidade [...] É um esforço para colocar o Brasil no mundo, mediante a utilização de todos os meios e com o concurso de todos os países que queiram colaborar conosco no equacionamento e solução dos problemas mundiais". Percebe-se nessa formulação um evidente interesse pela cooperação com os países da América Latina, mas ela é vista como parte de um conjunto mais amplo de países, onde a especificidade das relações regionais não surge com evidência. Além da componente nacionalista, o projeto da PEI, incorporando parte da reflexão do Iseb, relacionava-se com o aspecto doméstico da integração de amplos setores sociais ao projeto de desenvolvimento nacional, inclusive da política externa. Como afirma Dantas (1964, p.525): "desenvolver-se é sempre emancipar-se. Emancipar-se externamente, pela extinção de vínculos de dependência a centros de decisão políticos ou econômicos, localizados no exterior. E emancipar-se internamente, o que só se alcança através de transformações da estrutura social".

O aspecto independentista da PEI foi claramente exposto na Conferência da Organização dos Estados Americanos (OEA) realizada em Punta del Este, em janeiro de 1962, quando San Tiago Dantas defendeu uma posição de neutralidade ativa com relação a Cuba, opondo-se à ideia de uma possível invasão da ilha com o apoio da OEA, distanciando-se claramente da posição dos Estados Unidos. O Brasil opôs-se às sanções contra Cuba e, junto com Argentina, México, Chile, Bolívia e Equador, absteve-se da resolução que suspendia o governo cubano da OEA. Naquele momento, a questão cubana simbolizava aspecto importante das relações hemisféricas, em particular sinalizava como eram percebidas as relações com os Estados Unidos, a solidariedade continental, o problema do comunismo e o princípio da não intervenção (Vizentini, 1994). A convergência com aqueles países da América Latina se deu pela contraposição aos Estados Unidos e não propriamente por um acordo explícito entre os Estados da região, que implicaria um pensamento comum. No período da PEI, houve movimentos no sentido da aproximação com os países vizinhos, particularmente com a Argentina, como sinaliza a reunião de Uruguaiana, em 1961, entre os presidentes Quadros e Arturo Frondizi.

Alguns dos formuladores da PEI e do PR concentraram sua preocupação no debate sobre a estrutura do sistema internacional, preocupados com as premissas para atingir a paz. Na visão de Araújo Castro, a paz surgiria da combinação entre segurança e desenvolvimento econômico e social, não de uma situação de equilíbrio de poder entre as potências. Castro (1970) entendia que a eventual evolução para o estágio de supranacionalismo e de interdependência pressupõe um nível prévio de soberania e de total independência política e econômica. A ideia de total independência política e econômica é muito forte tanto na PEI quanto no PR, e deve ser entendida, sobretudo no PR, para a relação do Brasil com os países desenvolvidos, assim como para com os países subdesenvolvidos, inclusive os vizinhos latino-americanos. Assim colocado o problema, passamos a entender como no período do PR as relações com os vizinhos, sobretudo com a Argentina, tenham sido difíceis, e as concepções ligadas à escola da segurança nacional tenham convivido com o PR. As dificuldades com os vizinhos, particularmente com a Argentina, só foram superadas a partir de 1978, no final do governo Geisel e no governo João Baptista Figueiredo (1979-1984). E, de forma mais estável, no governo José Sarney (1985-1989).

Com o objetivo de precisar melhor o pensamento dos formuladores da PEI em relação ao entorno regional, não se pode perder de vista que a ideia universalista presente neles incluía a aproximação com a Argentina como uma de suas diretrizes, sobretudo para San Tiago Dantas. Segundo Dantas (1962, p.19), "merecerá particular atenção o aprimoramento de nossas relações com a República Argentina, em relação à qual nos anima o sentimento de colaboração, de apoio e de afeto, capaz de conduzir-nos, no interesse de todas as demais nações deste hemisfério, a uma constante integração de ordem econômica e cultural". A partir da queda de Frondizi, em 1962, por meio de um golpe militar, a política argentina sofre retrocesso na relação com o Brasil. Ganham maior projeção as ideias de grupos nacionalistas conservadores que alertavam para os riscos da "hegemonia" brasileira (Fausto e Devoto, 2004). Castro (1982), no discurso dos 3D (desenvolvimento, desarmamento e descolonização) na ONU, em 1963, afirmou que "O Brasil não pertence a blocos, mas integra um sistema, o sistema interamericano, que concebemos como um instrumento de paz e de entendimento entre todos os membros da comunidade das nações". Discutindo as relações Brasil-Argentina no período da PEI, Cervo e Bueno (2002, p.312) afirmam que "a retórica da solidariedade, da cooperação para o desenvolvimento, a ampliação do mercado pelas associações aduaneiras e o desejo de unir esforços para que ambos os países adquirissem maior participação nos assuntos internacionais aparecem nos discursos e comunicados conjuntos". Percebe-se assim que a questão regional, as relações com os países vizinhos, não passam desapercebidas, ainda que para os formuladores da PEI o tema central seja o universalismo e a projeção do Brasil no mundo. A não centralidade do tema regional muitas vezes é atribuída à instabilidade dos vizinhos, às vezes com esquecimento da própria instabilidade brasileira.

Nos marcos da PEI, sobretudo na visão de San Tiago Dantas e de Araújo Castro, as relações com a Argentina e com outros países da região eram consideradas importantes, mas não constituíram o núcleo conceitual central dessa política. Havia um forte componente terceiro-mundista e de crítica às políticas das potências dominantes, ao "congelamento do poder mundial". O objetivo principal era posicionar-se de modo contrário às exigências de alinhamento e atingir certo grau de autonomia frente aos dois polos de poder da Guerra Fria – os Estados Unidos e a União Soviética. Buscava-se afirmar os interesses nacionais brasileiros como essencialmente diferentes dos interesses das potências, explorar áreas de convergência com países que partilhavam com o Brasil a condição de subdesenvolvido e intervir com posição própria no debate a respeito das grandes questões internacionais. Lafer (1973) entende que a PEI procurou articular no sistema internacional uma frente única dos países subdesenvolvidos. A busca por maior grau de independência nas relações internacionais do país, simbolizada na relação com os Estados Unidos durante o período, pode também ser contextualizada para o caso da relação com a Argentina e com outros países da região. É significativa a justaposição feita por Rodrigues quanto à relação de independência que o Brasil deveria manter tanto com os Estados Unidos quanto com a América Latina. "O entendimento com os Estados Unidos, como a harmonia com a América Latina – hoje acrescida da área de livre-comércio –, é uma legítima filiação que devemos manter para nossa segurança e desenvolvimento" (Rodrigues, 1965, p.36). A integração regional, apesar de considerada, não constituía a preocupação central da PEI.

A influência da PEI, que certamente não se restringia a ideias de política internacional, mas refletia uma concepção de mundo, teve desdobramento no surgimento de uma revista, *Política Externa Independente*, cujos três únicos números foram publicados em 1965 e 1966, já durante o governo militar, por um grupo composto sobretudo de intelectuais do Rio de Janeiro. A revista tem fortes conexões com a PEI e ao mesmo tempo com as perspectivas universalista e nacional-desenvolvimentista. A preocupação pelo Terceiro Mundo é forte e o interesse pela América Latina deriva disso, assim como o anticolonialismo e o antiamericanismo. Há a defesa do fortalecimento da relação do Brasil com os países subdesenvolvidos, principalmente os africanos, e é forte o argumento de que a independência e a autodeterminação devam ser os princípios condutores do ordenamento internacional.

É importante notar que a questão latino-americana ganha destaque nessa revista. A ideia geral do primeiro número da revista é de que

> [...] uma frente latino-americana sólida e coesa não deverá contentar-se com a defesa unificada de reivindicações comuns e sim procurará estabelecer modalidades de convivência com a participação exclusiva de países latino-americanos, capazes de contribuir para a progressiva integração de suas economias [...] A verdadeira e grande aliança dos países subdesenvolvidos da América Latina é aquela que os congrega com os demais países subdesenvolvidos da África e da Ásia". (*Política Externa Independente*, Apresentação, 1965, p.6)

O tema surge com destaque, mas no contexto terceiro-mundista, muito forte no período. Na revista, os temas específicos da integração ganham importância, e ali se publica o documento de Felipe Herrera, Carlos Sanz de Santamaría, José Antonio Mayorbe e Raúl Prebisch sobre a criação do Mercado Comum Latino-Americano.

A crítica aos Estados Unidos, o antiamericanismo, é uma presença forte, manifestando-se pela denúncia da submissão da OEA a eles e, sobretudo, pela crítica radical à invasão da República Dominicana em 1965. Essa crítica foi imediatamente associada à dura oposição ao governo militar brasileiro presidido por Castello Branco e a seu chanceler Vasco Leitão da Cunha.

A América Latina surge no contexto do debate sobre o desenvolvimento. É interessante notar que a maioria das análises identifica aspectos comuns aos países da região, no contexto da Guerra Fria, sobretudo em uma perspectiva nacional de desenvolvimento. Martins (1965, p.202) considerava que

> [...] a viabilidade política da América Latina terá cada vez mais que depender da ação de suas forças sociais internas. Por isso, entendo que os problemas do desenvolvimento têm que ser equacionados cada vez mais a partir de aqui e de agora, em função dos interesses específicos de cada nação latino-americana, rompendo com o sistema de alianças internacionais que cada nação e que cada uma das classes sociais dessas nações era até aqui levada a sustentar e a se submeter.

Há nesse entendimento a crítica ao imperialismo, ao alinhamento internacional com os países centrais e, sobretudo, a indicação da potencialidade do desenvolvimento nacional e não propriamente regional.

Na revista *Política Externa Independente* estão presentes os temas latino-americanos, principalmente aqueles relativos à necessidade de os países da região terem uma posição de autonomia em seu relacionamento externo, sobretudo frente aos Estados Unidos. A questão da integração surge como tema, mas não é central, subordinando-se à questão maior do desenvolvimento e à necessidade de romper a hegemonia dos países centrais, em primeiro lugar a norte-americana.

O termo PR, Pragmatismo Responsável (aparecendo também como Pragmatismo Ecumênico e Responsável), resulta de uma definição do presidente Geisel de 1974, caracterizando a política externa do seu governo, tal como vinha sendo estruturada no âmbito do ministério das Relações Exteriores. Pinheiro (2000, p.464) argumenta que as linhas gerais do PR foram traçadas durante os encontros do presidente eleito Geisel e do candidato a chanceler Azeredo da Silveira. O que importa considerar para os objetivos deste trabalho é que as ideias de Azeredo da Silveira a respeito da política externa brasileira, em boa medida coincidentes com as percepções de Geisel, são centrais na formulação conceitual e na implementação do PR.

De acordo com Souto Maior (1996, p.340), o PR impunha uma necessidade e uma consequência para a política externa brasileira. Em primeiro lugar, a necessidade de uma aproximação política com os demais países em desenvolvimento – surgida no início da década de 1960 com a PEI, mas desgastada após 1964. Por outro lado, a consequência seria a "aceitação de um certo grau de fricção com as grandes potências econômicas, principais beneficiárias da ordem internacional que se desejava modificar". Um dos objetivos do PR era aumentar as margens de manobra do Brasil no sistema internacional em face dos estritos limites impostos pela Guerra Fria.

O PR traz em seu bojo modificações importantes em muitas áreas da política externa: nas relações com os Estados Unidos, na bacia do Prata – sobretudo com a Argentina –, com os países andinos, bem como com África, Europa, Oriente Médio e China. Houve uma maior aproximação com a República Federal da Alemanha, tendo como objetivo a assimilação da tecnologia nuclear para fins pacíficos visando à produção de energia (Almeida, 2015). O objetivo disso era o desenvolvimento e o fortalecimento do próprio poder no campo das relações internacionais. Segundo Silveira (1976, p.62),

> Não queremos um novo *status* para o Brasil porque nos movam ambições de prestígio e de poder pelo poder. O que interessa ao nosso país – e a atual política externa procura interpretar fielmente este desejo – é aumentar o nosso papel nas grandes decisões que afetam a vida das nações de modo a possibilitar a mobilização de recursos necessários ao desenvolvimento econômico e social do nosso povo nas melhores condições possíveis.

O PR se estrutura a partir de um fundamento realista no entendimento da dinâmica internacional. Representa um aprofundamento da percepção que negava a conveniência de um alinhamento ideológico aos Estados Unidos e enfatiza a ideia de autonomia nacional. Analisando de modo comparativo a PEI de Quadros e Goulart e o PR de Geisel, Fonseca Jr. (1996, p.329-30) afirma que, com relação à formulação doutrinária, ambos pautaram a busca da autonomia "pelo contraste com o que preconizam os hegemônicos". Dito em outras palavras, como argumenta Faverão (2006), a diplomacia brasileira, em ambos os momentos, distanciava-se dos embates de cunho ideológico relativos à disputa Leste-Oeste e pleiteava propostas reformistas da ordem mundial.

Há diferenças importantes entre o projeto da PEI e o do PR, principalmente no que se refere à percepção sobre a relação com a Argentina. No período 1974-1978 há um acirramento significativo das divergências Buenos Aires-Brasília, muito em função das ideias de Geisel e Silveira, bem como do peso dos geopolíticos brasileiros. Simetricamente, as ideias geopolíticas também acresceram sua importância na Argentina. Azeredo da Silveira opunha-se à tradicional política brasileira de acomodação em relação ao vizinho. Segundo Spektor (2004, p.208),

> [...] para Silveira, o declínio argentino abria caminho para um novo arranjo regional no qual o Brasil abandonaria sua posição acuada. Na análise de Silveira, havia uma incongruência entre a estrutura sul-americana de poder (onde a Argentina não mais tinha meios materiais ou sociais para pressionar o Brasil como o fizera) e o comportamento das unidades (onde o Brasil dos tardios anos 60 continuava comportando-se como se a Argentina tivesse capacidade de pressioná-lo).

Por conta dessa percepção, há no período políticas brasileiras que não se esforçam na busca por diluir o clima de contencioso em torno da questão dos rios internacionais. Nota-se também a exclusão da Argentina das iniciativas multilaterais do Brasil. Silveira (1976, p.57) entendia que "Um país com interesses crescentemente globais, em um universo cada vez mais solidário e interdependente, não pode circunscrever sua política a uma região determinada". Lafer (2004) afirma que o PR se caracterizou pela exacerbação do contencioso de Itaipu, com todas as inevitáveis consequências que uma relação difícil com a Argentina trouxeram para a preservação de um clima favorecedor da cooperação para o desenvolvimento na América do Sul. Essa situação foi paulatinamente superada no final do governo Geisel por diferentes motivos, em especial pela intervenção de grupos epistêmicos, inclusive aqueles vinculados às agências nacionais de energia elétrica, num contexto de choque do petróleo e escassez (Gardini, 2011).

Na formulação do PR, o Brasil deveria ter um papel de protagonismo na América Latina. Esta seria a base de sua ação internacional. A inserção brasileira não ficaria restrita à região, e o país buscaria projetar-se no mundo. Essa ideia não é nova na forma de pensar o próprio destino. A política de aproximação com a América Latina e do Sul, embora considerada importante em si mesma, não perdia de vista o âmbito global. Segundo Silveira (1974), "elevado nas dimensões da sua economia e do seu poder nacional, projetando-se num mundo onde se estreita a convivência entre as nações, não será possível ao Brasil alhear-se do que ocorre em outras áreas". Numa visão crítica de alguns dos conceitos e ideias orientadoras da PEI e do PR, Ferreira (1975, p.63), considerando sobretudo as posições regionais do Brasil, argumenta que

> [...] as denúncias sobre o congelamento do poder mundial e as reiteradas afirmações de que a política de poder deve ceder lugar a um ordenamento jurídico internacional justo (as quais vêm do governo Médici e se repetem), da mesma forma que a recusa em reconhecer a existência de zonas de influência – tudo soa como tentativa de autoafirmação de um país que se ressente da posição menor em que se encontra, embora a partir dela exerça, em seu âmbito específico de ação, a mesma política que condena nos demais.

Isto é, há uma descontinuidade nas posições. Em relação aos mais fortes, busca-se a redistribuição de poder. Para o PR, o poder do país na região seria suficiente para justificar-lhe maior influência. Nesse caso, o PR diferencia-se da PEI (Pinheiro, 2004).

No PR, o papel atribuído à região e ao relacionamento com os países vizinhos não poderia implicar posições que pudessem atenuar o caráter universalista/ecumênico da política externa. Azeredo da Silveira se preocupava com o que considerava riscos para a política regional brasileira, quando afirmava que:

À medida que o Brasil mergulha no Cone Sul, perde em universalização, que deve ser a chave de nossa política externa. Além disso, precisaríamos nos lembrar de que, a despeito de nossos complexos em relação ao Sul "branco", os nossos vizinhos estão em todos os quadrantes e falam línguas diferentes do espanhol. Um excesso de preocupação nossa em relação aos brancos do Sul custa-nos caro na América Latina e no resto do mundo. Assim, é impróprio para o Brasil ter uma aliança com a Argentina (Azeredo da Silveira, 1979, apud Magnoli, César e Yang, 2000, p.43).

Não contraditoriamente, Silveira (1976, p.33) também considerava que "Toda nação, quaisquer que sejam o seu grau de industrialização e a sua riqueza em recursos naturais, necessita inter-relacionar-se com as demais, sobretudo com as que lhe estão próximas, a fim de melhor atender aos seus justos imperativos de progresso e bem-estar". Ele mesmo aponta que

> Coube ao Governo Geisel introduzir o 'ecumenismo' também em nossas relações regionais, se é que posso me expressar através de um aparente paradoxo. Com efeito, os trinta meses do atual Governo assistiram a uma enorme intensificação de nossos contatos com os países da América do Sul que se situam fora da região platina, sem prejuízo – é claro – da manutenção do alto nível atingido nas relações com os países da mencionada área. (Silveira, 1976, p.59)

No pensamento de San Tiago Dantas e Castro, o universalismo brasileiro não se contrapõe à busca de aproximação e cooperação com o entorno geográfico. Quando a aproximação não acontece, isso se deve a razões específicas, concretas, principalmente à instabilidade. A região é considerada parte dos países subdesenvolvidos, portanto parte daqueles com os quais haveria uma comunidade de destino. O PR coincide com a PEI ao colocar o universalismo e o combate ao congelamento de poder no centro das preocupações, visando à própria projeção de poder. Mas diferenciam-se exatamente na questão objeto deste texto, o da relação com os vizinhos. Silveira situa essas relações como, ao menos em parte, contrapostas à busca do universalismo.

4. A Escola Superior de Guerra (ESG) e o pensamento geopolítico

Nesta seção, analisaremos elementos da doutrina da ESG, buscando entender como essa instituição pensava o país, o desenvolvimento e a forma de inserção internacional. A partir disso, discutiremos o seu modo de compreender a América Latina e a integração. Especial ênfase será dedicada às ideias de Golbery do Couto e Silva, um dos principais e mais influentes formuladores do pensamento geopolítico. A análise concentra-se no período que vai da fundação da ESG, em 1949, até o início dos anos 1980, quando se encerra o regime militar, em 1984.

A ESG, vinculada ao Estado-Maior das Forças Armadas, representou, desde o seu surgimento, um foro privilegiado de formulação doutrinária conjunta entre o Exército, a Marinha e a Aeronáutica. O objetivo da Escola era desenvolver e consolidar os conhecimentos necessários para o planejamento da segurança nacional. Nesse ambiente, as diversas considerações sobre geopolítica e estratégia militar encontraram terreno para o seu desenvolvimento, gerando ideias que até meados dos anos 1980 influenciaram a relação do Brasil com os países vizinhos. Parte das concepções da ESG e a Doutrina de Segurança Nacional (DSN) foram influenciadas pelo pensamento conservador desenvolvido na primeira metade do século XX, em autores como Alberto Torres e Oliveira Vianna. Elas consideravam necessário um Estado forte, para compensar o egoísmo das elites e o despreparo das massas para a atuação política. Parte do pensamento da ESG tem como referência a experiência da Força Expedicionário Brasileira (FEB) na Segunda Guerra Mundial.

Moura (1996) entende que a FEB foi considerada por uma parte dos militares brasileiros como o núcleo de um projeto político cujo objetivo era fortalecer as forças armadas e dar ao Brasil posição de proeminência na América Latina e importância no mundo como aliado dos Estados Unidos (McCann, 1973; Alves, 2007).

A doutrina da ESG pode ser entendida como um projeto nacional de desenvolvimento. No corpo de oficiais presentes na Escola, era forte a visão de Brasil-potência, erigida sobre um processo de desenvolvimento capitalista transnacionalizado, sob a direção da elite civil-militar. A ideia de "construção de potência" (Cavagnari Filho, 1987) trazia a expectativa de que a ascensão do país a níveis superiores na hierarquia de poder internacional tivesse como corolário a ampliação das atribuições do poder militar na defesa de interesses nacionais além-fronteiras. Como vimos, a ideia de transformar o Brasil em ator relevante no sistema internacional não era exclusiva da ESG ou das Forças Armadas, mas foi no meio militar e por meio da DSN que essa ideia se transformou num projeto da ditadura militar brasileira. A soberania, para a ESG, seria o "poder de autodeterminação, sem a interferência de nenhum outro. É o poder originário que governa e disciplina juridicamente a população que se encontra no território do Estado" (Dreyfuss, 1987, p.167).

Na ótica da ESG, a garantia da soberania se daria mediante o fortalecimento do poder nacional, o que se relaciona com maior projeção internacional. A maior parte dos estudos produzidos pela ESG considerava que o Brasil, em função da sua posição geográfica e da sua dimensão continental, deveria alcançar tal projeção. Essa ideia não é só da ESG, mas nela ganhou dimensão específica. Desde sua criação, há preocupação no sentido de viabilizar o país como potência. Como argumenta Miyamoto (1995, p.123), "não há motivos para duvidar que a ESG procurou desde o início elaborar um modelo de desenvolvimento para fazer com que o país passasse a ocupar um lugar de relevo no concerto internacional das nações".

A ideia de Brasil-potência era muito forte entre os geopolíticos brasileiros, sobretudo no fim dos anos 1960 e na década de 1970. A noção de Brasil potência-mundial presente no livro de Carlos Meira Mattos (Mattos, 1960) foi além da ideia de Mário Travassos (1935), que pensava em termos de Brasil-potência continental. Essa discussão origina-se na primeira metade do século XX. Autores como Elyseo de Carvalho e Leopoldo Nery da Fonseca já tinham abordado a questão nas primeiras décadas do século XX (Miyamoto, 1995).

Os principais conceitos presentes na DSN eram: segurança, poder nacional, estratégia, objetivos nacionais, fronteiras ideológicas, guerra ideológica e guerra subversiva. A DSN foi influenciada pelo contexto internacional do período da Guerra Fria, que Couto e Silva (1967, p.130) caracterizava como "o quadro do atual antagonismo dominante entre o Ocidente democrata e cristão e o Oriente comunizado e materialista". Desde o seu surgimento, a doutrina da ESG teve um fundamento anticomunista e uma visão *realista* do sistema internacional. Nesse sentido, como argumenta Stepan (1975, p.132), sendo o comunismo um inimigo, "os Estados Unidos, sendo o principal país anticomunista, eram um aliado natural". Mesmo assim, havia grande ênfase, do ponto de vista doutrinário, no sentido de garantir a capacidade do país para tomar decisões independentes, bem como na necessidade de robustecimento do poder nacional, permitindo ao Estado fazer-se forte o bastante para, em um mundo dominado pela lógica fria dos interesses, abrir seu próprio caminho, visando à criação de um novo centro de poder independente na América do Sul (Garcia, 1997).

Pecaut (1990) entende que a DSN estava longe de se resumir – como se afirmaria muitas vezes após 1964 – a uma concepção de ação antissubversiva, pois comportava também, como demonstram as obras de Golbery do Couto e Silva, um programa de industrialização para o Brasil. Nas palavras desse militar, um "plano de reforço do potencial nacional". Com o golpe militar de 1964, o conjunto de ideias reunidas na DSN contribuiu para as diretrizes políticas do novo regime. Rodrigues (1966, p.1999) considera que "o golpe de abril de 1964 está dominado pela ideia de segurança e pelo planejamento da segurança nacional. Está é a roupagem nova, que veste o atual Governo brasileiro, filho natural da Escola Superior de Guerra".

As ideias geopolíticas de Golbery do Couto e Silva (1967, 1981) estão fundamentadas nas concepções de segurança nacional. A percepção era de que a segurança nacional, no momento histórico da Guerra Fria, só seria garantida por meio do fortalecimento do poder nacional. Dentre os objetivos nacionais permanentes, na visão de Couto e Silva (1967, p.75), estaria o "fortalecimento do prestígio nacional no âmbito externo, com base no princípio da igualdade jurídica dos Estados, e a crescente projeção do país no exterior com vistas à salvaguarda eficaz de seus próprios interesses e em benefício também da própria paz internacional". Nesse caso, diferentemente do verificado na PEI, a ideia de "fortalecimento do prestígio nacional no âmbito externo" traz consigo o objetivo de projetar internacionalmente as singularidades brasileiras no contexto dos países emergentes, particularmente dos sul-americanos. Couto e Silva (1967, 1981) não tinha uma perspectiva belicista da projeção continental ou regional do Brasil, mas suas ideias de fortalecimento do poder nacional e de maior projeção do país na região continham um potencial de desestabilização político-estratégica com consequências consideradas negativas pelas elites dos outros países da América do Sul (Miyamoto, 1995), ainda que tivesse preocupações por temas que apenas poderiam ser resolvidos por meio de cooperação setorial.

Para Couto e Silva, o melhor caminho para ganhar poder no sistema internacional seria mediante o fortalecimento dos laços com o Ocidente. Aceitava-se a hegemonia norte-americana no Atlântico Sul, ressalvando o "direito inalienável" de o Brasil vir a exercê-la no futuro. Eliminada a "ameaça comum", o expansionismo soviético, na visão de Couto e Silva (1981) os Estados Unidos deveriam voluntariamente deixar de exercer a hegemonia na região, assumindo o Brasil tal direito, tendo em vista a unidade geopolítica sul-americana (Cavagnari Filho, 2000). Embora houvesse o reconhecimento da hegemonia, isso não implicava subordinação às posições norte-americanas. Na visão de Couto e Silva (1981), a relação bilateral era vista como uma relação de interesses igualmente compartilhados. Em termos de políticas, por conta do papel de aliado estratégico dos Estados Unidos na região, assim como da participação no sistema de defesa ocidental, contra o comunismo internacional, a expectativa era de que o Brasil pudesse exercer um papel de destaque na região. A aliança deveria resultar em benefícios para o país, inclusive fortalecendo sua posição. Como sabemos, mesmo em outros períodos históricos grupos dirigentes do Estado acreditaram nessa possibilidade, que não se concretizou.

Referindo-se à integração com os países vizinhos, Couto e Silva (1967, p.134-5) entende que uma maior integração física poderia aumentar o peso específico do Brasil. Segundo ele, a integração dos países da região tornará "a participação brasileira muito mais efetiva na área vital e decisiva da soldadura continental cuja instabilidade natural sempre poderá constituir um perigo a exigir pronto remédio". É importante destacar a ideia da instabilidade dos países vizinhos presente na reflexão de Couto e Silva e a consequente ideia da singularidade brasileira. Para ele, a questão da integração é importante e estratégica. Discutindo as tentativas de integração nos anos 1960, o autor se manifesta favorável. Considerava que "o mercado comum que ora se está estabelecendo, grande passo projetado no sentido de maior unidade continental e de um desenvolvimento econômico mais acelerado e coerente, exige, sobretudo, para sua concretização, a base física de um sistema adequado de circulação em toda a América do Sul. O Brasil não se poderia retardar em cooperar, decididamente, na criação dessa base indispensável" (Couto e Silva, 1967, p.135). Note-se que, nessa perspectiva, predomina o pensamento tático e estratégico. Os interesses de atores sociais, mesmo os empresariais, pouco se destacam.

A maior parte dos esquemas geopolíticos brasileiros, que tocavam de alguma forma temas de integração regional, elaborados a partir da década de 1920, centrados nas potencialidades geográficas do território nacional, discutiam a questão do controle físico do continente sul-americano e de seus acessos marítimos, na perspectiva de possibilitar ao Brasil o controle das áreas vitais. A ideia essencial era que, obtido tal controle por meios pacíficos, estariam asseguradas as condições para se formar uma poderosa unidade geopolítica sob a hegemonia ou liderança brasileira, abrangendo a América do Sul, o Atlântico Sul e o Pacífico Sul-Americano. A efetivação dessa estratégia demandaria, obrigatoriamente, a integração e a organização do espaço nacional, o fortalecimento da defesa nas fronteiras, o exercício da liderança político-econômica no continente sul-americano, o estabelecimento de uma saída em direção ao Pacífico e a neutralização de pretensões hegemônicas de qualquer outro país sul-americano (Cavagnari Filho, 2000).

A respeito dessa discussão sobre a ESG e o pensamento geopolítico brasileiro, é importante reter, como lembra Miyamoto (1995), que as obras de Golbery do Couto e Silva, Carlos de Meira Mattos, Mário Travassos e outros foram utilizadas pelos geopolíticos dos outros países da região para mostrar que a política brasileira era fundamentada nas concepções de tais autores. Muitas vezes, ou na maior parte delas, esse não era o caso. É importante registrar que tanto as ideias da ESG, de Golbery do Couto e Silva, quanto as concepções de parte dos geopolíticos brasileiros, viam o tema da integração regional a partir da consideração de que a América do Sul seria área privilegiada para a projeção geopolítica do país. O conceito de "projeção de poder" no plano regional e a percepção do destino do Brasil como "grande potência mundial", forte na ESG e entre os geopolíticos, causaram desconfiança nos vizinhos quanto às intenções do Brasil para a região nas décadas de 1960 e 1970. A concepção geopolítica influenciava as ideias sobre integração regional, que por sua vez era vista e favorecida na medida em que serviria para adequar as relações entre os Estados às necessidades brasileiras. No plano econômico, a integração era reconduzida para interesses que deveriam ser instrumento de fortalecimento da posição comercial na região: "tudo faremos em favor do fortalecimento da Alalc, para aumentar a presença do Brasil no mercado latino-americano" (Leitão da Cunha, 1965, p.136).

5. A Cepal e a Teoria da Dependência

Neste tópico, abordaremos o modo como as ideias da Cepal foram incorporadas à visão de América Latina e de integração regional de parte de pensadores brasileiros, particularmente nos anos 1960. Nossa principal referência aqui será Celso Furtado, que teve e tem influência no pensamento econômico brasileiro de matriz nacional-desenvolvimentista. Celso Furtado foi um dos autores brasileiros mais ligados às formulações teóricas da Cepal, tendo sido inclusive um de seus criadores. Dosman (2008, p.279) afirma que, em 1951, "A mais poderosa das unidades da Cepal era a Divisão de Desenvolvimento, chefiada por Celso Furtado [...] Sua divisão era o centro do pensamento sobre teoria e planejamento do desenvolvimento na organização". Furtado também contribuiu para a própria estruturação do corpo dos conceitos e fundamentos que deram origem à teoria estruturalista do desenvolvimento econômico da Cepal. Uma das ideias centrais que impulsionaram o surgimento da Cepal era o entendimento de que os países subdesenvolvidos necessitariam de uma formulação teórica independente ou pelo menos adaptada, pois em aspectos relevantes funcionavam de forma diferente dos países desenvolvidos. Celso Furtado teve papel fundamental nessa agenda de estudos da Cepal, iniciada por Raúl Prebisch. O subdesenvolvimento, na visão de Furtado (1961), era um processo histórico autônomo, e não uma etapa pela qual necessariamente tenham passado as economias que já alcançaram um grau superior de desenvolvimento. O subdesenvolvimento seria um processo particular resultante da penetração das empresas capitalistas modernas em estruturas sociais arcaicas: haveria um fenômeno de homogeneização dessas estruturas híbridas, a partir do processo de industrialização. Sabemos que essa linha de ideias tinha afinidades com as de outros intelectuais e escolas de pensamento.

Em seguida, discutiremos as ideias de intelectuais brasileiros ligados àquela que ficou conhecida como Teoria da Dependência, que contemplava parte dos temas presentes na reflexão cepalina, muitas vezes com uma perspectiva diferente. Uma ideia enfatizada pela Cepal era a da importância do Estado na industrialização dos países da região. Os formuladores da Teoria da Dependência buscavam compreender as limitações e as possibilidades para o desenvolvimento e para a industrialização dos países da região. Consideraremos Fernando Henrique Cardoso e Ruy Mauro Marini, pela sua importância e representatividade.

No Brasil, as ideias da Cepal proporcionaram a *rationale* para uma posição nacionalista e Estatocêntrica que precedia a existência dessa instituição e que estava presente na reflexão brasileira ao menos desde 1930. Sola (1998) entende que na forma como as ideias da Cepal foram absorvidas no Brasil havia uma conexão entre desenvolvimento econômico e uma certa concepção de desenvolvimento político. Assim, crescimento e integração do mercado interno – o principal impulsionador do desenvolvimento para a Cepal – eram tidos como inseparáveis de uma posição político-ideológica. Isso porque a meta que consistia na formação e diversificação do mercado interno – "deslocamento do centro dinâmico do crescimento" – assumia também a forma de categoria política, isto é, de um processo de internalização dos centros de decisão. Do ponto de vista internacional, essa ideia fortalecia a perspectiva de uma ação externa independente, não condicionada a qualquer tipo de amarra bilateral, regional ou multilateral.

Para Bielschowsky (2004), há três características principais no pensamento de Celso Furtado. Em primeiro lugar, a defesa da liderança do Estado na promoção do desenvolvimento, através de investimentos em setores estratégicos e, sobretudo, do planejamento econômico. O Estado deveria coordenar os esforços de industrialização, de forma a reunir condições para superar os obstáculos estruturais que dificultavam o desenvolvimento. Em segundo lugar, a obra de Furtado contém a defesa da tese estruturalista da submissão da política monetária e cambial à política de desenvolvimento, base da argumentação nacionalista, em oposição aos programas de estabilização que tiveram influentes defensores no Brasil, como Eugenio Gudin (Malan et al., 1980). Furtado acreditava que o sucesso da industrialização brasileira dependia fortemente do controle que os agentes nacionais pudessem ter sobre as decisões fundamentais à economia do país. Em terceiro lugar, sua obra revela, de forma crescente, um compromisso com reformas de cunho social, inclusive com a reforma agrária. Havia forte percepção sobre a importância do mercado interno na dinamização da produção e da renda. Furtado inclina-se pela análise histórica das possibilidades dinâmicas de superação da dependência do comércio exterior, ou de superação do próprio subdesenvolvimento, pela via de crescimento através de fortalecimento do mercado interno (Bielschowsky, 2004). Nos anos 1950 e 1960, o capital estrangeiro originado nos países centrais é visto por Furtado como negativo para o desenvolvimento. Ao mesmo tempo, por ser o fator de integração das economias dos países periféricos à economia internacional, é também visto como compatível com formas específicas de integração regional, abertas ao capital estrangeiro. A consequência é que não há outra possibilidade de desenvolvimento senão pela via nacional.

Furtado (1978, 2000) atribuía papel importante à integração regional, sem deixar de enfatizar as ideias de planejamento e os centros nacionais de decisão. O tema da integração regional não era o núcleo central de sua reflexão, mas esteve presente em algumas de suas obras. "A teoria da integração constitui uma etapa superior da teoria do desenvolvimento e a política de integração, uma forma avançada de política de desenvolvimento. O planejamento da integração surge, pois, como a forma mais complexa dessa técnica de coordenação das decisões econômicas" (Furtado, 2000, p.331). Em outro texto, também nessa direção, Furtado (1978, p.267-8) considera que

[...] longe de ser uma simples questão de liberalização de comércio, o verdadeiro problema consiste em promover a criação progressiva de um sistema econômico regional, o que não será tarefa pequena, em razão da orientação anterior de desenvolvimento, dos riscos de agravamento da concentração geográfica tanto das atividades econômicas como da apropriação dos frutos do desenvolvimento [...] Os centros de decisão mais importantes, aqueles que são de natureza política e estão capacitados para interpretar as aspirações das coletividades, continuarão a existir por muito tempo no plano nacional.

É importante observar que a integração regional é pensada com base no fortalecimento de capacidades nacionais. É uma visão brasileira, mas também latino-americana sobre esses processos, já que, ao menos nas formulações europeias sobre a questão, a integração regional, na maioria das vezes, era pensada como um processo de parcial abdicação de soberania, ainda que lenta, ou de mudança do foco da capacidade nacional, do âmbito do Estado--nação para o regional-comunitário (Haas, 1964). Em suma, trata-se de elementos de supranacionalidade.

Nos marcos da Cepal a industrialização era vista, nos anos 1950 e 1960, como a solução de longo prazo para o problema da vulnerabilidade externa, que seria uma característica intrínseca dos processos de industrialização periféricos. A integração regional era apontada como uma possível solução para esse problema. A Cepal esteve diretamente envolvida na criação da Alalc e entendia que esse novo acordo regional poderia contribuir para o início de um processo de diversificação das exportações dos países da região por esforço próprio, através da via "teoricamente" mais fácil do comércio intrarregional. O mercado comum latino-americano teria a virtude de ampliar o tamanho do mercado dos setores industriais exigentes de escala, facilitando o aprofundamento do processo substitutivo de importações (Bielschowsky, 2000). Porém, o impulso forte para o Tratado de Montevidéu de 1960 foi a necessidade de reagir à redução das exportações e à redução dos termos de troca dos principais países, Argentina, Brasil e México.

Os objetivos cepalinos em relação à integração e a passos de maior envergadura demonstravam-se difíceis de serem alcançados porque os pressupostos das políticas nacionais a respeito do desenvolvimento não os colocavam como questões centrais. Como argumenta Cervo (2008, p.155), o pensamento cepalino erigido em torno de conceitos como indústria, emprego, proteção, mercado interno e autossuficiência se expressou em práticas políticas que tiveram como consequência, ainda que não fosse este o seu objetivo, constranger os processos de integração. Celso Furtado, como formulador, inspirou uma forte vertente, baseada na percepção nacional de interesses a promover. Rompendo com Prebisch em 1955, manteve-se significativamente fiel aos pressupostos que havia formulado. Ao conceber a Superintendência para o Desenvolvimento do Nordeste (Sudene) e tornar-se um pioneiro da ideia de planejamento, consolida a concepção de que essa mesma ideia tem como eixo a integração nacional.

No mesmo contexto intelectual do surgimento da Cepal, ou seja, no bojo das tentativas dos pensadores da região de analisar de forma autônoma e particular a economia local e regional, bem como as relações com o mundo, surgiu a Teoria da Dependência. Ela buscava compreender o modo como ocorria a reprodução do sistema capitalista de produção na periferia, partindo da ideia de que esse sistema criava diferenciações em termos políticos, econômicos e sociais entre países e regiões, fazendo com que a economia de alguns países fosse condicionada pelo desenvolvimento e expansão de outras (Santos, 1970).

De certa forma, diferentemente das formulações da Cepal, entre os dependentistas era forte a relação que se estabelecia entre subdesenvolvimento e desenvolvimento capitalista mundial. Os Teóricos da Dependência consideravam o desenvolvimento um processo que fazia parte das disputas sociais e políticas, ou seja, tinha uma dimensão propriamente política e não apenas econômica. Cardoso e Faletto (2004) consideram que a política é o meio pelo qual se possibilita a determinação econômica. Ou seja, parte-se da ideia de que a referência às "situações históricas" nas quais se dão as transformações econômicas é essencial para a compreensão do significado dessas mesmas transformações, bem como para a análise de seus limites estruturais e das condições que as tornam possíveis (Cardoso e Faletto, 2004).

No quadro da Teoria da Dependência as interpretações são diversas (Chilcote, 1974), o que traz certa dificuldade em falar de uma Teoria da Dependência como algo homogêneo, ainda que entre a maior parte dos autores que trabalham a partir desta perspectiva haja em comum uma visão convergente no sentido de vincular o paradigma de desenvolvimento latino--americano à dependência. Parte da literatura costuma dividir a teoria da dependência em duas correntes: a corrente weberiana, identificada nos trabalhos de Cardoso e Faletto, que partilha a possibilidade de um desenvolvimento dependente, e a corrente marxista, ligada à reflexão, entre outros, de Marini, que, a partir da ideia de superexploração da força de trabalho, discute o desenvolvimento do subdesenvolvimento e não vislumbra a possibilidade de um desenvolvimento dependente. Pode-se talvez dizer que a segunda versão referida concede maior peso causal aos fatores externos, ainda que não desconsidere os internos, na determinação das situações de dependência/subdesenvolvimento, ao passo que a versão apresentada por Cardoso e Faletto relativiza a determinação externa, enfatizando a possibilidade de uma situação de desenvolvimento dependente associado como resultado da ação dos agentes locais em conexão com forças econômicas externas.

Marini (2000) entende que a única forma de enfrentamento e superação da situação dependente dos países da região, inclusive do Brasil, seria a ocorrência de uma revolução socialista. Os países subdesenvolvidos seriam dependentes porque reproduzem um sistema social cujo desenvolvimento é limitado por relações políticas e econômicas, tanto nacionais quanto internacionais. No entendimento de Marini (2000, p.109), a dependência deve ser "entendida como uma relação de subordinação entre nações formalmente independentes, em cujo âmbito as relações de produção das nações subordinadas são modificadas ou recriadas para assegurar a reprodução ampliada da dependência". O obstáculo fundamental a qualquer processo real de desenvolvimento seria o imperialismo que extrairia praticamente todo o excedente produzido pelos países subdesenvolvidos (Marini, 1978).

Nessa visão, a burguesia local estaria, em boa medida, subordinada ao imperialismo, uma vez que não disporia de autonomia para projetar maiores possibilidades de desenvolvimento autônomo. Percebem-se claramente, nessa interpretação, limites estruturais para os projetos nacionais de desenvolvimento, bem como para qualquer forma de integração regional. A aproximação com o outro da região implica a superação prévia desses mesmos limites. Apenas a ruptura com o sistema internacional propiciaria o desenvolvimento em termos de autossuficiência, criando portanto condições para colocar a integração na ordem do dia.

Marini (2000) entendia que, no caso do Brasil, a partir de 1964, com o governo militar de Castello Branco, a burguesia projeta uma política externa que recorreria ao subimperialismo, via exportação de seus produtos manufaturados a países ainda menos desenvolvidos, já que a superexploração da força de trabalho impediria a formação de um mercado interno. O conceito de subimperialismo refere-se à necessidade da burguesia dos países dependentes de desdobrar sua acumulação para o exterior, no momento em que alcança um determinado grau de composição orgânica do capital com a industrialização. Nesse sentido, a debilidade do capitalismo brasileiro é que teria atingido a etapa imperialista antes de ter conseguido a mudança global da economia nacional e em situação de dependência crescente diante do imperialismo internacional. A consequência mais importante desse fato seria que, ao contrário do que acontece com as economias capitalistas centrais, o subimperialismo brasileiro não poderia converter a "espoliação" que pretende realizar no exterior em um fator de elevação do nível de vida interno capaz de amortecer o ímpeto da luta de classes. Teria, ao contrário, pela necessidade de proporcionar um sobrelucro a seu "sócio maior norte-americano", que agravar violentamente a exploração do trabalho no marco da economia nacional, no esforço para reduzir seus custos de produção (Marini, 2000). Marini, por meio do conceito de subimperialismo, qualifica a entrada do Brasil, ainda que de forma dependente e subordinada, à etapa capitalista de exportação de capitais a manufaturas, e explica a busca de controle de matérias-primas e fontes de energia no exterior. Um corolário importante dessa situação seria a projeção de uma política externa "expansionista" e relativamente autônoma.

Para Cardoso e Faletto (2004), a situação de dependência exige a análise da forma como as economias subdesenvolvidas se vincularam historicamente ao mercado mundial e da forma como se constituíram os grupos sociais internos que definiram as relações internacionais intrínsecas ao subdesenvolvimento. A depender de como se organizam politicamente as classes, há tipos diversos de vinculação com o centro. Segundo Cardoso, ao repensar a Teoria da Dependência (2004, p.23), essas vinculações são diferenciadas:

> [...] uma coisa é quando se tem, como no Brasil e na Argentina, um setor local que é capaz de produzir acumulação – na agricultura que seja, no café, no gado. Ele cria capital aqui dentro e, mais tarde, investe esse capital até na indústria. Depois ele se associa, mas tem algum dinamismo [...] Outra coisa é quando se tem um enclave, quando o capital vem de fora, passa pelo país, e a realização é feita lá fora [...] E há um terceiro modo, quando os capitais externos passam a investir na periferia. Investimento na produção de bens de consumo e de bens de capital. Aí você tem uma outra dinâmica.

A consideração das diferentes situações na América Latina está muito presente e influi nas formas de ver a integração. Mas, nos três casos, não surge o elemento fundamental que viria a ser debatido só em fases sucessivas, o papel da atualização tecnológica autônoma (Schumpeter, 1994).

Para essa vertente da teoria da dependência, o desenvolvimento seria um processo social e, *a priori*, não seria correto atribuir totalmente ao imperialismo internacional a situação de debilidades dos países dependentes. Cardoso e Faletto (2004) consideram que o desenvolvimento econômico nos países periféricos depende de uma estratégia diversa da ideia de "desenvolvimento para dentro". Serra e Cardoso (1978) criticam a ideia de superexploração presente na obra de Marini (2000) e indicam que o desenvolvimento, mesmo dependente, poderia apresentar ganhos de produtividade para os países subdesenvolvidos. Está presente uma clara diferenciação entre os países da região e, portanto, uma visão não única dela. A visão da região depende de seus diferentes níveis de desenvolvimento. A integração tem necessariamente que considerar esses níveis. O objetivo do trabalho de Cardoso e Faletto (2004, p.13)

> [...] é esclarecer alguns pontos controvertidos sobre as condições, possibilidades e formas do desenvolvimento econômico em países que mantêm relações de dependência com os polos hegemônicos do sistema capitalista, mas, ao mesmo tempo, constituíram-se como nações e organizaram Estados nacionais que, como todo Estado, aspiram à soberania. Por outro lado, procurou-se mostrar, implicitamente, que falar da América Latina sem especificar dentro delas as diferenças de estrutura e de história constitui um equívoco teórico de consequências práticas e perigosas.

Esses autores entendem que, desde o momento de instauração da nação, o centro político das forças sociais dos países latino-americanos tenta ganhar certa autonomia e busca sobrepor-se à situação do mercado. Contudo, as vinculações econômicas continuam sendo definidas objetivamente em função do mercado externo e limitam as possibilidades de decisão e ação autônomas. O padrão de desenvolvimento para as sociedades latino-americanas necessariamente seria dependente, cabendo às instâncias políticas nacionais instituir padrões que poderiam oscilar entre os pares desenvolvimento/ dependência e estancamento/autonomia. Cardoso e Faletto, ao definirem que o paradigma mais adequado de desenvolvimento latino-americano no quadro da dependência seria o par desenvolvimento/dependência, colocam-no como um limite à expansão da região, mas o indicam como o único possível para o desenvolvimento nas condições conhecidas. Pensar a região, América Latina e América do Sul, implica perceber como o paradigma pode ser ajustado, de forma que ao menos os países em condições semelhantes possam articular-se para buscar maximizar vantagens relativas.

6. As análises de Celso Lafer e Samuel Pinheiro Guimarães: visões contemporâneas

Nesta parte do trabalho, analisaremos as ideias relativas à visão brasileira da região presentes nas reflexões de Celso Lafer e Samuel Pinheiro Guimarães, pela importância de ambos nos tempos atuais, em particular para a política exterior do Brasil. Esses autores, embora tenham vinculações teóricas distintas, bem como diferentes visões sobre a natureza do sistema internacional, têm um entendimento que nós interpretamos como tendo semelhanças no que se refere à visão da região e ao papel que o Brasil deveria desempenhar no mundo. Da mesma forma, enfatizam a importância da aliança estratégica com a Argentina para otimização da inserção brasileira no Cone Sul e na América do Sul. Ao mesmo tempo, parte do projeto de inserção internacional do Brasil presente na reflexão desses autores, por conta do peso que colocam na projeção do país no mundo, traz desafios para a relação bilateral com a Argentina. Lafer e Guimarães são referências importantes da tradição liberal e nacional-desenvolvimentista de inserção internacional do Brasil.

Desde os anos 1970, Lafer (1973) enfatiza a importância do entendimento entre Argentina e Brasil. O eixo estruturante da análise de Lafer, presente no trabalho publicado com Felix Peña (Lafer e Peña, 1973), é a ideia de valorização do contexto regional – entendido como o subsistema latino-americano de nações – para a elaboração de uma estratégia de participação autônoma no sistema internacional. Há o reconhecimento de que, naquele momento, "na América Latina, a identificação nacional continua prevalecendo. A prova de que chegou a hora de ir mais além do Estado--nação (Hoffmann-Haas), ainda está para ser feita" (ibid., p.30). Um conceito importante presente na reflexão de Lafer (2004), que explica parte das visões contemporâneas da região, é o de universalismo, que estaria associado às características geográficas, étnicas e culturais do país. Para o autor, essa noção incorpora a pluralidade dos interesses do Estado e da sociedade, as afinidades históricas e políticas, e simbolizaria a preocupação em diversificar ao máximo as relações externas do país, pluralizar, ampliar, dilatar os canais de diálogo com o mundo. Na ótica econômica, a ideia de universalismo manifesta-se através do termo *global trader*, já que, nessa condição, o país possui intercâmbio com uma pluralidade considerável de nações, não restringindo sua pauta mercantil a regiões específicas. Do ponto de vista político, a ideia que perpassa a noção de universalismo, que, inclusive, tem implicações para os processos de integração regional, é o projeto de tornar o Brasil um ator relevante no cenário internacional por meio da intensa participação do país em diversos foros bilaterais, regionais, multilaterais. A operacionalização desse ativismo externo universalista, de base nacional, necessita de uma integração regional essencialmente intergovernamental, que não crie qualquer tipo de amarras à projeção externa brasileira.

Lafer (2004) trabalha com o conceito de potência média para caracterizar a inserção internacional do Brasil. As potências médias seriam um grupo específico de países no sistema internacional e teriam um tipo próprio de política externa, na medida em que se diferenciariam das grandes potências e não se confundiriam com os países pequenos ou pouco expressivos no sistema. No caso brasileiro, essa noção complementa a ideia de que o Brasil deveria ter um papel singular no mundo por conta de suas características. O aumento da capacidade de influência brasileira no sistema internacional resultaria num aumento das margens de ação externa e do papel do país como mediador internacional, projetando seu poder pela legitimidade e não pelo confronto ou pela sua capacidade militar. Do ponto de vista da integração regional, a caracterização do país como potência média, conjugada com o conceito de universalismo, ajuda a entender parte da dificuldade brasileira em lidar com o tema do aprofundamento institucional da integração no Cone Sul, que possivelmente restringiria parte da autonomia ou liberdade desejada para a política brasileira em relação à região e ao mundo. Lafer (ibid., p.76) argumenta que, no caso do Brasil, "se, pela limitação dos seus meios é uma potência média no sistema internacional, ao mesmo tempo é uma potência média de escala continental, condição que lhe confere, naturalmente, um papel na tessitura da ordem mundial". Ao mesmo tempo que enfatiza a inserção multilateral do Brasil e as questões relativas à legitimidade e a outras formas de *soft power*, há também um componente regional substantivo na reflexão (Lafer, 1973, 1993, 2004).

Parecia-me evidente que a América Latina, em geral, e o Mercosul, em particular, eram a nossa circunstância, a nossa vida, o nosso destino. Desde o primeiro momento, vi no Mercosul uma plataforma de inserção competitiva do Brasil que era importante pelas oportunidades que gerava e pelo que representava como interlocução no plano mundial. Estava também muito consciente de que as tensões existentes no mundo deixavam claro que deveríamos partir da noção de fronteira-separação para a de fronteira-cooperação [...] Eu tentava fazer esse tipo de articulação entre o interno e o externo, e ao mesmo tempo me dava conta de que um país com as dimensões do Brasil tem interesses gerais. (Lafer, 1993, p.279).

Na reflexão de Lafer, o peso da integração regional para o Brasil é sempre contextualizado sem deixar de levar em consideração a projeção do Brasil em outras arenas internacionais. Pelo fato de o Brasil ter "interesses gerais" na dinâmica de funcionamento do sistema internacional, sua inserção não poderia ficar ou ser restringida pela lógica dos processos de integração regional que necessariamente tendem a limitar parte da autonomia de ação dos Estados-membros.

Referindo-se à ideia de Mercosul, Guimarães (2006, p.357-9) entende que "O Mercosul, não o programa de integração com a Argentina, foi imaginado dentro de uma política econômica geral neoliberal dentro dos países [...] A miopia da estratégia brasileira ao abandonar o modelo político da cooperação Brasil-Argentina e trocá-lo pelo modelo neoliberal comercialista de integração preconizado pelo Tratado de Assunção foi notável". É importante lembrar que o início da integração com a Argentina (Declaração de Iguaçu, nov. 1985; Programa de Integração e Cooperação Econômica – Pice, jul. 1986, e os 24 Protocolos decorrentes; Tratado de Integração, Cooperação e Desenvolvimento, nov. 1988) correspondeu a uma lógica desenvolvimentista e protecionista que visava estimular a emulação empresarial para a modernização e a inserção competitiva conjunta no sistema econômico internacional. Com o decorrer do tempo, segundo argumenta Guimarães (ibid.), observa-se a gradual perda de importância do tema do desenvolvimento no âmbito da integração e, ao mesmo tempo, a crescente importância atribuída ao tema dos fluxos comerciais. Por conta disso, o autor discute a necessidade de restaurar a ideia-força do desenvolvimento econômico com base no mercado interno (agora regional). Na sua visão, uma questão importante seria desenvolver uma estratégia gradual para transformar o Mercosul, de um esquema "neoliberal do tipo integração aberta", em um esquema de desenvolvimento regional. No plano econômico, as questões centrais seriam a redução da vulnerabilidade externa e das disparidades sociais internas e a recuperação de uma capacidade de formular e executar políticas de forma autônoma (ibid.).

A argumentação de Guimarães, favorável à integração econômica e à cooperação política entre o Brasil e a Argentina, parte de uma visão teórica realista da dinâmica mundial e traz a ideia de que a integração regional não pode ser exclusivamente comercial, mas deve integrar uma estratégia comum de desenvolvimento, em especial na área industrial e de serviços. A integração comercial regional, desde que acompanhada de política industrial regional, poderia contribuir para alcançar níveis superiores e mais amplos de industrialização. Guimarães (2007) considera que o objeto da política externa brasileira seria a América do Sul. Na sua visão, o núcleo da política do país na América do Sul seria o Mercosul. E o cerne da política brasileira no Mercosul teria de ser, sem dúvida, a Argentina. Entende que qualquer tentativa de estabelecer diferentes prioridades para a política externa do país, e mesmo a atenção insuficiente a esses fundamentos, "certamente provocará graves consequências e correrá sério risco de fracasso" (Guimarães, 2007, p.1).

Samuel Guimarães (1999) utiliza a noção de "grande Estado periférico" para caracterizar a inserção externa brasileira. Na sua visão, esse tipo de Estado se defrontaria com um cenário internacional baseado em "estruturas hegemônicas de poder". Assim, como o objetivo estratégico das estruturas hegemônicas de poder seria a sua própria preservação e expansão, devido aos benefícios que os países situados em seu centro extraem, o objetivo estratégico final dos grandes Estados periféricos seria participar dessas estruturas hegemônicas – de forma soberana e não subordinada – ou promover a redução de seu grau de vulnerabilidade diante da ação dessas estruturas. Apesar de haver diferenças entre Brasil e outros grandes Estados periféricos, estes países, ao compartilhar características e interesses e estar situados em regiões distantes, não teriam seus interesses diretamente em competição entre si e, assim, haveria condições para a construção de projetos políticos comuns (Guimarães, 1999). A categoria de "grande Estado periférico" parece buscar singularizar a política externa do Brasil, inclusive em relação aos países da região. Há nessa reflexão a identificação da possibilidade de o Brasil vir a constituir coalizões com outros grandes Estados periféricos para participar de forma mais efetiva das estruturas hegemônicas, bem como para introjetar seus interesses na dinâmica das organizações internacionais. Guimarães (ibid., p.21) entende que, "apesar de notáveis diferenças, o Brasil compartilha semelhanças e interesses comuns com certos Estados da periferia justamente por ser, como eles, um 'grande país periférico', o que os distingue, radicalmente, dos países médios e pequenos da periferia".

Tanto no pensamento de Lafer quanto no de Guimarães, a integração sul-americana está muito presente. A integração no Cone Sul é vista pelos autores como um primeiro passo para a posterior integração sul-americana. Além disso, a reflexão sobre a América do Sul e Latina, na maior parte das vezes, é contextualizada sem deixar de considerar a inserção do Brasil em outras arenas internacionais. Esse parece ser um traço permanente no pensamento brasileiro sobre a integração regional.

7. Breves considerações finais

Toda essa discussão demonstra que, em correntes importantes do pensamento brasileiro da segunda metade do século XX e inicio do século XXI, o tema da integração regional não integrava o núcleo da reflexão. Nem no plano político, nem no econômico, nem mesmo no cultural. Ainda que na literatura o tema da América Latina surja esporadicamente, a continentalidade do país não estimulou sua inserção nos grandes debates nacionais. Há explicações para isso. A quase totalidade dos demais países tem em comum a origem colonial espanhola, o que tem o seu peso. As mudanças esboçadas nos anos 1970, consolidadas a partir de 1985, são importantes. Todas as correntes de pensamento aqui discutidas – o Iseb, a PEI, o PR, a ESG e o pensamento geopolítico, a Cepal e a Teoria da Dependência, assim como as ideias de dois representantes do pensamento brasileiro contemporâneo no tocante à política exterior e à integração regional – têm em comum a ênfase na capacidade nacional, bem como na necessidade de o país atuar internacionalmente de forma independente. Há um forte acento na especificidade, no desenvolvimento nacional, na integração nacional. A ideia do fortalecimento nacional é enraizada, determinou muitas das batalhas políticas internas.

A partir do momento em que o debate sobre a integração regional surge de forma consistente, nos anos 1980, ele é visto como instrumento de fortalecimento nacional. E isso não é uma particularidade brasileira. Todos os processos de integração partem do pressuposto de que serão benéficos para o próprio país, para toda a sociedade e para suas elites governantes (Moravcsik, 2018). Entre os autores e as escolas de pensamento estudados, pode-se afirmar que há certa predominância da teoria realista de relações internacionais, isto é, a cooperação é vista como um instrumento de fortalecimento nacional, que pode dar-se na perspectiva do interesse comum. O cerne da questão parece ser o desenvolvimento. No tocante à projeção externa, o debate centra-se no papel que o país deveria desempenhar no sistema internacional. Também nesse caso, a partir dos anos 1980, a integração regional é vista como compatível e até mesmo fortalecedora do desempenho.

O conceito de nacionalismo e autonomia é muito forte. O Brasil, como quase todos os países da América Latina, esteve condicionado no século XX pelas relações com os Estados Unidos. Como se aproximar, obter benefícios dessa relação, como ser autônomo e fortalecer um projeto nacionalista – esses eram os *leit motif* permanentes. A autonomia remete à ideia de ampliação das margens de atuação ou de escolha de parte do Estado. O desdobramento, como acreditamos ter demonstrado, é a não urgência de um projeto de integração regional. Em alguns casos, o tema não é objeto de interesse. Em outros, como no pensamento cepalino brasileiro, é considerado, mas remetido a um depois um pouco distante. As mudanças econômicas e políticas dos anos 1970 estimularam a passagem de uma formulação idealista da integração para uma ideia concreta. A noção de desenvolvimento acabou encontrando um terreno comum com a noção da integração, ainda que com todos os percalços que permaneceram e se aguçam no final da segunda década do século XXI. Por isso mostramos que as ideias de Celso Lafer e de Samuel Pinheiro Guimarães, com as suas diferenças, indicam a absorção do tema no corpo do Estado brasileiro e da sociedade, ao menos de suas elites. No passado, no Iseb, na PEI, nas ideias cepalinas no Brasil, nos teóricos de dependência brasileiros, não houve uma teorização contrária à integração. Essa questão colocou-se parcialmente no caso do Pragmatismo Responsável. Mas o tema não chegava a ser formulado, pois a Nação foi a questão privilegiada. E, dentro desse tema, a industrialização. Em decorrência disso, a busca pelo fortalecimento do papel internacional do país. Nos anos 1950 e 1960, o tema central, que absorvia as melhores energias da inteligência, juntamente com o desenvolvimento, era a busca por compreender as causas de um atraso que era determinante para as condições de vida da população, bem como para a projeção externa. A compreensão dos mecanismos reguladores das relações centro-periferia é vista como decisiva, e, justamente por isso, pelo pertencimento ao mesmo polo, a América Latina passa a ser importante objeto de estudo.

8. Referências bibliográficas

ALMEIDA, A. O. *Programa nuclear brasileiro e o acordo com a Alemanha*: da ambição compartilhada aos interesses fragmentados (1975-1978). Tese de Doutorado, DCP-USP, 2015.

ALVES, W. C. *Da Itália à Coréia*: decisões sobre ir ou não à Guerra. Belo Horizonte: UFMG, 2007.

AMADO, R. (org.) *Araújo Castro*. Brasília: Editora da Universidade de Brasília, 1982.

_____. A política externa de João Goulart. In: ALBUQUERQUE, J. A. G. *Sessenta anos de política externa brasileira (1930-1990)*: crescimento, modernização e política externa. NUPRI/USP, 1996.

BIELSCHOWSKY, R. (org). *Cinqüenta anos de pensamento na CEPAL*. Rio de Janeiro: Record, 2000.

_____. *Pensamento Econômico Brasileiro*: o ciclo ideológico do desenvolvimentismo. Rio de Janeiro: Contraponto, 2004.

CARDOSO, F. H. *Empresário Industrial e Desenvolvimento Econômico no Brasil*. 2.ed. São Paulo: Difusão Européia do Livro, 1972.

CARDOSO, F. H.; FALETTO, E. *Dependência e Desenvolvimento na América Latina*. Rio de Janeiro: Civilização Brasileira, 2004.

CARDOSO, F. H. A dívida e sua hora. Entrevista à revista *Primeira Leitura*. Edição n.29, jul. 2004.

CASTRO, A. *Conferência no Colégio Interamericano de Defesa*. Washington D.C.: 11 dez. 1970.

CAVAGNARI FILHO, G. Brasil: Introdução ao Estudo de uma Potência Média. In: OLIVEIRA, E. R. *Militares*: Pensamento e ação política. Campinas: Editora Papirus, 1987.

CAVAGNARI FILHO, G. L. Estratégia e defesa (1960-1990). In: ALBUQUERQUE, J. A. G. *Sessenta anos de política externa brasileira (1930-1990)*: Prioridades, atores e política. São Paulo: Annablume/NUPRI/USP, 2000.

CERVO, A. L. *Inserção internacional*: formação dos conceitos brasileiros. São Paulo: Editora Saraiva, 2008.

CERVO, A. L.; BUENO, C. *História da política exterior do Brasil*. 2.ed. Brasília: Ed. UNB, 2002.

CHILCOTE, R. H. Dependency: A Critical Synthesis of the Literature. *Latin American Perspectives*, v.1, n.1, 1974.

CORBISIER, R. *Reforma ou revolução*. Rio de Janeiro: Civilização Brasileira, 1968.

COUTO E SILVA, G. *Geopolítica do Brasil*. Rio de Janeiro: José Olympio, 2.ed., 1967.

_____. *Conjuntura política nacional*: o Poder Executivo e geopolítica do Brasil. Rio de Janeiro, José Olympio, 1981.

DANTAS, San Tiago. *Política Externa Independente*. Rio de Janeiro: Civilização Brasileira, 1962.

_____. Discurso de Paraninfo do Instituto Rio Branco. *Revista Brasileira de Política Internacional*, ano VII, n.27, 1964.

DOSMAN, E. J. *The Life and Times of Raúl Prebisch, 1901-1986*. Montreal: McGill-Queen's University Press, 2008.

DREYFUSS, R. A. A noção de soberania na Escola Superior de Guerra. In: OLIVEIRA, E. R. *Militares:* pensamento e ação política. Campinas: Papirus, 1987.

FAUSTO, B.; DEVOTO, F. J. *Brasil e Argentina*: um ensaio de história comparada (1850-2002). São Paulo: Editora 34, 2004.

FAVERÃO, G. M. *Autonomia, universalismo e alinhamento na política externa brasileira do século XX e suas implicações nos processos de integração regional*. Dissertação de Mestrado, Programa de Pós-Graduação em Ciências Sociais da Unesp-Marília, 2006.

FERREIRA, O. Evolução da política internacional do Brasil. Texto da palestra proferida no dia 17 out. 1975 na Comissão de Relações Exteriores da Câmara dos Deputados no Painel sobre Política Internacional. In: *A crise na política externa*: autonomia ou subordinação? Oliveiros S. Ferreira. Seleção e organização de Reginaldo N.Nasser. Rio de Janeiro: Revan, 2001.

FONSECA JÚNIOR, G. *A legitimidade e outras questões internacionais*. São Paulo: Paz e Terra, 1998.

_____. Mundos diversos, argumentos afins: notas sobre aspectos doutrinários da política externa independente e do pragmatismo responsável. In: ALBUQUERQUE, J. A. G. *Sessenta Anos de política externa brasileira (1930-1990)*: crescimento, modernização e política externa. NUPRI/USP, 1996.

FREYRE, G. Ideias errôneas sobre o Brasil. *Revista Brasileira de Política Internacional*, ano V, n.18, 1962.

FURTADO, C. *Desenvolvimento e subdesenvolvimento*. Rio de Janeiro: Editora Fundo de Cultura, 1961.

_____. *A economia latino-americana (formação histórica e problemas contemporâneos)*. São Paulo: Companhia Editora Nacional, 1978.

FURTADO, C. *Formação econômica do Brasil*. São Paulo: Editora Nacional, 1982.

_____. *Teoria e política do desenvolvimento econômico*. São Paulo: Editora Paz e Terra, 2000.

GARCIA, E. V. O pensamento dos militares em política internacional (1961-1989). *Revista Brasileira de Política Internacional*, v.40, n.1, 1997.

GARDINI, G. L. *The Origins of Mercosur*: Democracy and Regionalization in South America. Nova York: Palgrave Macmillan, 2011.

GARDINI, G. L.; ALMEIDA, M. H. T. *Foreign policy responses to the rise of Brazil*: balancing power in emerging states. Nova York, NY: Palgrave Macmillan, 2016.

GOLDSTEIN, J.; KEOHANE, R. *Ideas and foreign policy*: beliefs, institutions and political change. Cornell University Press, 1993.

GUIMARÃES, S. P. *Quinhentos anos de periferia*: uma contribuição ao estudo da política internacional. Porto Alegre/Rio de Janeiro: Ed. da Universidade/UFRGS/Contraponto, 1999.

_____. *Desafios brasileiros na era dos gigantes*. Rio de Janeiro: Contraponto, 2006.

_____. *O mundo multipolar e a integração sul-americana*. Funceb: 25 set. 2007. Disponível em: <http://www.funceb.org.ar/pensamiento/mundomultipolar.pdf>.

HAAS, E. B. *Beyond the Nation State*. Stanford: Stanford University Press, 1964.

JAGUARIBE, H. O nacionalismo na atualidade brasileira. Rio de Janeiro: Instituto Superior de Estudos Brasileiros – Iseb, 1958.

_____. *Desenvolvimento econômico e desenvolvimento político*. São Paulo: Paz e Terra, 1972.

_____. *Crises e alternativas da América Latina*. São Paulo: Perspectiva, 1976.

LAFER, C. Uma interpretação do sistema das relações internacionais do Brasil. In: LAFER, C.; PEÑA, F. Argentina e Brasil no sistema das Relações Internacionais. São Paulo: Duas Cidades, 1973.

_____. Entrevista. *Estudos Históricos*, Rio de Janeiro, v.6, n.12, 1993.

_____. *A identidade internacional do Brasil e a política externa brasileira*: passado, presente e futuro. São Paulo: Perspectiva, 2004.

LAFER, C.; PEÑA, F. *Argentina e Brasil no sistema das Relações Internacionais*. São Paulo: Duas Cidades, 1973.

LEITÃO DA CUNHA, V. Palestra do ministro das Relações Exteriores na Associação Comercial do Rio de Janeiro, em 11 de novembro de 1964. *Revista Brasileira de Política Internacional*. Ano VIII, n.29, 1965.

MAGNOLI, D.; CÉSAR, L. F. P.; YANG, P. Em busca do interesse nacional. *Política Externa*, v.9, n.1, 2000.

MALAN, P. S. et al. *Política econômica externa e industrialização no Brasil (1939/52)*. Rio de Janeiro: IPEA/INPES, 1980.

MARIANO, M. P. *A política externa brasileira, o Itamaraty e o Mercosul*. Tese de Doutorado. Programa de Pós-Graduação em Sociologia. Faculdade de Ciências e Letras – Unesp – Araraquara – São Paulo, 2007.

MARTINS, L. O Brasil e a América Latina na atual conjuntura mundial. In: *Política externa independente*. A invasão da República Dominicana. Rio de Janeiro: Civilização Brasileira, Ano I, n.2, ago. 1965.

MARINI, R. M. Las razones del neodesarrollismo (respuesta a F. H. Cardoso y J. Serra). *Revista Mexicana de Sociologia*, v.40, número extraordinário, 1978.

MARINI, R. M. *Dialética da dependência*. Uma antologia da obra de Ruy Mauro Marini; organização e apresentação de Emir Sader. Petrópolis: Editora Vozes, 2000.

MATTLI, W. *The Logic of Regional Integration*: Europe and beyond. Cambridge: Cambridge University Press, 1999.

MCCANN JR. F. D. *The Brazilian-American Alliance*. Princeton: Princeton University Press, 1973.

MELLO, F. C. *Regionalismo e inserção internacional*: continuidade e transformação da política externa brasileira nos anos 90. Tese de doutorado. Departamento de Ciência Política da Faculdade de Filosofia, Letras e Ciências Humanas da Universidade de São Paulo, 2000.

MIYAMOTO, S. *Geopolítica e poder no Brasil*. Campinas, São Paulo: Papirus, 1995.

MORAVCSIK, A. Preferences, Power and Institutions in 21st-Century Europe. *Journal of Common Market Studies*, 2018, n.26, p.1648-74.

MOURA, G. O Brasil na Segunda Guerra Mundial: 1942-1945. In: ALBUQUERQUE, J. A. G. *Sessenta anos de política externa brasileira (1930-1990)*: crescimento, modernização e política externa. NUPRI/USP, 1996.

PÉCAUT, D. *Os intelectuais e a política no Brasil*. Entre o povo e a nação. São Paulo: Editora Ática, 1990.

PEREIRA, L. C. B. O conceito de desenvolvimento do ISEB revisitado. *Dados*, v.47, n.1, Rio de Janeiro, 2004.

PINHEIRO, L. Unidades de decisão e processo de formulação de política externa durante o regime militar. In: ALBUQUERQUE, J. A. G. *Sessenta anos de política externa brasileira (1930-1990)*: Prioridades, atores e política. São Paulo: Annablume/NUPRI/USP, 2000.

PINHEIRO, L. *Política externa brasileira*. Rio de Janeiro: Zahar, 2004.

POLÍTICA EXTERNA INDEPENDENTE. Apresentação: A crise do Pan-Americanismo. Rio de Janeiro: Civilização Brasileira, ano I, n.1, maio 1965.

PREBISCH, R. Uma política de desenvolvimento econômico autônomo para a América Latina: os fundamentos doutrinários. *Política Externa Independente*, Rio de Janeiro, Civilização Brasileira, ano I, n.1, maio 1965.

SPEKTOR, M. Origens e direção do Pragmatismo Ecumênico e Responsável (1974-1979). *Revista Brasileira de Política Internacional*, v.47, n.2, 2004.

RAMOS, A. G. *O problema nacional do Brasil*. 2.ed., Rio de Janeiro: Saga, 1960.

RANGEL, I. A dinâmica da dualidade brasileira. *Revista Brasileira de Ciências Sociais*, v.2, n.2, 1962,

RIBEIRO, D. *O povo brasileiro*: a formação e o sentido do Brasil. São Paulo: Companhia das Letras, 1996.

RICUPERO, R. *A diplomacia na construção do Brasil (1750-2016)*. Versal, 2017.

RODRIGUES, J. A. O sistema interamericano contra a América Latina. *Política Externa Independente*, "A crise do Pan-Americanismo". Rio de Janeiro: Civilização Brasileira, ano I, n.1, maio 1965.

RODRIGUES, J. H. *Interesse nacional e política externa*. Rio de Janeiro: Civilização Brasileira, 1966.

SANTOS, T. The Structure of Dependence. *The American Economic Review*, v.60, n.2, 1970.

SCHUMPETER, J. *Capitalism, Socialism and Democracy*. Londres e Nova York: Taylor and Francis, 1994 [Ed. bras.: *Capitalismo, socialismo e democracia*. São Paulo: Editora Unesp, 2017].

SERRA, J.; CARDOSO, F. H. Las desventuras de la dialéctica de la dependencia. *Revista Mexicana de Sociologia*, México, DF: UNAM, Año XL, n.extraordinario, 1978.

SILVEIRA, A. Discurso de posse. BRASIL/MRE. *Resenha de política exterior do Brasil*. Brasília: Departamento de comunicação e documentação do MRE, ano I, n.I, 1974, p.21.

_____. Silveira no Congresso expõe bases da diplomacia brasileira. BRASIL/MRE. *Resenha de política exterior do Brasil*. Brasília: Departamento de comunicação e documentação do MRE, n.10, 1976.

SODRÉ, N. W. *Raízes históricas do nacionalismo brasileiro*. Textos de formação histórica do Brasil. Rio de Janeiro: Instituto Superior de Estudos Brasileiros, 1960.

_____. *História da burguesia brasileira*. Rio de Janeiro: Civilização Brasileira, 1967.

SOLA, L. *Ideias econômicas, decisões políticas*: desenvolvimento, estabilidade e populismo. São Paulo: Edusp, 1998.

SOUTO MAIOR, L. A. P. O "Pragmatismo Responsável". In: ALBUQUERQUE, J. A. G. *Sessenta anos de política externa brasileira (1930-1990)*: crescimento, modernização e política externa. NUPRI/USP, 1996.

STEPAN, A. *Os militares na política*: as mudanças de padrões na vida brasileira. Rio de Janeiro: Artenova, 1975.

TOLEDO, C. N. 50 anos de fundação do ISEB. *Jornal da Unicamp*, 8 a 14 ago. 2005.

VIZENTINI, P. G. F. O nacionalismo desenvolvimentista e a política externa independente (1951-1964). *Revista Brasileira de Política Internacional*, n.37, v.1, 1994.

WEFFORT, F. *O populismo na política brasileira*. São Paulo: Paz e Terra, 1978.

3
O PAPEL DA INTEGRAÇÃO REGIONAL PARA O BRASIL: AUTONOMIA, UNIVERSALISMO E A PERCEPÇÃO DAS ELITES[1]

Introdução

A posição do Brasil no processo de integração regional, ao longo do tempo e nos primeiros anos 2000, deve ser compreendida à luz de fatores estruturais e históricos da política exterior. Isso nem sempre implica rigidez e impossibilidade de mudança, mas esses são aspectos que devem ser considerados para a exata compreensão das dificuldades enfrentadas no período, mesmo quando os governos favoreceram a integração regional. Essas dificuldades não podem ser vistas, como às vezes se argumenta, como originadas apenas em questões econômicas ou em visões não convergentes em assuntos internacionais. Parece haver tensão entre necessidades estruturais da integração e atitudes e posições de importantes atores sociais e governamentais, não apenas da diplomacia. A origem do problema está nas atitudes de parte das elites e de grupos de interesse que contribuem para formar a vontade do Estado. Consideraremos aqui o conceito de elite desenvolvido por Dahl (1958, p.464): "Uma elite dirigente, portanto, é um grupo controlador menor do que uma maioria e que não cumpre função de artefato puro das normas democráticas. É uma minoria de indivíduos cujas preferências normalmente prevalecem nos casos de discordâncias em questões políticas importantes".

---

[1] Este capítulo é uma versão revista de artigo publicado na *Revista Brasileira de Política Internacional*, v.51, n.1, p.5-27, 2008. Agradecemos a Gustavo de Mauro Favaron e Rodrigo Alves Correia, coautores do artigo, pela autorização de sua revisão e publicação neste livro.

Podemos considerar que dois conceitos muito importantes na formulação da política externa, a autonomia e o universalismo, enraizados na sociedade e no Estado, confluem para a construção de uma visão de inserção regional que dificulta o aprofundamento do Mercosul.

Há razões objetivas para explicar as dificuldades enfrentadas de 1991 a 2010. Uma delas refere-se ao desafio de integrar países em desenvolvimento, com significativas assimetrias, com baixo grau de interdependência e com tradição de instabilidade macroeconômica. O argumento diplomático e dos governos, nas administrações Alfonsín, Sarney, Collor de Mello, Menem, Itamar Franco e Cardoso, foi que a baixa institucionalização e o caráter intergovernamental do processo seriam fatores que garantiriam avanços rápidos, prescindindo de burocracias pesadas. A referência negativa à euroburocracia de Bruxelas esteve presente nesse processo. A defesa do princípio da intergovernamentalidade por parte do Brasil, não muito diferente da posição argentina, está ligada à concepção do lugar do Mercosul no conjunto das relações internacionais do país. Malamud (2011) acentuou que o Estado brasileiro usou a integração para sua projeção externa. Danese (2017) desenvolveu, para o Brasil, o significado positivo da noção de diplomacia presidencial, de modo a caracterizar o direto envolvimento do chefe de Estado nos assuntos de política externa. Essa noção foi importante em governos onde a presidência foi exercida por personalidades com noção do papel das relações externas para os projetos nacionais, o que não significa que os limites à compreensão da integração regional não tenham tido o seu peso.

Na percepção de alguns dos formuladores de política exterior, a ideia de universalismo está associada às próprias características geográficas, étnicas e culturais do país. Ela representaria, segundo Lafer (2004), a pluralidade dos interesses do Estado e da sociedade, as afinidades históricas e políticas, simbolizando a preocupação em diversificar ao máximo as relações externas do país, pluralizando, ampliando, dilatando os canais de diálogo com o mundo.

Temos como hipótese que a estrutura do Mercosul, tal como construída em seus primeiros quinze anos, de 1991 até 2010, é adequada às percepções de parte das elites brasileiras, que teriam seus interesses atendidos nessa estrutura existente. Esse modelo seria suficiente para dar a sustentação considerada possível, ou a liberdade desejada, às ações internacionais do país na Organização Mundial do Comércio (OMC), nas relações com a União Europeia (EU), com os Estados Unidos e com a China, tornando o país independente dos constrangimentos de uma união alfandegária e de um mercado comum apoiados sobre maiores níveis de institucionalização. Nessa perspectiva, esses maiores níveis condicionariam os Estados-parte, mesmo considerando o diferencial de poder. Complementando, argumentaremos que esse modelo de integração foi compatível com o alargamento do bloco e viabilizaria a inclusão de novos membros, o que acaba por realimentar a forma intergovernamental e a baixa interação entre as políticas nacionais nos diferentes aspectos.

Em meados da década de 1980, quando a política brasileira empreendeu o caminho do estreitamento das relações com a Argentina, a ideia do universalismo não foi abandonada, mas ganhou novo significado. Houve a tentativa de entrelaçar interesse nacional com interesse regional do Cone Sul. No caso brasileiro, prevaleceu a ideia de que o interesse nacional seria mais bem atendido num processo de integração abrangente. Para isso, confluíram diferentes perspectivas, inclusive empresariais, também de grupos multinacionais, particularmente do setor automotivo (Vigevani e Veiga, 1997). Em seguida, somaram-se setores sindicais e outros grupos, inclusive intelectuais. Discutiremos como esse entrelaçamento, a partir do final dos anos 1990, parece correr o risco de lenta e incessante dilapidação, tanto na Argentina quanto no Brasil, limitando decisivamente as possibilidades do Mercosul.

Ao mesmo tempo que houve junção da ideia de interesse nacional com o regional do Mercosul, o conceito de autonomia conservou caráter primordial (Guimarães, 12 maio, 2006a). Discutiremos que, numa perspectiva histórica, sendo a autonomia objetivo de qualquer Estado-nação, ela tem características que se adaptam ao longo do tempo. "As expressões do que é autonomia variam histórica e espacialmente, variam segundo interesses e posições de poder" (Fonseca Jr., 1998, p.361). O conceito admite diferentes abordagens em função da configuração de um determinado período histórico, bem como das visões de mundo da população e das elites. A ideia de autonomia na segunda metade dos anos 1980, e ainda para uma parte da sociedade e da alta burocracia do Estado nos anos 1990 e até o final do governo Lula da Silva, significou autonomia frente ao mundo exterior, capacidade de decisão frente aos centros de poder internacional, viabilizando que o Brasil determinasse suas escolhas. O Mercosul não seria visto como limitador de autonomia; ao contrário, o compartilhamento de interesses aumentaria as capacidades externas. Nesse sentido, vamos discutir aqui como os dois conceitos, autonomia e universalismo, foram processados. Na nossa perspectiva, a partir do segundo mandato de Lula da Silva, portanto a partir de 2007, há um movimento no sentido de estabelecer ou de restabelecer seus significados, partindo de uma parte dos empresários, de algumas forças políticas e também de parte de setores inicialmente minoritários da alta burocracia vinculada às áreas econômicas e diplomáticas. Isso tem como consequência o desenho de uma política exterior pela qual se reduz o significado do Mercosul, sobretudo das relações com a Argentina. Isso contribui para explicar a crise do bloco regional e a dificuldade para sua afirmação.

Revisão do paradigma da inserção internacional: o significado do Mercosul

Na década de 1980, ganhou força a ideia de repensar o modelo de desenvolvimento econômico do país, inclusive o seu relacionamento com o exterior. Contribuíam para isso o esgotamento do modelo de substituição de importações, a crise da dívida externa, a alta inflação e a estagnação econômica. A soma desses fatores abalou o padrão de desenvolvimento vigente, ao cortar o investimento externo, levando ao desinvestimento (Sallum Jr., 1999) e diminuindo a taxa de poupança interna, para a qual o Estado tinha tido papel importante. Essa situação perdura até 2020, provavelmente transformando o termo "década perdida" para "século perdido" (Pereira, 2018).

Enquanto o mundo assistia à ascensão dos valores neoliberais, nos dois últimos anos do governo Sarney foram realizados estudos sobre as relações econômicas internacionais, particularmente na Carteira de Comércio Exterior (Cacex) do Banco do Brasil, coincidindo com o desenrolar das negociações da Rodada Uruguai do Gatt, sobretudo a partir da Conferência Ministerial de Montreal, de dezembro de 1988 (Pereira, 1992; Mello, 2000). Neles, prevalecem as visões críticas do anterior nacional-desenvolvimentismo e o direcionamento para uma perspectiva de maior abertura externa, perspectiva que posteriormente orientou a abertura econômica intensificada no governo Collor de Mello.

Observe-se que o início da integração com a Argentina (Declaração de Iguaçu, nov. 1985; Programa de Integração e Cooperação Econômica – Pice, jul. 1986; os 24 protocolos decorrentes; Tratado de Integração, Cooperação e Desenvolvimento, nov. 1988) correspondeu a uma lógica desenvolvimentista, visando estimular a emulação empresarial para a modernização e a inserção competitiva no sistema econômico internacional (Peña, 1991). O mercado interno ampliado era considerado um pressuposto. Essa fase fortaleceu em parte das elites brasileiras, incluindo grupos empresariais e funcionários do Estado, a percepção de que o compartilhamento de interesses melhoraria a inserção internacional, viabilizando maior autoestima. Mesmo no momento do Tratado de Integração, Cooperação e Desenvolvimento, que desenhou o Mercosul e deu caráter estável e forte à aliança Argentina-Brasil, prevaleceu a perspectiva intergovernamentalista. Utilizando as palavras de Moravcsik (2005, p.376) ao falar da União Europeia (EU), para as relações Argentina-Brasil sempre houve a ideia de que "há uma atração normativa inegável por um sistema que preserve políticas nacionais democráticas para as questões mais proeminentes nas mentes dos cidadãos". Alguns autores consideram que a preocupação pela estabilidade democrática teve papel fundamental na integração no Cone Sul. Provavelmente se trate de uma forte atração pela vida política nacionalmente estabelecida, como indica Moravcsik (2005). O desenho que foi adquirindo o Mercosul corresponderia às preferências que se manifestam nas sociedades política e civil nacionais.

No processo de revisão que se processava em órgãos como o ministério da Fazenda, os bancos do Brasil e Central, paulatinamente absorvida pela diplomacia brasileira, a aproximação Brasil-Argentina era vista como fundamental em termos de política internacional, conquistando adeptos na diplomacia e ao mesmo tempo mostrando-se ligada à estratégia do paradigma universalista (Flecha de Lima, 1989, p.30-1). Ela parecia fortalecer a ideia de uma melhor presença política e econômica no mundo e viabilizar maior peso na formulação de regimes e nas instituições internacionais. A aliança estaria relacionada com a capacidade de reformar diretrizes econômicas. Para alguns, avançar no processo de integração regional aumentaria a capacidade nas relações com os maiores centros de poder, particularmente com os Estados Unidos (Amorim e Pimentel, 1996). Essas diferentes perspectivas viabilizaram que a aliança fosse partilhada tanto por setores ligados à tradição nacionalista quanto por setores que consideravam inevitável a inserção do Brasil na ordem internacional liberal.

Estabelece-se, dessa forma, o nexo entre a integração regional, o Mercosul e a aliança com a Argentina, com a preservação dos valores universalismo e autonomia. O regionalismo não diminuiria, mas reforçaria o paradigma universalista de inserção internacional brasileiro. A ideia da "modernização via internacionalização" (Przeworski, 1993), que traria reflexos diretos favoráveis ao paradigma de inserção internacional, nessa fase, ao longo dos anos 1990, não se chocou com o regionalismo. O conceito de regionalismo aberto foi utilizado na perspectiva da plena inserção internacional, aproveitando as vantagens de uma área de livre-comércio, sem criar os instrumentos necessários para políticas regionais de desenvolvimento e de complementaridade, e, portanto, sem políticas públicas voltadas ao objetivo da sustentabilidade da integração. O valor autonomia permaneceu enraizado nas esferas da administração e dos empresários, agora sob a égide de um conceito importante, elaborado, a autonomia pela integração (Fonseca Jr., 1998).

Portanto, o Mercosul não anulou o valor autonomia. Ele se reapresenta a partir daí sob outras formas. Há preocupação pela reafirmação de papel próprio, soberano, no mundo. Manifesta-se também em relação aos países ricos, com os quais se procura maior integração, sem abdicar dos interesses nacionais considerados fundamentais (Cardoso, 2001). Paradoxalmente, nas relações do Brasil com o seu entorno mais próximo, o Mercosul e a América do Sul, a ideia de autonomia se manifesta sob a forma de insistente revalorização da potencialidade de ação nacional específica, não sujeita às amarras que uma integração institucionalizada poderia acarretar (Pinheiro, 2000). Do ponto de vista econômico, não surgiram, ao menos nos termos significativos, cadeias produtivas regionais que exigem investimentos e capacidade em termos de P&D. Ao contrário, consolidou-se a dependência em relação aos sistemas de inovação mais avançados dos países centrais, particularmente em relação aos Estados Unidos, em seguida à China.

A tradicional posição brasileira em busca de um papel relevante no mundo, não essencialmente diferente da posição argentina e do governo Menem, permanece em vigor. Lafer (1993a) fala da necessidade de o Brasil ter uma participação mais ativa na cena internacional. Queremos sublinhar que, de 1985 em diante, após uma fase em que as relações com a Argentina ganharam proeminência efetiva para a estratégia internacional do Brasil, elas mantiveram seu grande significado na década de 1990, mas desde o início dos anos 2000 parecem temperadas por uma nova e forte preocupação universalista. Uma manifestação significativa dessa evolução já havia surgido no governo Itamar Franco: a iniciativa de articular um novo projeto de integração sul-americana. Apresentada como não antagônica ao Cone Sul – ao contrário, como complementar –, a proposta de criação da Área de Livre-Comércio da América do Sul (Alcsa) indica haver espaço para o surgimento de iniciativas que terão curso nos anos sucessivos, até o governo Rousseff. Sinalizam relativa atenuação do forte desejo inicial de estruturar sinergias focalizadas no Mercosul, criando complementaridade e um sistema produtivo integrado visando o mercado comum. Parece ter-se diluído o impulso inicial pelo desenvolvimento em comum, mas subsiste a busca de possíveis vantagens econômicas proporcionadas pelo adensamento do intercâmbio e outras medidas.

Na perspectiva brasileira, observando-se retrospectivamente, desde seu início, nos anos 1990 e 2000, o Mercosul surge de forma claramente ambígua, o que não é essencialmente diferente na parte argentina. Colocado no topo das prioridades internacionais, no caso brasileiro, onde a força do universalismo permanece, ele é apresentado como instrumento muito importante, mas sempre como instrumento. Não haveria uma especificidade clara de integração, não seria um fim em si mesmo. No momento da constituição do Mercosul, os governos haviam explicitado isso:

> [...] ao firmar o Tratado de Assunção, os quatro presidentes partem da percepção comum de que o aprofundamento do processo de integração pode ser a chave para uma inserção mais competitiva de seus países num mundo em que se consolidam grandes espaços econômicos e onde o avanço tecnológico-industrial se torna cada vez mais crucial para as economias nacionais (Ministério das Relações Exteriores, 1991, p.279).

A lógica instrumental vai-se afirmando e prevalece. "O Mercosul é um processo essencialmente aberto ao exterior. No caso do Brasil, o desenvolvimento do Mercosul é parte de um amplo esforço de abertura econômica, liberalização comercial e melhor inserção na economia mundial. O processo de integração não é concebido como um fim em si mesmo, mas como instrumento para uma participação mais ampla no mercado global" (Lampreia, 1995, p.135).

A crítica ao liberal-intergovernamentalismo produziu ideias importantes no tocante à interpretação da lógica instrumental da integração. Sandholtz e Sweet (1998, p.26) afirmam que a análise da integração europeia exige considerar variáveis que não subestimem relações que produzem resultados aceleradores do processo de integração. Para eles, a integração interfere em variáveis políticas. Quando isso não acontece, é preciso buscar explicações. Em outras palavras, a integração não é um fenômeno estático, tendo aspectos autopropulsores. Alguns os chamam de fenômeno da bicicleta, e os funcionalistas, de *spillover*.

Nardin (1987) desenvolve conceitos úteis para esta análise. Ao discutir as formas de associação internacional, sintetiza as possibilidades em duas: associação prática e associação de objetivos. A associação prática seria aquela em que as relações entre Estados não estão necessariamente engajadas em qualquer busca comum, mas em que, apesar disso, os Estados têm de conviver um com o outro, coincidindo com a ideia de Bull (1977) a respeito da compatibilização de anarquia e ordem. Portanto, a associação é instrumental. Ao contrário, a associação de objetivos é aquela em que os Estados cooperam para o fim de assegurar a partilha de certas crenças, valores e interesses, com objetivos comuns. No plano normativo, seria a ideia de sociedade civil internacional (Archibugi, Held, Kohler, 1998). O próprio Nardin mostra-se cético quanto à possibilidade de, no sistema internacional, encontrarmos associação de objetivos. No plano do Mercosul, houve de parte brasileira e argentina, também uruguaia e paraguaia, em determinados momentos, como vimos, a prevalência de compartilhamento pleno. Inclusive coincidências importantes no plano dos dirigentes políticos.

O desenvolvimento do Mercosul não é uniforme. Em 2020, podem-se apontar cinco fases distintas. A primeira, que antecede o primeiro mandato de Cardoso, vai de 1991 a 1994, do Tratado de Assunção ao Protocolo de Ouro Preto. É durante esse período que se consolida o desenho institucional. Em seguida, na segunda fase, de 1995 a 1998, observa-se a continuidade da expansão comercial intrabloco, que alcança o seu ponto máximo. Na terceira, partir de 1999, com a crise do real e sua desvalorização e a posterior recessão Argentina, de 2001, evidencia-se uma crise no Mercosul, cujos desdobramentos não eram claros de início. A desvalorização do real não foi negociada com os integrantes do bloco. A quarta fase surge no governo Rousseff, com a estagnação, sobretudo institucional, do processo, de 2011 a 2016. Depois, com Temer, e mais radicalmente com Bolsonaro, a integração entra em crise, talvez em decadência, ainda que interesses empresariais e sociais mantenham adesão ao projeto. Como iremos argumentar, além dos elementos conjunturais, que se expressam por seguidos contenciosos comerciais e políticos, na busca de explicações consistentes devem ser consideradas questões estruturais relativas às economias dos países envolvidos, à percepção de sua inserção do mundo, que vai mudando, e a valores enraizados nos Estados e nas sociedades. A instabilidade e a radical alteração das relações internas no Brasil depois de 2016 fazem o pêndulo da política brasileira voltar-se às economias centrais, particularmente aos Estados Unidos, mas também à China e à União Europeia.

As crises econômicas de diferentes matizes vividas pelos países do Mercosul expressam essa lógica. As crises nacionais não foram momentos de ajustes no processo de integração, nem ocasiões de busca por oportunidades. De fato, elas redundaram em debilitamento da integração e redução do esforço de complementaridade.

As dificuldades nas economias nacionais podem explicar determinadas posições e contribuíram para a atitude de grupos empresariais e de setores das elites que em boa parte evoluem para o desinteresse ou para a instrumentalização da integração em função da luta política interna. Nossa percepção é de que os elementos materiais não são explicativos por si só. O fato de Brasil e Argentina, alternadamente, terem entre si *déficits* comerciais contribuiu para a percepção de que a integração regional poderia ser nociva para as economias locais. Cada vez que isso se dá em determinada direção, as posições protecionistas voltam a brotar. No caso brasileiro, a crise argentina de 2001 reacendeu a sempre latente e enraizada concepção de que o Mercosul representa uma perspectiva estreita para a potencialidade econômica e política brasileira. Inversamente, o *superávit* do Brasil, após a desvalorização do real de janeiro de 1999, é apontado na Argentina como uma das causas principais de sua própria crise do final de 2001. A partir daí, a desvalorização do peso, após este ter estado ancorado ao dólar de 1991 a 2001, gerou uma queda no PIB argentino de 10,9% (Kume e Piani, 2005), fortalecendo, do lado brasileiro, a crença de que a instabilidade macroeconômica não oferece bases duradouras para a integração.

A experiência do Mercosul sugere que os benefícios econômicos da integração são elementos necessários, mas não suficientes, para garantir continuidade e aprofundamento. Da mesma forma, essa experiência demonstra os limites de uma integração fundamentada apenas em aspectos utilitários, que são insuficientes para a manutenção da dinâmica, ainda que sejam condição *sine qua non* para ela. A integração não pode ser pensada, portanto, apenas como projeto de política externa, exigindo forte intersecção com um projeto de política interna (Bueno de Mesquita, 2005). A percepção de que o *partner* estaria em situação de vantagem no que diz respeito aos benefícios obtidos com o processo de integração, como sugerem as leituras realistas, foi sempre prejudicial à continuidade dos esforços de consolidação do Mercosul. Se isso valeu para Argentina e Brasil, o mesmo pode ser dito para Paraguai e Uruguai. Desse modo, pode-se afirmar que elementos da perspectiva realista de relações internacionais, que, como vimos no Capítulo 1, prevaleceu secularmente nas relações do Cone Sul, não desapareceram totalmente. Isto é, manteve-se no seio dos aparelhos do Estado e em setores da sociedade a preocupação pela necessidade de incrementos nos benefícios que não alterassem as relações preexistentes.

Expectativas teóricas da integração regional e o caso do Mercosul

Entre as contribuições teóricas para compreender a integração regional, destacam-se a neofuncionalista e a intergovernamentalista. Buscaremos dialogar criticamente com essas teorias e, ao mesmo tempo, demonstrar as particularidades do processo de integração do Cone Sul, que estabelece tensão entre as variáveis centrais dessas teorias, formuladas no bojo do processo de integração europeu, ainda que lhe reconheçamos, obviamente, validade geral.

Haas (1964), que teve papel central na consolidação dos estudos e da agenda de pesquisa sobre integração regional, particularmente no caso europeu, reconsiderou alguns pressupostos funcionalistas, condicionando-os aos impulsos políticos dos centros decisórios. Ele apontou que a integração regional é essencialmente um processo de transferência de funções e lealdades dos Estados para instituições supranacionais. Na sua percepção, a partir de determinado impulso inicial burocrático-estatal, que teve muita importância para o início do Mercado Comum Europeu, antes e após o Tratado de Roma de 1957, o processo de integração transbordaria para a sociedade como um todo, que, por sua vez, buscaria formas de melhor intervir e participar do processo. Num determinado momento, a integração ganharia uma dinâmica própria, menos dependente da vontade política dos governos e mais relacionada com as expectativas de ganhos e perdas dos principais grupos internos dos países envolvidos.

Ao mesmo tempo, Haas (ibid.) incorpora o pressuposto funcionalista de que as lealdades políticas estariam relacionadas com a eficiência de determinada agência, seja ela nacional ou regional. No caso do Mercosul, apesar de uma razoável eficiência do bloco, com adensamento das relações a partir de 1991, não se desenvolveram agências ao redor das quais desenvolver lealdades. Ao mesmo tempo, a dinâmica manteve-se fortemente ligada às iniciativas dos governos e dos presidentes, o que atenuou aos poucos a expectativa dos agentes quanto à possibilidade de ganhos. O papel do executivo como principal agente do processo se confirma pelo fato de a reunião semestral dos presidentes, o Conselho do Mercosul, ser o órgão centralizador das decisões, em relação ao qual convergem todas as expectativas. Essa situação, apesar de reconhecidamente positiva para a integração (Malamud, 2000), no final dos anos 1990 e no início do século XXI torna-se um problema, sobretudo se pensarmos, como fazem os funcionalistas, que o parâmetro de sucesso é sua capacidade de modificar a realidade anterior à constituição de um bloco regional, produzindo novos comportamentos.

Os autores que desenvolveram essa matriz teórica destacam que, para o objetivo da integração, os atores sociais e econômicos devem participar ativamente do processo, interferindo nele a partir de determinado ponto após o *take off* inicial, buscando pressionar e convencer as elites nacionais a transferirem ou não parcelas de soberania para a esfera regional. Um aspecto importante disso é a participação, o efeito mobilizador da integração, que, por sua vez, está ligado à satisfação de interesses. Essa situação possibilitaria o aprofundamento do processo e facilitaria sua propagação e manutenção. O incremento da ação dos atores sociais e econômicos e das elites faria com que aumentassem as demandas visando o gerenciamento comum de interesses, exatamente o *spillover*. A espiral crescente de intervenção e integração para regulamentação desses interesses constituiria o motor que garantiria a continuidade da integração. Para essa abordagem – que implica expansão –, se o impulso parar, ou seja, se a retroalimentação baseada no movimento cessar, todo o processo poderá ser colocado em risco. Essa visão da integração não significa necessariamente ausência de conflitos e de dificuldades, mas transmite bem a ideia da continuidade, que alguns, como dissemos, chamam de teoria da bicicleta. Ou seja, essa perspectiva de análise é fundamentalmente dinâmica. Os níveis de integração regional são muito diferentes, de área de livre-comércio a união política, formas federativas ou confederativas. Em todos os níveis de integração, a ideia de espiral crescente é importante. Podendo dar continuidade a processos, como no caso da Área de Livre-Comércio da América do Norte (Nafta), renovada no USMCA, em 2019, ou colocá-los em crise, como no caso do Brexit, iniciado em 2016.

A partir de determinado momento, mesmo antes de 1998, houve uma diminuição do interesse da sociedade e das empresas pela integração. Isso foi particularmente visível no setor automotivo. As multinacionais – General Motors, Volkswagen, Fiat, Ford –, desde 1986, e mais acentuadamente no início da década de 1990, planejaram produção e investimentos integrados, inclusive visando a utilização do Mercosul como possível plataforma global de exportação de uma parte de seus produtos, sobretudo caminhões e carros médios e pequenos. A partir da metade da década de 1990, mais acentuadamente a partir de 1997, com as dificuldades comerciais e políticas, a perspectiva de atuar regionalmente foi se atenuando. Isso contribuiu para aumentar a crise no bloco, pois, frente a riscos protecionistas, parte das empresas privilegiaram naqueles anos o mercado maior, o Brasil. No que se refere ao interesse da opinião pública e dos políticos, este também foi se atenuando. Com algumas mudanças, em 2020 podemos dizer acerca das diferenças comerciais que desde o final dos anos 1990 houve uma lenta e contínua reversão das expectativas empresariais. Isso aumentou o interesse dos países centrais por essas relações.

Se, como afirma Kratochwil (2006), a forma como as ideias são construídas internamente se relaciona com o quadro normativo que estabelece as diretrizes de ação externa, então, para o entendimento das ações externas de um país, faz-se necessário analisar as normas e as regras que orientam suas escolhas. As percepções e valores justificam e tornam determinadas ações externas aceitáveis ou não. Em outras palavras, uma forma de medir a dinâmica da integração regional é verificar se as questões relativas ao *partner* se tornam problemas da própria política interna.

De acordo com os autores neofuncionalistas, desde Haas (1964; 1975) até Schmitter (2003), a integração regional só ocorre efetivamente quando os interesses das principais elites são atendidos. Se as expectativas desses setores convergirem com as da integração, surgiria então uma mobilização que daria sustentação ao processo. Por outro lado, caso isso não ocorra, a tendência é o retrocesso. Portanto, aprofundamento e expansão da integração estariam relacionados com a capacidade dos governos de garantir a continuidade dos ganhos materiais e simbólicos para as elites, visto seu papel de fiadores da integração. Da mesma forma, a implementação de políticas que visem à contenção das pressões dos grupos prejudicados pelo processo de integração são muito importantes, visto que os grupos e as elites prejudicadas têm grande capacidade de pressão, proporcionalmente maior que a dos beneficiados. Estes últimos, os beneficiados, em geral se apresentam sob forma de interesses difusos (Pastor e Wise, 1994). Essa perspectiva é fundamental para esta análise, pois nossa hipótese, como vimos, refere-se exatamente ao fato de que a percepção de mundo das elites brasileiras – políticas, econômicas, sociais – tem papel importante para explicar as dificuldades estruturais do Mercosul no século XXI.

A utilização desse quadro analítico para interpretar a integração do Cone Sul exige reflexão. Moravcsik (2005) considera que essa abordagem pouco diz sobre as origens das preferências dos Estados e sobre os resultados das barganhas interestatais. O Mercosul obteve relativo sucesso em termos de crescimento do seu intercâmbio extrabloco, conforme a Tabela 3.1. Isso se expressa nos números da balança comercial, quando a evolução do comércio exterior total do bloco foi razoavelmente positiva, passando de cerca de 169 bilhões em 1994 e chegando a quase 580 bilhões em 2014, diminuindo para um pouco mais de 506 bilhões em 2018.

Tabela 3.1 – Fluxo anual de comércio intra e extra-Mercosul

Ano	Comércio Total		Comércio intra-Mercosul		Comércio extra-Mercosul	
	US$ de 2018 (bilhões)	(Δ%)	US$ de 2018 (bilhões)	(Δ%)	US$ de 2018 (bilhões)	(Δ%)
1994	210.659	–	41.398	–	169.261	–
1998	277.608	31,78%	63.583	53,59%	214.025	26,45%
2002	209.678	-24,47%	30.623	-51,84%	179.055	-16,34%
2006	407.161	94,18%	66.038	115,65%	341.123	90,51%
2010	622.479	52,88%	100.372	51,99%	522.107	53,06%
2014	668.376	7,37%	88.728	-11,60%	579.648	11,02%
2018	586.885	-12,19%	80.422	-9,36%	506.463	-12,63%
Δ% 2018-1994		178,59%		94,26%		199,22%

Fonte: Elaboração dos autores a partir de dados do Comtrade.

O incremento nas relações comerciais intra-Mercosul também foi significativo, apesar da crise de 2001-2002 (Kume e Piani, 2005). Conforme a Tabela 3.1, o comércio intra-Mercosul passou de cerca de 41 bilhões em 1994 para cerca de 63 bilhões em 1998, um crescimento de 53% em quatro anos. Em 2002 houve um recuo expressivo, e em 2010 atingiu-se a relevante marca de mais de 100 bilhões de dólares, com diminuição para 88 bilhões em 2014 e 80 bilhões em 2018, evidenciando oscilações significativas, consequências das crises econômicas e políticas de Argentina e Brasil. O Mercosul teve significações além do comércio, gerando interesse além dessa esfera até 2016. Ainda que de forma limitada, o processo de integração atingiu grupos de diferentes esferas; centrais sindicais, universidades, cultura, políticos, funcionários etc.

A evolução do Mercosul permaneceu indefinida ao longo da década de 1990: mesmo os acontecimentos de 1999 e 2001 acarretaram um aprofundamento insuportável da crise. No entanto, o interesse pela integração não cresceu a ponto de criar uma dinâmica própria, como sugere a análise neofuncionalista. Não foi gerado um impacto significativo na sociedade. A dinâmica do bloco não levou ao início de um efetivo processo de institucionalização. Ainda que nos 2000 haja iniciativas embrionárias e parciais, como o Tribunal Permanente de Revisão, com sede em Assunção, instalado em agosto de 2004, depois o Fundo para a Convergência Estrutural do Mercosul (Focem) e finalmente o fracassado projeto de Parlamento do Mercosul. O Conselho do Mercosul, em 2006, aprovou o Protocolo Constitutivo do Parlamento do Mercosul (Parlasul, 2006), estabelecendo a data de dezembro de 2014 para o seu funcionamento pleno com deputados eleitos por voto direto em seus países, depois de complexo debate sobre o número de cadeiras para cada Estado-parte. A crise do bloco, sobretudo política, inviabilizou a efetivação, embora Argentina e Paraguai tenham realizado eleições diretas. Sua não realização no Brasil e no Uruguai levou o próprio Parlasul, composto também por representantes indicados pelos parlamentos nacionais, a propor ao Conselho o prazo de dezembro de 2020 para que os países-membros elejam seus representantes.

A lógica intergovernamental, associada a um papel importante dos governos e das presidências, viabilizou a manutenção de certo equilíbrio, que acaba por garantir níveis de integração de baixa intensidade. Figurativamente, a bicicleta parece estar em equilíbrio, mas parada. Para a diplomacia brasileira, em uma ideia consolidada nas análises dos funcionários, seja na perspectiva liberal, seja na nacionalista, prevaleceu a confiança de que os contatos entre os Estados-parte poderiam ocorrer com um mínimo de burocratização, priorizando a forma não institucionalizada em vez de procedimentos e regras de qualquer natureza.

A lógica da baixa intensidade vale para as relações entre os governos e entre as esferas da sociedade civil. Aplica-se aos órgãos do Mercosul, o Conselho, o Grupo Mercosul, os Fóruns, as Comissões, os subgrupos de trabalho. As mediações e as resoluções dos problemas seguiram esse percurso. Foram sendo criadas as condições para que questões ordinárias em processos de integração, conflitos entre setores, entre cadeias produtivas ou mesmo entre empresas fossem levados à arbitragem daqueles que eram tidos como as instâncias mais capazes e confiáveis para resolver ou arbitrar problemas, ou seja, os presidentes (Malamud, 2000). A crise das *papeleras*, a partir de 2005, entre Uruguai e Argentina, finalmente resolvida por decisão da Corte Internacional de Justiça em 2010, mostra a debilidade dos mecanismos regionais, onde se recorre a arbitragens extrarregionais. A montagem de um tecido de relações que operacionalizasse a integração não avançou. Isso tornou viável que interesses setoriais, corporativos e regionais pudessem ter grande visibilidade, permitindo uma nova espiral que viria a fortalecer as perspectivas nacionais, como se mostrou ao final dos governos Menem e Cardoso, nos governos De La Rua, e também depois, nas presidências Kirchner e Lula da Silva. Vaz (2002) considera que desde o Cronograma de Las Leñas, de 1992, criaram-se pressupostos que se demonstraram definitivos para a natureza intergovernamental das negociações e do próprio Mercosul.

Nas teorias de integração regional, em países democráticos, o papel dos Estados e das elites está entrelaçado com a disponibilidade da sociedade em geral. Em certo sentido, o Mercosul tem características específicas. Isso não invalida a afirmação a respeito do entrelaçamento, mas acentua um fato que é difícil encontrar em outros processos de integração. O Mercosul foi impulsionado pelos chefes de Estado, no caso do Brasil, amparado pela diplomacia, em alguns casos com apoio de grupos do ministério da Fazenda, com a ausência de pressões ou de demandas por cooperação por parte das elites e dos grupos de interesse. Alguns setores empresariais no despontar da cooperação Argentina-Brasil, a partir de 1986, aderiram com interesse, mas não mantiveram a força de sustentação ao longo do tempo.

No núcleo do Estado brasileiro não se desconheciam, de 1991 a 2016, as implicações do formato intergovernamental da integração. Surgem sinais de haver ao menos preocupação pelos limites colocados, já que o baixo nível de institucionalização parece ter sido o resíduo natural dessa estratégia adotada. Cardoso escreveu: "Creio que estamos chegando ao limite do que é possível fazer antes de dar um passo maior no sentido da institucionalização" (Cardoso e Soares, 1998, p.266). A verificação dos limites e as importantes implicações para a estratégia internacional do Brasil não são desconhecidas. Lima (2007) mostra que há uma real erosão da coalizão doméstica em relação ao que classifica como patrimônio da política exterior do Brasil, a aliança estratégica com a Argentina e o Mercosul. Ao mesmo tempo, mostra como essa política havia sido o resultado da convergência de setores favoráveis à abertura econômica e setores desenvolvimentistas. Após uma trajetória de 35 anos, de 1985 a 2020, pode-se afirmar que os setores que compuseram a coalizão não produziram, hoje sabemos que não puderam, políticas suficientes de integração. Ao contrário, em razão de interesses econômicos e políticos, não deram o suporte necessário. A escassez de recursos simbólicos e financeiros investidos confirma a conclusão: em 2006, quinze anos depois do Tratado de Assunção, implementa-se o Fundo de Convergência Estrutural, com recursos de US$ 100 milhões, visando atenuar as consequências setorialmente desfavoráveis da integração nos Estados menores, Paraguai e Uruguai. As contribuições são distribuídas entre Brasil responsável por 70% dos recursos, Argentina, 27%, Uruguai, 2% e Paraguai, 1%. Inversamente, os beneficiários são o Paraguai, que recebe 48%, Uruguai, 32%, Argentina, 10% e Brasil, 10%.[2] Os recursos nos anos seguintes aumentaram, ainda que permanecendo escassos diante da dimensão das assimetrias, mesmo que sucessivamente aumentados até US$ 400 milhões. No início do segundo mandato Rousseff, em 2015, as dificuldades econômicas do Brasil dificultavam o pagamento das dívidas comprometidas com o Fundo: até 2014, já eram US$ 97,07 milhões. Nesse ano, o país deixou de pagar outros US$ 24,5 milhões (*O Estado de S. Paulo*, 16 jul. 2015). De acordo com Mariano e Ribeiro (2019, p.185),

> [...] o primeiro orçamento do Fundo foi elaborado em 2006, para o ano de 2007. A contribuição ao Focem vigorou por 10 anos, entre 2005 e 2015. A DEC/CMC 22/15 propôs a renovação do Fundo por mais 10 anos. Até o momento, apenas Paraguai

---

[2] Dados disponíveis em <https://sistemas.mre.gov.br/kitweb/datafiles/Brasaladi/pt-br/file/Folheto-Focem.pdf>. Acesso em: 3 jun. 2020.

e Uruguai incorporaram legalmente essa resolução; Argentina e Brasil ainda não se posicionaram sobre o tema. Como demonstram os dados, os países-membros não fizeram contribuições ordinárias entre os anos de 2016 e 2018. Isso se dá pelo fato de que os regulamentos que administram a implementação do Focem II por mais 10 anos ainda não foram ratificados.

Na Argentina e no Brasil, crises econômicas e políticas dificultaram crescentemente a ratificação – problema que permanece, inviabilizando novos aportes ao fundo. Frente a isso, os sinais de preocupação com os limites colocados pelo formato da integração se sucedem, mas não são suficientes para superar as debilidades estruturais. O presidente Lula da Silva parece aproximar-se da questão: "O Mercosul tem diante de si o desafio de reinventar-se e atender às expectativas de todos os seus membros. Temos de desenhar mecanismos que equacionem em definitivo as assimetrias, inclusive com o aporte de novos recursos." (Silva, 2006). Sabemos que na sociedade brasileira essa perspectiva não apenas não é consensual, ela enfrenta resistências reais. Em 2005, a Assembleia Legislativa do Rio Grande do Sul, em evidente ato inconstitucional, votou o bloqueio da importação de arroz do Uruguai em razão dos prejuízos advindos aos produtores riograndenses.

Segundo Moravcsik (1994), a coordenação política negociada, ou seja, a estrutura organizacional baseada em baixo enraizamento institucional e em negociações diretas entre os governos envolvidos, poderia servir, em um processo de integração regional, como uma forma de controle do processo por parte dos participantes. Isso serviria também como um incentivo aos países menores para aceitar participar de um bloco assimétrico e, ao mesmo tempo, para que os países maiores aceitassem a ideia de cooperação, na medida em que os riscos da integração seriam menores com a perda mínima de soberania. No caso do Mercosul, vistas as assimetrias de poder, inclusive sob o ponto de vista econômico, o liberal intergovernamentalismo poderia parecer instrumento explicativo dos limites que estamos discutindo. Essa explicação é importante, diríamos decisiva, como vimos para a parte brasileira, para explicar a integração de Argentina e Brasil, mas também para explicar a adesão do Uruguai logo depois do Tratado de novembro de 1988, e do Paraguai em 1990.

Um paradoxo que surge da aplicação do liberal intergovernamentalismo ao Mercosul resulta da tendência histórica dos processos de integração. Esses processos, mesmo quando são áreas de livre-comércio ou outras formas de baixa intensidade, tendencialmente criam alguma forma de institucionalização para coordenar seu funcionamento ou para outros fins, como acontece em qualquer organização internacional. Um processo de integração regional tende a ultrapassar o objetivo inicial ao desencadear alterações nos Estados participantes em razão do movimento inicial (Matlary, 1994). No caso do Brasil, o enraizamento dos conceitos de autonomia e universalismo consegue contrastar essa tendência. Com isso, se explicaria a irregularidade teórica, a dificuldade de analisar o Mercosul de acordo com as teorias consolidadas.

O liberal intergovernamentalismo considera a interdependência uma condição necessária e motivadora da integração. Mesmo com o desenvolvimento da integração, os constrangimentos resultantes da cada vez maior interdependência não afetariam a condição dos Estados de controlar as principais decisões referentes à integração e a outras ações internacionais. No caso do Mercosul, a relação entre interdependência e integração não ocorreu da forma defendida por esses autores.

A inicial motivação política, com o desdobramento econômico adquirido, não teve o fôlego que tanto o intergovernamentalismo quanto o funcionalismo consideram consequência inevitável da integração. Também a ideia de coleção de contratos, contribuindo para ampliar o grau de interdependência entre os membros e reforçando a legitimidade do processo, não se confirma totalmente. Assim, as duas correntes teóricas não são plenamente aplicáveis, nem podem ser de todo refutadas com base nos dados concretos do processo de integração no Cone Sul.

No caso do Brasil, como veremos adiante, parece ter havido uma deliberada vontade de evitar ultrapassar os compromissos iniciais ou mesmo os seguintes, que se mantiveram na trilha da prudência. Ao mesmo tempo, a integração regional foi considerada necessária para alcançar credibilidade. Talvez a integração tenha sido utilizada de forma seletiva. Útil em parte na resistência às negociações para a Alca e com a União Europeia, não necessária para as negociações na OMC ou mesmo na ONU. Ou, quando governos economicamente liberais se instalam no Brasil e na Argentina, o Mercosul é utilizado para estimular um *framework* para a criação de uma área de livre--comércio com a União Europeia.

Autonomia, universalismo e a posição brasileira no Mercosul

A diplomacia brasileira teve papel significativo no modelo de integração construído ao longo dos anos, caracterizado pela baixa institucionalização e por sua essência basicamente intergovernamental. Papel central, mas não único. No Brasil, essa posição foi, ainda que passivamente, compartilhada pelo conjunto do governo nacional em diferentes administrações, em sua esfera política e burocrática, pelos empresários, pelo Congresso, pelos governadores do estados etc. Como afirma Vaz (2002, p.223), se essa posição era a do Brasil, não essencialmente diferente era a Argentina:

> Para o Brasil, dado seu peso majoritário no bloco, não interessava a cessão de soberania a uma instância supranacional, em que teria diluída a capacidade de forjar

decisões e de preservar seus interesses em relação ao bloco, cuja importância para o país extrapolava o domínio comercial. Para a Argentina, a cessão de soberania, em matéria de política econômica e comercial, implicava perder, definitivamente, a capacidade de exercer algum grau de liberdade na condução da política comercial, que era precisamente o que o governo argentino buscava resguardar naquele momento.

Para Mariano (2007, p.194), no caso do Brasil, trata-se de um efetivo padrão de comportamento "baseado na busca de autonomia enquanto princípio fundamental e do desenvolvimento enquanto objetivo central". Questão que, como veremos nas conclusões, foi revertida apenas na administração Bolsonaro com a aceitação plena da centralidade norte-americana, a partir de 2019.

A partir de pesquisas (Cedec e PUC-SP, 2002; Cedec, Unesp, PUC-SP e FGV-SP, 2004), pudemos medir o baixo índice de adaptação e de sensibilidade dos governos estaduais e municipais no Brasil às questões internacionais e relativas à integração. Comprovamos que as elites políticas e administrativas regionais não consideram essas questões atinentes à ação do governo. Isso tem forte consequência para a política nacional, refletindo-se na representação parlamentar e fazendo com que não se entrelacem alguns temas que têm clara repercussão para a integração regional com temas nacionais – a reforma fiscal, por exemplo. Isso realimenta a tendência do Brasil de buscar sempre as formas intergovernamentais para tentar manter bom grau de autonomia.

Pinheiro (2000, p.326-7) considera que o grau de comprometimento que o Estado brasileiro assume nas questões internacionais varia conforme seus recursos de poder. A postura do Brasil com relação a seu entorno geográfico seria pautada por uma lógica de ganhos, de usufruto das vantagens oriundas de uma relativa assimetria, ao passo que a atuação multilateral seria lastreada por uma lógica de ganhos absolutos na busca de manutenção da autonomia e da possibilidade de exercício do universalismo. Assim,

> [...] o institucionalismo pragmático supõe que – e trabalha no sentido de –, quanto maior a presença brasileira no sistema internacional através de instituições, maior o acesso ao desenvolvimento e à autonomia de ação. Ocorre que, tendo a busca de autonomia maior peso na diplomacia brasileira que a busca de justiça, se admite que aquela possa ser buscada tanto mediante arranjos de cooperação com alto grau de institucionalização, quanto por outros, cujo grau de institucionalização é mantido propositalmente baixo a fim de garantir a posição de liderança do país.

Para a autora, isso permite conciliar as naturezas hobbesiana e grociana, reforçando o institucionalismo e viabilizando a adesão a normas e a regras. O tratamento graduado e variável tem finalidades instrumentais. Desse modo, é possível, no quadro de um subsistema de poder, alcançar maior autonomia e, ao mesmo tempo, reforçar com a ação multilateral a própria voz no sistema universal.

Nas atas das reuniões do Grupo Mercado Comum, em seus anos iniciais, surgem sinais que, embora não tenham tido consequências efetivas, devem ser interpretados como dirigidos a favorecer formas de integração onde há superposição entre interesse nacional, Projeto Nacional e integração, permitindo a autonomia, mas sem *status* privilegiado. Por exemplo, em 1992, o grupo aprovava a agenda de ministros da Economia e presidentes de Bancos Centrais em que deveria ser tratada "a situação econômica e a análise da convergência das políticas econômicas nacionais" (Grupo Mercado Comum, 1992, p.18). No entanto, a partir de 1996 e 1997, período em que se combinaram problemas comerciais específicos com significativos desencontros relativos à inserção internacional, ganham peso no Brasil os setores que, na Federação das Indústrias do Estado de São Paulo (Fiesp), na Confederação Nacional da Indústria (CNI), nas entidades representativas do agronegócio, entre altos funcionários, na imprensa, têm a percepção de que o Mercosul estreitaria a capacidade universalista do país. Contribuem para essa inflexão razões objetivas que não são o foco de nossa análise: o avanço das negociações para a criação da Alca, as negociações para o início de uma nova rodada na OMC, o começo da discussão sobre o papel dos Bric (Brasil, Rússia, Índia, China). Essas negociações ou orientações não necessariamente deveriam enfraquecer o Mercosul. Mas isso acabou acontecendo, pois, como vimos, a ideia de integração nunca chegou a ser assimilada com a devida profundidade no conjunto das elites brasileiras.

A potencial perspectiva de ganhos de escala em termos econômicos e comerciais estimulou a concentração de esforços na busca por acesso aos maiores mercados, levando à retomada dos temas da autonomia e do universalismo, que nunca foram abandonados, agora com um sentido restritivo em relação ao Mercosul. Isso permitiu que nos governos do Partido dos Trabalhadores houvesse alguma convergência entre os dirigentes políticos do Estado e parte majoritária da elite econômica. O principal argumento utilizado foi a necessidade de garantir liberdade para agir no sistema internacional. Apenas a relação com a União Europeia evoluiu em sentido diferente, vista a decisão da União de negociar com o Mercosul, não separadamente com cada país, em que pese o acordo de parceria estratégica assinado com o Brasil em 2007.

Neste início de século XXI, os governos Kirchner e Lula da Silva não apresentam sinais ideológicos muito diferentes. No entanto, isso não viabilizou o aprofundamento do Mercosul, ainda que tenha tornado possíveis políticas comuns em casos específicos. A concordância entre os dois governos em alguns temas demonstra certas identidades, que não são suficientes, contudo, para viabilizar formas de integração com ações de cooperação que aprofundem o processo de modo irreversível. No quadro de referência conceitual do Estado brasileiro existe essa preocupação, mas não se consegue tornar esse aprofundamento uma realidade.

[...] A pedra angular [da integração regional] é a relação bilateral com a Argentina. A grande convergência entre os pontos de vista dos presidentes Lula e Kirchner, nas questões mais urgentes que enfrentamos, foi expressa no "Consenso de Buenos Aires", adotado em outubro de 2003. Esse documento reflete nossa aspiração em comum pelo crescimento econômico unido à justiça social, e manifesta nossa determinação de transformar o bloco comercial Mercosul [...] em um catalisador para a construção de um futuro compartilhado (Amorim, 2004, p.158).

Em algumas situações específicas, as referências conceituais produzem resultados comuns. Na Cúpula de Chefes de Estado das Américas, em Mar del Plata, em 2005, houve coincidência na ação visando o adiamento *sine die* das negociações da Alca, contrariando o que parecia ser o interesse da administração norte-americana, ou ao menos de parte desta.

No caso brasileiro, as dificuldades da integração não podem ser atribuídas apenas ao governo. Há na sociedade um interesse reduzido pelo Mercosul e por seu possível aprofundamento, havendo em alguns casos um posicionamento abertamente contrário a este. O encontro realizado em novembro de 2004, por exemplo, reunindo empresários de diversos segmentos e entidades como Fiesp, Abicalçados (Associação Brasileira dos Fabricantes de Calçados), Eletros (Associação Nacional dos Fabricantes de Produtos Eletroeletrônicos) e AEB (Associação Brasileira de Comércio Exterior), demonstrou ser razoável a adversidade ao bloco regional. As discussões giraram em torno da defesa de um passo atrás em relação ao Mercosul: já nos primeiros anos 2000, havia entre empresários uma intensa discussão sobre a necessidade de retroceder de uma união alfandegária, imperfeita e perfurada, para uma área de livre-comércio. Segundo os representantes daquelas entidades, o Mercosul seria uma âncora que seguraria o Brasil nas negociações internacionais, dificultando acordos bilaterais com Estados Unidos e União Euroeia (*Valor Econômico*, 16 nov. 2004).

As análises que resultam das preocupações empresariais confirmam essa tendência à redução do significado da integração para o Brasil. Nota-se nelas interesse em reduzir o papel que o Mercosul tem para a política exterior e como referência para parte da estratégia econômica e comercial internacional. Destacam-se aí os valores da autonomia e do universalismo.

Do ponto de vista brasileiro, estudar a política de integração regional implica compreender o papel do ministério das Relações Exteriores e as formulações dos funcionários. Isso explica a continuidade da postura do país em relação ao Mercosul até 2016, uma razoável estabilidade na condução do processo, juntamente com a incorporação dos bloqueios que surgem paralelamente a um padrão de política externa e do interesse/desinteresse da sociedade civil e das forças políticas. A soma desses fatores tem consequências aparentemente paradoxais: por um lado, viabiliza certa estabilidade; por outro, juntamente com as consequências da prevalência presidencial, dificulta exatamente o desencadeamento do fenômeno do *spillover*, considerado pelos funcionalistas determinante da afirmação da integração. Ao mesmo tempo, tampouco se fortalecem na medida necessária os laços intergovernamentais. No caso brasileiro, a baixa intervenção do Congresso, em geral a aprovação de projetos sem maiores discussões, acaba dificultando a penetração das ideias, inclusive aquelas relativas à integração.

A partir do debate no Senado sobre o ingresso da Venezuela no Mercosul, finalmente aprovado em dezembro de 2009, com 35 votos a favor e 27 contrários, o tema de política externa passou a ser altamente partidarizado. Desde então, o Congresso intervém efetivamente nas questões, uma vez que estas fazem parte da crescente polarização de forças. Quando na sociedade se desenvolvem outros interesses e posições, estes apresentam-se não sob a forma de propostas, mas emergem como resistências. No caso do Mercosul, a posição do governo, visando uma continuidade de baixa intensidade, parece atender à média das expectativas e das necessidades das elites brasileiras, dentro e fora do Estado.

Motivações da política brasileira em relação à supranacionalidade

Devemos considerar que os conceitos de autonomia e de universalismo presentes em parte das elites e na memória institucional do ministério das Relações Exteriores apresentam questionamentos ao Mercosul. Wendt (1994, p.386), recolhendo ideias de Ruggie (1993), afirma que "a identidade coletiva não é essencial e tampouco equivalente a uma instituição multilateral, mas lhe oferece uma importante base ao aumentar a vontade de agir sob 'princípios generalizados de conduta' e difundir reciprocidade". Cabe, portanto, afirmar que a debilidade dos grupos epistêmicos pró-integração viabilizou o fortalecimento de outros que, mesmo não contrários a ela, passaram a valorizar ideias, projetos, interesses que nela não confluíam e não a fortaleciam. A percepção – verdadeira – de que, na medida em que se projeta maior aprofundamento do bloco, há perda de soberania e de autonomia na relação do Brasil com o mundo, nunca desapareceu e acabou sendo um componente importante da ação do Estado e da sociedade. Consequentemente, rejeita-se uma opção que parece limitar a movimentação internacional do Brasil e ser contrária ao universalismo: resulta daí, portanto, uma posição que estabelece limites ao Mercosul. Lima (1994; 2003) afirma que o padrão brasileiro em relação ao Mercosul tem sido semelhante ao de outros aspectos de política externa, sendo contrário ao aprofundamento da institucionalização, e prevalecendo a aspiração a converter o país em ator internacional relevante e a crença, especialmente presente na Argentina, em uma especificidade frente aos demais países latino-americanos. As elites brasileiras têm sido educadas nessa cultura política.

Para o objetivo que nos propomos, de discutir as razões estruturais da política brasileira de integração, é interessante mostrar a racionalidade, segundo certo ponto de vista, da posição de defesa dos princípios de autonomia e de soberania. Pierson (1998) considera que os governos nacionais, quando delegam determinadas funções às instituições ou a órgãos comunitários regionais, com o tempo tendem a perder para essas instituições o controle do processo de integração. As instituições ou órgãos regionais abririam espaço para novos atores domésticos participarem do processo decisório, sem a intermediação dos governos, fato que tenderia a fortalecê-las e a fornecer-lhes novas fontes de legitimidade. Uma vez alcançada certa autoridade por essa instituição ou órgão no processo de integração, torna-se difícil para os governos fazê-la recuar, viabilizando a recuperação do poder original dos Estados-parte. O custo dessa ação de recuperação, de certa forma, inviabilizaria sua concretização. Gradualmente, a dinâmica decisória da integração tende a adquirir mais autonomia em relação aos Estados nacionais. Assim, pode-se entender a baixa disposição brasileira quanto ao fortalecimento institucional do bloco, que se traduz na defesa constante do intergovernamentalismo, já que o Estado, pelas razões discutidas, parece não conceber a possibilidade de perder o controle do processo. Como analisa Schmitter (2003) em relação à União Europeia, o nível de convencimento e de consenso para trilhar caminhos que mudam convicções enraizadas é complexo, e não apenas demorado.

A estrutura do bloco, definida pelo Tratado de Assunção de 1991, concentra o poder decisório e a governabilidade no Conselho do Mercado Comum (CMC), que conta com os presidentes e os ministros das relações exteriores e da economia, atribuindo ao Grupo Mercado Comum (GMC), composto pelos vices-ministros das relações exteriores ou subsecretários, a direção executiva da integração. Essa engenharia institucional mostrou-se, por um lado, eficaz, mas, por outro, inadequada para permitir o desenvolvimento de um corpo que pudesse acumular afinidades.

Um Mercosul mais institucionalizado parece não atender os interesses de parte considerável das elites, de grupos sociais, econômicos e regionais, e mesmo de setores políticos, que consideram ter suas necessidades atendidas na estrutura atual. Redimensionados os objetivos, permanece o interesse em aumentar o comércio e, em alguns casos, aumentar o investimento transfronteiriço, como é o caso de Petrobras, banco Itaú, Bunge, Gerdau, AmBev e de outras empresas. Interesse que se manifestou no período liberal-democrático e desenvolvimentista-distributivista. Ao mesmo tempo, o bloco permanece tendo significado em algumas circunstâncias. É útil para uma parte das relações com os Estados Unidos, tem importância nas relações com a União Europeia, parcialmente no caso da OMC e em algumas negociações com países emergentes, particularmente nos casos de diálogo bloco a bloco. No entanto, evita-se a tomada de posições que para alguns limitariam as possibilidades abertas pela maior autonomia e pelo maior universalismo. Consequentemente, "O grande obstáculo, no Brasil e na Argentina, para um efetivo 'investimento' no projeto Mercosul é a ambiguidade com que, para além da retórica do discurso pró-integração, diversos setores das duas sociedades e dos dois governos avaliam o bloco" (Gonçalves e Lyra, 2003, p.14).

Considerações finais

Na tentativa de extrair conclusões da análise que fizemos das razões da posição brasileira frente ao Mercosul, devemos ter em conta que as naturais aspirações de protagonismo e universalistas das elites do país implicam a necessidade de estar livre para agir com desenvoltura no cenário internacional, sem acordos restritivos no âmbito regional e sem os condicionamentos que derivariam das necessárias concessões aos sócios de menor poder. A integração regional não é rejeitada; ao contrário, é considerada benéfica, mas sem os custos do que Burges (2005, p.450) chama *"cooperative economic growth"*. Nossa análise sugere de forma clara não existir uma densidade adequada na sociedade brasileira que estimule o aprofundamento da integração. Consideramos que, por mais que o Mercosul figure no alto das prioridades do Estado, do governo, do ministério das Relações Exteriores, de fato há hesitação em arcar com os custos e enfrentar as assimetrias existentes. O sistema político brasileiro, a representação parlamentar, a pobreza em muitas regiões e localidades contribuem para isso.

> A expansão combinada com o baixo comprometimento governamental, no sentido de trabalhar as assimetrias existentes, levou a uma integração que não pode ser muito ambiciosa quanto ao seu grau de aprofundamento. Ao mesmo tempo, o limite dado por uma união alfandegária que não se consolida e as dificuldades inerentes na gestão das novas demandas oriundas desta situação, podem tornar a integração pouco atraente para os governos e importantes setores domésticos envolvidos, criando uma situação de impasse que levaria ao fortalecimento de forças desintegradoras, que por sinal parece ser o estágio atual do bloco. (Mariano, 2007, p.194)

No Brasil, há baixa sensibilidade para o tema regional, o que se explica pela atratividade que as questões internas têm num país continental. "Na Argentina, para o bem ou para o mal, o Brasil é um tema: é assunto cotidiano, matéria permanente de imprensa. No Brasil, em contrapartida, a

Argentina desperta muito menor interesse, salvo em momentos de crise aguda" (Gonçalves e Lyra, 2003, p.21).

Para a sociedade brasileira, para suas elites, entender as perspectivas do Mercosul tem a ver com o debate sobre o futuro da posição do Brasil no mundo. Como discutimos, apresenta-se a necessidade de definir melhor se a integração deve ser considerada útil e importante. Se a resposta é positiva, trata-se de verificar a disponibilidade de assumir os custos dela. Supondo-se a necessidade de *paymaster* (Mattli, 1999) na integração, nesse caso o papel caberia ao Brasil. Isso obrigaria a um novo desenvolvimento analítico: a capacidade ou não de desempenhar esse papel. Para países pobres, há limites objetivos, ou seja, pagar os custos pode estar acima da capacidade de fazê-lo. Mattli (1999) afirma que o papel de *paymaster* não se relaciona apenas com a economia, mas também tem a ver com outros parâmetros, como a delegação de algumas funções para instituições comunitárias, o que significa aceitar e confiar na integração regional, considerando-a parte da própria política interna. Algumas medidas, como a criação do Fundo para a Convergência Estrutural do Mercosul (Focem), se alinhariam com a perspectiva de fortalecer a integração, do mesmo modo que a criação do Parlamento do Mercosul, em substituição à Comissão Parlamentar Conjunta. Mas a pequena dimensão das ações, econômicas e políticas, parece confirmar a análise que desenvolvemos no sentido de que no bloco do Cone Sul não surgem os pressupostos da integração que tanto funcionalistas quanto intergovernamentalistas identificaram, com interpretações conflitantes, na União Europeia. Diferentemente da análise de Burges (2005), provavelmente não se trate do interesse até certo ponto egoísta do Brasil, que visaria a uma liderança sem contrapartida para os países envolvidos, mas de dificuldades estruturais, de fundo, econômicas e políticas. E, como sinalizado, também de falta de adesão social à integração (Gardini e Almeida, 2016).

Um eventual retrocesso do Mercosul na direção de uma área de livre-comércio, que vimos ser posição defendida por setores sociais significativos no Brasil, na nossa perspectiva significaria, ao contrário do que uma determinada leitura do universalismo supõe, enfraquecimento do poder de barganha do país e do Mercosul no sistema internacional. Maior institucionalização do bloco, como discutimos, traria custos para o Brasil, mas é fundamental também considerar os custos da não institucionalização, além dos ônus decorrentes da situação de indefinição, existente ao menos desde 1997, talvez inata ao processo.

De um ponto de vista normativo, é possível considerar a necessidade de acordos que viabilizem medidas comprometidas com algum grau de supranacionalidade, ou seja, ações, regras, normas que garantam aprofundamento do bloco. Isso implica o reprocessamento de conceitos fundadores da política brasileira, autonomia e universalismo, de modo que possam absorver os princípios da integração, inclusive a ideia de associação de objetivos

(Nardin, 1987). Isso implica a criação e o estímulo de uma cultura de valorização de ganhos de longo prazo e alguma aceitação de custos no curto prazo. Se o Mercosul, como os documentos afirmam, foi base da estratégia de inserção internacional do Brasil, teria sido necessário que essa base alcance níveis razoáveis de afirmação. Do mesmo modo teria ocorrido com as relações com a Argentina, as primeiras a serem reciprocamente definidas como estratégicas nos documentos da República.

Políticas industriais setoriais de integração, ações de apoio a cadeias produtivas regionais, o aperfeiçoamento de instrumentos institucionais, pensados ainda nos anos 1980, quando assinados os vinte e quatro protocolos setoriais no âmbito do Programa de Integração e Cooperação Econômica (PICE) de 1986, permitiriam atenuar as assimetrias e uma lógica que tende a favorecer a alocação de recursos onde há maiores potencialidades de mercado. Isso teria exigido mudar o sistema decisório – em outros termos, fortalecer a normatividade e a regulação por meio de órgãos aptos e legítimos. Discutimos nesse capítulo que essas perspectivas encontram dificuldades de enraizamento na sociedade brasileira em razão de interesses e de concepções de mundo das elites, da sociedade e do Estado, em situação que perdurou até 2016, quando a bicicleta caiu.

Referências bibliográficas

AMORIM, C. Entrevista do embaixador Celso Amorim à *Revista CNI – Indústria Brasileira*, 2004. Disponível em: <http://www.mre.gov.br/portugues/politica_externa/discursos/discurso_detalhe.asp?ID_DISCURSO=2175>. Acesso em: 10 nov. 2005.

AMORIM, C.; PIMENTEL, R. Iniciativa para as Américas: o acordo do Jardim das Rosas. In: ALBUQUERQUE, J. A. G, *Sessenta anos de política externa brasileira (1930-1990)*. São Paulo: Cultura/Nupri, USP/Fapesp, v.II, 1996.

ARCHIBUGI, D; HELD, D; KOHLER, M. *Re-imagining Political Community*: studies in cosmopolitan democracy. Stanford: Stanford University Press, 1998.

BUENO DE MESQUITA, B. *Principles of International Politics*. People's, power, preferences and perceptions. 3.ed. Washington: CQ Press, 2005.

BULL, H. *The Anarchical Society*: a study of order in world politics. London: Macmillan 1977.

BURGES, S. W. Bounded by the reality of trade: practical limits to a South American region. *Cambridge Review of International Affairs*. Routledge, v.18, n.3, out. 2005.

CARDOSO, F. H. Discurso do Senhor Presidente da República, Fernando Henrique Cardoso, na abertura da III Reunião de Cúpula das Américas. Québec, 20 abr. 2001.

CARDOSO, F. H.; SOARES, M. *O mundo em português*: um diálogo. São Paulo: Paz e Terra, 1998.

CEDEC (Centro de Estudos de Cultura Contemporânea); PUC-SP (Pontifícia Universidade Católica de São Paulo). Gestão pública estratégica de governos subnacionais frente aos processos de inserção internacional e integração latino-americana. São Paulo, Cedec/PUC-SP, dez. 2002, 568p.; Anexos (Relatório final do Projeto Temático Fapesp) (mimeo).

CEDEC (Centro de Estudos de Cultura Contemporânea); UNESP (Universidade Estadual Paulista); PUC-SP (Pontifícia Universidade Católica de São Paulo) e FGV-SP (Fundação Getúlio Vargas, São Paulo). Gestão pública e inserção internacional das cidades. São Paulo: Cedec/Unesp/PUC-SP/FGV-SP, 2004 (Projeto Temático para a Fapesp) (mimeo).

DAHL, R. A critique of the ruling elite model. *The American Political Science Review*, v.52, n.2, 1958.

DANESE, S. Diplomacia presidencial: história e crítica. 2.ed. Brasília: Funag, 2017.

FLECHA DE LIMA, P. T. Dados para uma reflexão sobre a política comercial brasileira. In: FONSECA JR., G.; LEÃO, V.C. (orgs.) *Temas de política externa brasileira*. Brasília: Fundação Alexandre de Gusmão/IPRI/Ed. Ática, 1989.

FONSECA JR., G. *Legitimidade e outras questões internacionais*: política e ética entre as nações. São Paulo: Paz e Terra, 1998.

GARDINI, G. L.; ALMEIDA, M. H. T. *Foreign policy responses to the rise of Brazil*: balancing power in emerging states. Nova York: NY: Palgrave Macmillan, 2016.

GONÇALVES, J. B.; LYRA, M. C. *Aliança estratégica entre Brasil e Argentina*: antecedentes, estado atual e perspectivas. Rio de Janeiro: Centro Brasileiro de Relações Internacionais, ano 2, 2003 (Dossiê Cebri, v.2). Disponível em <https://www.cebri.org/media/documentos/arquivos/aliancaestrategica.pdf>. Acesso em: 08 maio 2023.

GRUPO MERCADO COMUM. V Reunión.*Boletim de Integração Latino-americana*. Brasília: Ministério das Relações Exteriores, n.4, jan./mar. 1992.

GUIMARÃES, S. P. Los tres años del gobierno del presidente de Brasil Luiz Inácio Lula da Silva. *La Onda* Digital. Disponível em: <http://www.uruguay2030.com/LaOnda/LaOnda/277/Recuadro2.htm>. Acesso em: 12 maio 2006.

HAAS, E. B. *Beyond the Nation State*. Stanford: Stanford University Press, 1964.

_____. The obsolescence of regional integration theory. *Research Series*, n.25, Berkeley: University of California, Institute of International Studies, 1975.

KRATOCHWIL, F. On legitimacy. *International Relations*. London: SAGE Journals v.20, n.3, 2006, p.302-8.

KUME, J. A.; PIANI, G. Mercosul: o dilema entre união aduaneira e área de livre-comércio. *Revista de Economia Política*, v.25, n.4 (100), out./dez. 2005, p.370-90.

LAFER, C. A política externa brasileira no governo Collor. *Política Externa*, São Paulo, v.1, n.4, 1993.

_____. *A identidade internacional do Brasil e a política externa brasileira*: passado, presente e futuro. São Paulo: Perspectiva, 2004.

LAMPREIA, L. F. Seminário sobre Mercosul. *Resenha de Política Exterior do Brasil*. Brasília, ano 21, n.76, set. 1995.

LIMA, M. R. S. Ejes analíticos y conflicto de paradigmas en la política exterior brasileña. *América Latina/Internacional*, v.1, n.2, 1994.

_____. Na trilha de uma política externa afirmativa. *Observatório da Cidadania*, Rio de Janeiro: Ibase, 2003.

LIMA, M. R. S. Decisões e indecisões: um balanço da política externa no primeiro governo do presidente Lula. *Observatório Político Sul-Americano*, Rio de Janeiro, jan.2007.

LULA DA SILVA, L. I. Declaração de Lula da Silva na Reunião de Cúpula de Córdoba, 2006.

MALAMUD, A. Presidentialism and Mercosur: hidden cause for a successful experience. Buenos Aires, 2000 (mimeo).

_____. A leader without followers? The growing divergence between the regional and the global performance of Brazilian Foreign Policy. *Latin American Politics and Society*, v.53, n.3, p.1-24, 2011.

MARIANO, M. P. *A política externa brasileira, o Itamaraty e o Mercosul*. Unesp-Araraquara: Programa de Pós-Graduação em Sociologia, 2007 (Tese de doutorado).

MARIANO, K. L. P.; RIBEIRO, C. The finances of the Southern Common Market (Mercosur). In: ENGEL, U.; MATTHEIS, F. (orgs). *The Finances of Regional Organisations in the Global South*. 1.ed. New York: Routledge, 2019.

MATLARY, J. H. Integration theory and international relations: what does the elephant look like today and how should it be studied. 2.ed. ECSA World Conference. Brussels: 5-6 maio 1994.

MATTLI, W. *The Logic of Regional Integration*: Europe and beyond. Cambridge: Cambridge University Press, 1999.

MELLO, F. C. *Regionalismo e inserção internacional*: continuidade e transformação da política externa brasileira nos anos 90. São Paulo: Faculdade de Filosofia, Letras e Ciências Humanas da Universidade de São Paulo, 2000, 219p.(Tese de doutorado).

MORAVCSIK, A. *Why the European Union strengthens the State*: domestic politics and international cooperation.Cambridge: Center for European Studies, Harvard University, 1994 (Working Paper Series, n.52).

_____. The European constitutional compromise and the neofunctionalist legacy. *Journal of European Public Policy*, London, v.12, n.2, April 2005.

NARDIN, T. *Lei, moralidade e as relações entre os Estados*. Rio de Janeiro: Forense Universitária, 1987.

O ESTADO DE S. PAULO, 16 jul. 2015. Brasil dá calote em fundo do Mercosul. Disponível em <https://economia.estadao.com.br/noticias/geral,brasil-da-calote-em-fundo-do-mercosul--imp-,1726070>.

PASTOR, M.; WISE, C. The origins and sustainability of Mexico's free trade policy. *International Organization*, Cambridge: The MIT Press, v.48, n.3, Summer, 1994.

PEÑA, F. *O Mercosul e suas perspectivas*: uma opção pela inserção competitiva na economia mundial. Bruxelas, 1991 (mimeo).

PEREIRA, L. C. B. Contra a corrente no Ministério da Fazenda. *Revista Brasileira de Ciências Sociais*, São Paulo, n.19, 1992.

_____. *Em busca do desenvolvimento perdido*. 1.ed. Rio de Janeiro: FGV Editora, 2018, v.1.

PIERSON, P. The path to European integration: a historical-institutionalist analysis. In: SANDHOLTZ, W.; SWEET, A. S. (eds.). *European Integration and Supranational governance*. Nova York: Oxford University Press, 1998.

PINHEIRO, L. Traídos pelo desejo: um ensaio sobre a teoria e a prática da política externa brasileira contemporânea. *Contexto Internacional*, IRI-PUC-RJ, v.22, n.2, jul./dez. 2000.

PROTOCOLO CONSTITUTIVO DO PARLAMENTO DO MERCOSUL (2006). Disponível em: <https://www.bcb.gov.br/rex/sgt4/Ftp/CD%20Fluxograma/Tratados%20 e%20Protocolos/Protocolo%20do%20Parlamento.pdf>. Acesso em 09 maio 2023.

PRZEWORSKI, A. A falácia neoliberal. *Lua Nova*, São Paulo, Cedec, n.28/29, 1993.

RUGGIE, J. Multilateralism: anatomy of an institution. *International Organization*, n.46, 1993.

SALLUM JR., B. O Brasil sob Cardoso: Neoliberalismo e desenvolvimentismo, *Tempo Social*, 11, n.2. São Paulo, v.11, n.2, p.26-51, 1999.

SANDHOLTZ, W.; SWEET, A. S. (eds.). *European Integration and Supranational Governance*. Nova York: Oxford University Press, 1998.

SCHMITTER, P. C. Neo-neo-functionalism. In: WIENER, A.; DIEZ, T. (eds.). *European Integration Theory*. Oxford: Oxford University Press, 2003.

VALOR ECONÔMICO. Empresários defendem um passo atrás no Mercosul. São Paulo, 16 nov. 2004.

VAZ, A. C. *Cooperação, integração e processo negociador: a construção do Mercosul*. Brasília: Ibri, 2002.

VIGEVANI, T.; VEIGA, J. P. C. A integração industrial no Mercosul. In: ARBIX, G.; ZILBOVICIUS, M. (orgs.). *De JK a FHC*: a reinvenção dos carros. São Paulo: Scritta, 1997, p.329-55.

WENDT, A. Collective identity formation and the international state. *American Political Science Review*, v. 88, n.2, June 1994.

4
O MERCOSUL SOCIAL NA PERSPECTIVA DA POLÍTICA EXTERNA BRASILEIRA[1]

Introdução

Nos anos 2000, ocorreu uma ampliação da participação social nas estruturas do Mercosul. O Foro Consultivo Econômico e Social (FCES) e a Comissão Parlamentar Conjunta (CPCM) foram criados em 1994. O SGT-11, Relações Trabalhistas, Emprego e Seguridade Social, com oito comissões, foi instituído pela Grupo Mercado Comum (GMC), logo depois do Tratado de Assunção. Com o Protocolo de Ouro Preto, em 1994, teve suas funções ampliadas e o nome mudado para SGT-10. As cúpulas sociais e o Parlamento do Mercosul foram criados em 2006, passando, posteriormente, pela implementação do Plano Estratégico de Ação Social (Peas), em 2007, e pelo Instituto Social, pelo Instituto de Políticas Públicas e Direitos Humanos (IPPDH), pelo Programa Mercosul Social e Solidário e da Unidade de Participação Social (UPS). Há nos anos 2000 um fortalecimento do reconhecimento de que a integração e a cooperação regional necessitam do envolvimento da sociedade e de ações que as forças do mercado, sozinhas, não conseguem realizar. Essa ampliação do espaço das temáticas e da participação social no âmbito do Mercosul incita a reflexão sobre as suas motivações e sobre seus impactos na estrutura do bloco.

---

1 Parte deste capítulo se baseia em texto de Ramanzini Junior, Demandas sociais, política externa e regionalismo, publicado no *Boletim de Economia e Política Internacional*, v.1, p.5-20, e em ideias presentes em Vigevani e Aragusuku, Dossiê Relações Brasil-Europa, A relação entre integração regional e questões sociais: combate à pobreza no Mercosul, considerando a União Europeia, *Revista UFG – Universidade Federal de Goiás*, dez. 2013, ano XIII, n.14, p.81-104.

Se partirmos da ideia de que a densidade de um processo de integração regional tem relação com o grau de adesão das sociedades à dinâmica da integração, é fundamental um entendimento mais preciso da forma como tem ocorrido a inserção dos atores domésticos nas questões do Mercosul. Assim, o presente capítulo tem como objetivo abordar as mudanças ocorridas no Mercosul nos anos 2000, particularmente aquelas fundamentadas na concepção de reduzir desigualdades e ampliar os espaços de participação e das temáticas sociais no âmbito do bloco. Buscaremos igualmente analisar como ocorreu, no Brasil, a participação social nas questões do Mercosul, com foco na análise do Programa Mercosul Social e Participativo (PMSP).

A partir do caso brasileiro, o capítulo busca destacar a conexão entre participação social em solo nacional e ampliação do espaço e das temáticas sociais no âmbito do Mercosul, partindo da ideia de que esses processos se inter-relacionam e podem se fortalecer mutuamente, com atenção voltada aos anos dos governos do Partido dos Trabalhadores (PT). Nesse sentido, a estratégia de participação política dos atores domésticos envolvidos com o Mercosul impacta e é influenciada por dinâmicas associadas ao desenvolvimento do bloco. A inserção de temas sociais e as ações no sentido de ampliar a participação têm origem nas mudanças na política doméstica dos países com a emergência de novas lideranças políticas nos anos 2000 (Ayerbe, 2008). Apesar de sua diversidade, elas têm maiores conexões com atores sociais. Ao mesmo tempo, a evolução para um Mercosul mais social tem a ver com certo reconhecimento das dificuldades enfrentadas pelo bloco e com a tentativa de constituir uma agenda mais positiva com o envolvimento de atores domésticos relativamente mais favoráveis à integração.

Problemas da esfera econômica, inclusive obstáculos à liberalização comercial que não se resolviam, passaram a influenciar o ambiente geral da integração, entravando seu avanço. As lideranças governamentais incorporaram, ainda que parcialmente, a ideia subjacente de que o Mercosul poderia ter problemas comerciais e de integração produtiva, mas poderia avançar em outros temas da agenda, como saúde (Riggirozzi, 2016), educação (Botto, 2016; Perrotta, 2016), migrações, cultura etc.

Na próxima seção, analisamos a relação entre participação social e regionalismo. Em seguida, discutiremos os espaços de participação social no Mercosul e as mudanças no processo de integração no sentido de ampliação das temáticas sociais. Na seção seguinte, analisaremos o Programa Mercosul Social e Participativo (PMSP) no âmbito do Brasil. Na última seção, concluímos mostrando o significado da intensificação do debate sobre as políticas sociais na integração regional.

Participação social e regionalismo

Na primeira década dos anos 2000, a América do Sul se depara com uma situação relativamente nova. Consolidado o regime democrático, há uma nítida evolução da noção de democracia delegativa para formas de democracia participativa como um passo necessário de maturidade e de estabilização política da região (O'Donnell, 1994 e 2001). Assim, o estudo da democracia na América do Sul teria de considerar não apenas os aspectos formais do regime democrático – liberdade de imprensa, eleições, separação de poderes –, mas também os arranjos institucionais que conectam as preferências dos cidadãos e das políticas públicas, particularmente os chamados "novos modelos de participação institucionalizada" (Córdova, 2015, p.155). Esse era o debate naquele período. Nesse contexto, torna-se cada vez mais questionável a ideia de que a burocratização, no sentido de isolamento das agências estatais, seja um fator necessário para a formulação de políticas eficientes. Os argumentos a respeito do papel positivo da ação dos presidentes começaram a apresentar suas insuficiências. Os debates sobre a complementaridade econômica, cadeias produtivas e comércio, assim como a deficiência de institucionalidade, não encontraram terreno fácil para progredir. Resistências ao Mercosul e à expansão da cooperação regional aumentavam no Brasil já no final do segundo mandato Lula da Silva. Em compensação, a disponibilidade dos governos da região abriu o caminho para o regionalismo pós-hegemônico (Riggirozzi; Tussie, 2012), como posteriormente se tornou conhecido.

O movimento predominante, politicamente significativo, é o de fomentar a participação de diferentes atores políticos que contribuam na formulação, implementação e avaliação de políticas públicas. Em alguns países, a participação social tornava-se cada vez mais um princípio organizacional de gestão do Estado. Isso tem consequências para as experiências de regionalismo e de integração regional, que passam também por um período de mudanças importantes, caracterizadas pela criação de novas instituições como a Alternativa Bolivariana para as Américas (Alba), 2004, a União das Nações Sul-Americanas (Unasul), 2008, a Comunidade de Estados Latino-Americanos e Caribenhos (CELAC), 2010, e pela modificação de outras, como é o caso do Mercosul, o que será abordado na seção seguinte. O ponto comum é a ampliação dos atores intervenientes e dos temas da cooperação e da integração regional, de forma a expandir a participação social para além das temáticas comerciais.

A emergência de novas lideranças políticas na região (Ayerbe, 2008), com presidentes de centro-esquerda – em geral desenvolvimentistas e distributivistas –, notadamente Tabaré Vásquez e José Mujica, no Uruguai, Nestor e Cristina Kirchner, na Argentina, Luiz Inácio Lula da Silva e Dilma Rousseff, no Brasil, e Fernando Lugo, no Paraguai, apesar de suas diferenças, gerou ampliação das oportunidades de voz para grupos sociais historicamente excluídos, seja por meio da participação em postos executivos no âmbito do Estado, seja em conselhos municipais, estaduais ou nacionais, comunitários, plebiscitos, conferências nacionais, referendos ou orçamento participativo. Zaremberg (2014, p.384) apresenta questões relevantes para se refletir sobre a ampliação da participação social nesse novo contexto: essas experiências de participação são novas formas que escondem velhos vícios políticos? Ou, ao contrário, são inovações genuínas que abrem caminhos para novos processos mais horizontais e inclusivos? O que influencia os resultados dessas experiências para que elas se encaminhem num sentido ou em outro, rumo ao controle político e ao aprofundamento da democracia? Certamente não é possível generalizar as experiências. No Brasil, o entendimento no início dos anos 2010 era de que a efetividade dos arranjos participativos para a gestão pública e a qualidade da democracia dependem de fatores como a presença de associações civis, o papel da tradição associativa na estruturação das práticas participativas, a compatibilidade entre os projetos políticos do governo e da sociedade civil e seu desenho institucional (Carlos; Oliveira; Romão, 2014). Por sua vez, o grau de sucesso das demandas dos atores sociais parecia ter relação com aspectos como capacidade de organização, grau de internacionalização e conexão com atores políticos relevantes.

Em uma reflexão sobre as experiências participativas, é necessário ter cautela ao considerar a relação entre participação e influência social. Em um trabalho seminal, Arnstein (1969) indica a existência de oito níveis diferentes de participação dos cidadãos nas políticas públicas: manipulação, terapia, informação, consulta, apaziguamento, parceria, delegação de poder e controle civil. São simplificações – porém, são também artifícios analiticamente úteis. Nos primeiros seis, os cidadãos são ouvidos e expressam suas opiniões, mas não têm como garantir que sua visão será considerada pelos atores mais poderosos. Como veremos a seguir, esse foi o padrão predominante no Programa Mercosul Social e Participativo (PMSP). Os níveis de poder delegado e controle cidadão não chegaram a ser considerados. Outros autores seguem a mesma perspectiva conceitual. Lasker e Guidry (2008, p.201) apresentam uma diferenciação entre oportunidade, voz e influência no processo decisório:

> [...] atores têm uma oportunidade de participar do processo quando são convidados ou quando iniciam uma oportunidade por conta própria. Eles passam a ter voz quando a oportunidade lhes permite expressar suas ideias aos outros. Passam a ter uma voz influente quando suas ideias são utilizadas para fazer com que algo aconteça (por exemplo, quando ações são concretizadas para resolver questões indicadas por eles, ou quando as suas ideias dão forma às ações que são tomadas).

Nos casos analisados neste capítulo, prevaleceu a lógica de que os atores sociais têm voz na medida em que têm a oportunidade de apresentar suas ideias.

É possível identificar diferentes caminhos pelos quais se pode influenciar o processo politico: "1) prover comentários escritos; (2) participar de reuniões; (3) participar de comitês de consulta, regulamentação, negociação ou outros comitês alternativos de resolução de conflitos; (4) comunicar-se informalmente com pessoal de agência; (5) litigar; (6) usar o Parlamento; (7) usar outra forma de agência; (8) mobilizar os integrantes e a sociedade; ou (9) dirigir-se ao presidente" (Dür; DeBièvre, 2007, p.2). Vários fatores afetam a influência: instituições, características de grupo, fatores específicos do tema, autoridade e respaldo legal. As diferenças de recursos fazem com que as organizações tenham capacidades desiguais de influência (Dahl, 1982). Essa ressalva inicial sobre a relevância de se buscar diferenciar as noções de participação e influência na análise da vida social se faz necessária, pois, por vezes, há sobreposição das duas ideias que, em realidade, indicam processos distintos. A primeira refere-se a uma forma de interação; a segunda, ao resultado da interação. Como veremos nas seções seguintes, essa diferenciação é relevante para entendermos o significado da atuação social no Mercosul e no Programa Mercosul Social e Participativo.

No âmbito doméstico dos países, houve ampliação da participação social, ainda que com consequências diversas, do ponto de vista do aprofundamento da democracia ou da ampliação da influência da sociedade na determinação de políticas estratégicas. É fato que, terminada a década de 2010, faz-se obrigatório acrescentar que essa ampliação gerou reação em sentido contrário, no caso do Mercosul, contra a integração de parte das elites que acreditaram em prejuízos para seus próprios interesses. Além disso, quando se reflete sobre a atuação da sociedade dos países do Mercosul nas políticas públicas, inclusive na política externa, há enormes desafios. Um deles é que o que se entendia no início dos anos 2010 por participação social nos países não é exatamente a mesma coisa que agora, o que tem consequências sobre o entendimento de como a participação social deve se verificar no bloco regional.

A própria lógica e o objetivo da participação social podem ser distintos, de acordo com a política em questão. Além disso, como nota Bruera (2015), a participação social está inserida em um jogo político complexo, no qual questões eleitorais e a necessidade de governabilidade têm um papel central. Isso se aplica também à participação social no Mercosul. Nessa perspectiva, é possível pensar que a ampliação da participação e das temáticas sociais buscou balancear os movimentos dos que são contrários ao bloco ou favoráveis ao seu retrocesso para uma área de livre-comércio. Do mesmo modo, os dirigentes políticos buscaram criar novos temas e questões para a agenda da integração, de modo a engajar um maior número de atores domésticos e tentar construir novos apoios para a integração. A abertura de canais de participação social no âmbito das estruturas do bloco tornaria o processo menos identificado com as preferências das elites políticas e econômicas (Martins, 2014).

Referindo-se aos atores governamentais, Martins (2014, p.106) considera que o que se ampliou consideravelmente nos últimos anos "foi o grau de participação de outras áreas de governo, para além das chancelarias e dos ministérios de economia e comércio, que sempre estiveram à frente do Mercosul. Quase todos os ministérios brasileiros têm alguma interface com o Mercosul". Isso também ocorreu na perspectiva dos atores e movimentos sociais. Desde os anos 1990, observa-se a mobilização de atores sociais em relação ao Mercosul, particularmente dos movimentos sindicais. Nos anos 2000 até 2015, quando se realizou a 18ª e última Cúpula Social do Mercosul, essa mobilização ampliou-se significativamente e passou a incluir organizações como a Associação Brasileira de ONGs, a Articulação de Mulheres Brasileira, o Centro Brasileiro de Solidariedade aos Povos e Luta pela Paz, o Centro de Apoio ao Migrante, a Confederação Nacional dos Trabalhadores na Agricultura (Contag), a Rede Brasileira pela Integração dos Povos (Rebrip), entre outras (Budini, 2015). Tratou-se de uma atuação relevante, na medida em que, no Brasil, movimentos e organizações sociais, de sindicatos, de mulheres, de direitos humanos, de educação, de meio ambiente, de micro, pequenas e médias empresas, de economia solidária, entre outros, são, em geral, importantes pontos de apoio na sociedade para políticas favoráveis ao Mercosul e para a implementação de políticas setoriais no âmbito do bloco. Isso se deu já em um contexto em que surgem e fortalecem-se visões céticas à centralidade do bloco para a política externa e comercial do país. Tais visões se fortaleceram mais a partir do segundo mandato Rousseff, iniciado em 2014.

Na primeira década dos anos 2000, ganhou força a noção de um regionalismo participativo (Acharya, 2003), tanto no sentido de maior conexão entre as sociedades e os Estados no encaminhamento de parte das questões relativas à agenda do Mercosul quanto no de ampliação das possibilidades de participação social na própria estrutura do bloco, embora operacionalmente limitada, como veremos na seção seguinte. De acordo com Acharya (2003, p.382):

> A expressão "regionalismo participativo" distingue-se por duas principais características. A primeira, no nível do regionalismo oficial, é a aceitação de uma visão mais branda da soberania por parte dos governantes e o respeito às normas de não intervenção nos tópicos domésticos dos países. Isso possibilita uma discussão mais aberta sobre problemas regionais e cria maior espaço para que atores não governamentais participem de processos de tomada de decisão. A segunda característica do regionalismo participativo é o vínculo estreito entre governantes e sociedade no que diz respeito ao gerenciamento de questões transnacionais. Isso não significa apenas

uma melhor cooperação entre os movimentos sociais, levando à emergência de uma sociedade civil regional, mas também uma interação próxima e positiva entre a sociedade civil e o regionalismo oficial dos Estados.

Utilizamos aqui a noção de regionalismo participativo no sentido de expressar a maior conexão entre os Estados e as sociedades, no encaminhamento de parte das questões relativas à agenda do Mercosul, e também para caracterizar as próprias mudanças institucionais do bloco, voltadas à ampliação da participação social. Não incorporamos a primeira parte da definição de Acharya (2003), pois não é possível considerar que há diminuição na ênfase e na centralidade que a ideia de soberania estatal tem para os estados do Mercosul, particularmente para o Brasil (Mariano, 2007, Desiderá Neto et al, 2014, e Lazarou; Luciano, 2015).

As modificações do Mercosul nos anos 2000 têm como origem mudanças na estrutura doméstica dos países. Como afirma Acharya (2003, p.388), "o surgimento e o papel das instituições regionais são muitas vezes produto de instituições e estruturas políticas domésticas". A questão é que as mudanças no bloco podem ter efeito de *spillover* para o âmbito interno dos Estados, podendo consolidar o processo de integração, mas ao mesmo tempo gerando formas de resistências. A ampliação das formas de interação no Mercosul, para além dos contatos entre atores estatais e, principalmente, das relações interpresidenciais (Malamud, 2005), impacta a atuação dos atores sociais no âmbito doméstico e pode favorecer pressões para se encontrar soluções regionais para desafios endógenos e transnacionais à região, como migrações, meio ambiente, tráfico de drogas e direitos humanos. O próprio encaminhamento desses temas implica o envolvimento de atores sociais, que têm conhecimento e capacidade de vocalização de demandas, mesmo que em alguns casos contrários à política dos Estados.

Além disso, com a ampliação dos canais pelos quais cidadãos podem participar da agenda e, em menor medida, das decisões relativas ao bloco, pode-se aumentar as possibilidades de influência nos rumos da integração. A participação social no âmbito doméstico pode gerar uma cultura de participação que tende a se estender para a arena regional, com resultados favoráveis à integração, aumentando a capacidade descentralizada da relação entre os países. Do mesmo modo, a interação regional e internacional dos atores sociais é uma forma de compensar a eventual limitação da capacidade de influência no âmbito doméstico. Keck e Sikkink (1998, p.12) trabalham com essa ideia a partir da noção de "padrão bumerangue", quando, "ao serem bloqueados os canais entre o Estado e os seus atores domésticos, o padrão bumerangue da influência – característico das redes transnacionais – pode ocorrer: ONGs domésticas desviam da mediação do Estado e buscam diretamente por aliados internacionais, a fim de tentar pressionar os seus países pelo lado de fora".

Em alguns casos, a articulação de grupos sociais específicos das sociedades dos países do Mercosul antecede a criação de espaços institucionais no bloco, sendo possível pensar que há situações em que a formação do espaço institucional também é fruto desse trabalho prévio de articulação e demanda dos atores sociais. No caso dos movimentos sindicais, a coordenadora das centrais sindicais do Cone Sul (CCSCS) foi criada em 1986, portanto antes do próprio surgimento do Mercosul e da criação do Subgrupo de Relações Trabalhistas, Emprego e Seguridade Social, antes Subgrupo de Trabalho (SGT) 11, criado em 1991 (Mariano, 2001), depois de 1994, SGT-10. As instâncias do Mercosul relativas a temas sociais tiveram, assim, o impulso reivindicativo desses movimentos sociais.

Os espaços de participação social no Mercosul e as mudanças no processo de integração

Nos anos 2000, ocorreu uma ampliação da participação social nas estruturas do Mercosul. Para caracterizar as mudanças do bloco na primeira década dos anos 2000, em comparação com os anos 1990, alguns autores utilizam a noção de "regionalismo pós-liberal" (Serbin, 2013) ou pós-hegemônico (Riggirozzi; Tussie, 2012). De acordo com essa noção, o foco dos novos acordos no quadro da integração regional a partir de então se relaciona mais intensamente com as perspectivas de desenvolvimento, justiça social e autonomia nacional e regional, e menos com a liberalização comercial e a integração produtiva, prevalecentes nos anos 1990. Nesse contexto, há o fortalecimento de uma agenda social que busca ampliar a participação e as temáticas.

A abertura de espaços institucionais para a participação social no Mercosul ampliaria a legitimidade do bloco (Riggirozzi; Tussie, 2012; Serbin, 2013). Isso poderia tornar a integração menos dependente ou vulnerável às preferências pessoais ou idiossincrasias dos líderes políticos. Nessa perspectiva, a realização das Cúpulas Sociais do Mercosul, criadas durante a Presidência *pro tempore* do Brasil, em 2006, é considerada um marco do ponto de vista da participação social. A Declaração Final da I Cúpula Social do Mercosul, de 13 de dezembro de 2006, aponta: "propomos que os governos apoiem e estimulem a participação direta das organizações da sociedade civil em todos os Subgrupos de Trabalho e nas Reuniões Especializadas do Mercosul, e que sejam criados mecanismos para incorporá-las como observadoras no Grupo Mercado Comum (GMC) e no Conselho Mercado Comum".[2] Isso deixa

---

2 Disponível em: <https://www.gov.br/mdh/pt-br/navegue-por-temas/politicas-para-mulheres/arquivo/assuntos/acoes-internacionais/Articulacao/articulacao-internacional/mercosul/livro-mercosul-social-participativo.pdf>. Acesso em: 15 maio 2023.

evidente a demanda dos atores sociais em ter condições de intervir efetivamente no direcionamento do Mercosul.

Na linha do que é proposto neste capítulo, o estudo da participação social no Mercosul deve ser considerado tanto na perspectiva das ações dos Estados para promover a participação quanto na perspectiva das demandas e ações dos atores sociais por maior abertura de espaços institucionais. Analisando as declarações finais das Cúpulas Sociais do Mercosul, é possível notar o constante apoio ao bloco e ao seu aprofundamento por parte dos atores da sociedade que ali interagem. Na declaração final da XVIII Cúpula Social do Mercosul, ocorrida em julho de 2015, esse apoio também se apresenta claramente: "é fundamental que afirmemos que os problemas e as limitações do atual processo do Mercosul devem ser resolvidos com mais direitos, mais participação e mais integração, e não com a negação e retrocesso que representam os acordos de livre-comércio".[3]

Ao final da Cúpula Social de 2010, Lula da Silva avalia:

> [...] todos almejamos maior participação da sociedade na construção de um Mercosul ainda mais democrático, cidadão e solidário. Não seria possível manter o vigor da integração somente com base em ações dos estados e governos, por mais convergentes e motivadas que sejam. Desde então, reforçamos, significativamente, a participação social dentro da estrutura do Mercosul, com destaque para a Cúpula da Costa do Sauípe, na Bahia, há dois anos, quando criamos a Comissão de Coordenação de Ministros de Assuntos Sociais e o Instituto Social do Mercosul. Naquela ocasião, pela primeira vez, ministros da área social participaram da reunião do Conselho do Mercado Comum, a fim de dar os primeiros passos em direção a um Plano Estratégico de Ação Social para o Mercosul. No âmbito desse Plano, estabelecemos metas regionais de desenvolvimento mais ambiciosas do que os Objetivos do Milênio das Nações Unidas. Para a consecução desse Plano serão adotadas políticas sociais comuns entre os quatro membros do Mercosul representando um esforço inédito de coordenação. É com esses valores que estamos construindo um novo Mercosul, o Mercosul dos povos.[4]

Na perspectiva de um "Mercosul dos povos", ideia que se fazia presente no final da primeira década dos anos 2000, entende-se a necessidade de incluir na agenda do bloco temas como políticas sociais, cultura, educação, saúde, trabalho, migrações, entre outros. Essas temáticas coincidem com a lógica do regionalismo participativo, já que se referem a objetivos em que há maior propensão à participação social. Um corolário dessa dinâmica é

---

3 Disponível em: <https://www.ippdh.mercosur.int/declaracao-final-cupula-social-do-mercosul/?lang=pt-br>. Acesso em: 15 maio 2023.
4 Discurso do Presidente da República, Luiz Inácio Lula da Silva, durante a sessão de encerramento da Cúpula Social do Mercosul em Foz do Iguaçu (PR), 16 dez. 2010.

alcançar acordos, normas e regulamentos que favoreçam formas de cooperação social, como o Plano Estratégico de Ação Social (Peas), que surgiu em 2010, o Grupo de Alto Nível de Emprego (2004), o Instituto Social (2007), a Unidade de Participação Social (2010), o Plano de Ação para a Criação de um Estatuto da Cidadania no Mercosul (2010) e a Reunião de Ministras e Altas Autoridades da Mulher do Mercosul (2011).

A realização das cúpulas sociais e as formas de participação social no bloco têm efeitos de difusão para o âmbito doméstico dos Estados e para a própria integração. Nessa linha, de acordo com Martins (2014, p.113), "foi na Cúpula Social de Córdoba, em 2006, que se discutiu pela primeira vez a ideia de elaboração de um Plano de Ação Social para o Mercosul. Levada aos presidentes, a proposta foi aprovada e oficialmente incorporada à agenda oficial, dando origem ao Peas". Nessa mesma perspectiva, como veremos na seção seguinte, a necessidade de organizar a participação brasileira nas Cúpulas Sociais do Mercosul foi um elemento relevante para a criação do Programa Mercosul Social e Participativo em 2008. São evidências de desdobramentos fortalecedores da participação social que ocorrem a partir de estruturas de incentivos geradas no âmbito do bloco.

São prioridades do Mercosul acordadas pelos governos daquele período em matéria de desenvolvimento social regional no âmbito do Peas: *i*) erradicar a fome, a pobreza e combater as desigualdades sociais; *ii*) garantir os direitos humanos, a assistência humanitária e a igualdade étnica, racial e de gênero; *iii*) universalizar a saúde pública; *iv*) universalizar a educação e erradicar o analfabetismo; *v*) valorizar e promover a diversidade cultural; *vi*) garantir a inclusão produtiva; *vii*) assegurar o acesso ao trabalho decente e aos direitos previdenciários; *viii*) promover a sustentabilidade ambiental; *ix*) assegurar o diálogo social; e *x*) estabelecer mecanismos de cooperação regional para a execução e financiamento de políticas sociais (Peas, 2010).[5] Referindo-se aos programas de transferência condicionada de renda nos países da Comunidade Andina (Bolívia, Equador, Colômbia e Peru), Romão (2014, p.184) considera que se trata de uma espécie de "estratégia regional não coordenada de combate à pobreza transgeracional". A partir do Peas, e pensando a questão no âmbito do Mercosul, o esforço parece ter sido exatamente no sentido de buscar uma forma de ação coordenada de combate à pobreza.

Em 2004 foi criada a Reunião Especializada sobre Agricultura Familiar (Reaf), que possibilitou um acordo sobre as bases para o reconhecimento e identificação da agricultura familiar no Mercosul, além da implementação de registros nacionais de agricultura familiar (Ferreira, 2017). Segundo

---

[5] Disponível em:<https://repositorio.ipea.gov.br/bitstream/11058/3262/1/O%20Brasil%20e%20novas%20dimens%C3%B5es%20da%20integra%C3%A7%C3%A3o%20regional.pdf>. Acesso em: 16 maio 2023.

acordo com o Ministério do Desenvolvimento Agrário do Brasil (MDA) "ao longo do processo de consolidação da Reaf o funcionamento das Seções Nacionais tem sido gerido pelos coordenadores nacionais, e há uma expressiva participação da sociedade civil por meio das organizações da agricultura familiar".[6] Como um dos efeitos da atuação da Reaf, em 2008 foi criado o Fundo da Agricultura Familiar do Mercosul (FAF). Nessa temática, organizações da sociedade civil e de amplitude regional, como a Confederación de Organizaciones de Productores Familiares del Mercosur (Coprofam), contribuem significativamente para os trabalhos da Reaf. Fazem isso por meio do conhecimento e da articulação de suas organizações filiadas, que também participam das seções nacionais participantes da Reaf (Martins, 2014; Ferreira, 2017). Observe-se que o encaminhamento da temática da agricultura familiar no âmbito do Mercosul contribui para o fortalecimento das instâncias de participação no âmbito doméstico.

Do ponto de vista da incorporação das demandas sociais ao bloco, a criação do Parlamento do Mercosul, em 2006, pode ser considerada como tendo entre seus objetivos o reforço institucional dessas mesmas demandas. O parlamento poderia tornar-se um ator de relevância política ao incorporar as demandas sociais do bloco, ao contribuir para a definição de uma agenda prioritária para a região, desencadeando discussões ou a criação de novos órgãos que abordem as temáticas em perspectiva regional. O sufrágio universal, ao incentivar os eleitores, parlamentares e partidos políticos a discutir as questões regionais, de acordo com a leitura institucionalista, poderia consolidar os valores democráticos na região. O Protocolo Constitutivo (2005) estabelece como funções principais do Parlamento do Mercosul: *i)* fortalecer a cooperação interparlamentar; *ii)* agilizar a incorporação nos ordenamentos jurídicos internos das normas do Mercosul; *iii)* contribuir para uma adequada representação dos interesses dos cidadãos dos Estados-partes; e *iv)* apoiar o compromisso democrático do Mercosul. Cabe também ao parlamento, que é o sucessor imediato da Comissão Parlamentar Conjunta (CPC), fazer recomendações ao Conselho Mercado Comum (CMC). No caso de aprovação do CMC, estas devem ser enviadas aos respectivos Congressos Nacionais para internalização.

O Protocolo Constitutivo (2005) do Parlamento do Mercosul não prevê participação decisiva do órgão no processo legislativo regional, ou a possibilidade de maior controle sobre as instâncias decisórias do bloco, inclusive sobre sua instância maior, o Conselho Mercado Comum. Desse modo, mantinha-se estritamente a intergovernamentalidade do Bloco, não tendo sido incorporados conceitos de supranacionalidade. Do ponto de vista brasileiro, vale ressaltar que o governo de então manteve-se fiel aos princípios

---

6 Disponível em:<http://www.mda.gov.br/reaf/pt-br/brasil>. Acesso em: 24 ago. 2015.

da autonomia e da soberania, princípios orientadores da política externa brasileira, como analisado nos dois capítulos anteriores. A ideia de realizar um processo de eleições diretas para garantir representatividade a um parlamento comunitário contrasta com o fato de se atribuir a essa instituição função essencialmente de consulta, em relação aos órgãos que detêm o poder de decisão (Mariano, 2011).

O Artigo 4º do Protocolo Constitutivo (2005), referente às competências, sinaliza que a função principal do Parlamento é de consulta e informação, não de produção legislativa comunitária. Contudo, a consolidação do Parlamento do Mercosul tem a ver com alguns poderes reais, não apenas consultivos, por exemplo a capacidade decisória na distribuição de recursos comunitários, como seriam os do Fundo para a Convergência Estrutural do Mercosul (Focem), na medida em que fossem mantidas as regras que o instituíram. Essa distribuição poderia ser decidida pelo parlamento, sendo respeitadas as prerrogativas dos Estados. Observadas as diversidades, a competência maior do parlamento europeu é a votação do orçamento proposto pela Comissão.

A partir da análise das mudanças do Mercosul, no sentido de ampliar a participação e as temáticas sociais no bloco na primeira década dos anos 2000, fica evidente que houve distância entre a vontade política favorável à ampliação da atuação social e a limitação de meios para que as instituições ou acordos no âmbito do bloco operem efetivamente. Em outros casos, houve falta de informações sobre concretas possibilidades de ação para a participação social, o que limita o impacto potencial dos acordos e instituições existentes. Isso tinha a ver com a importância da integração para a opinião pública em cada país. O Brasil, dos quatro países que constituíam o Mercosul, foi aquele em que o bloco teve menor saliência, o que não significava oposição (Gardini; Almeida, 2016). Isso pode ser explicado pelo maior peso econômico e demográfico do Brasil e pela relativamente mais baixa incidência do bloco na vida política. De todo modo, não é possível deixar de concluir que houve a ampliação dos espaços e das oportunidades de participação social na intenção dos dirigentes dos Estados naqueles anos. Nesses casos, de acordo com autores institucionalistas (Pierson, 1998), aplica-se a metáfora da bicicleta, pela qual um Parlamento eleito cria por si só uma dinâmica de aceleração, baseada na sua legitimidade representativa. Algo próximo à ideia de Arnstein (1969) de poder delegado.

Nos anos 1990, a representação da sociedade civil estava concentrada nos atores de maior poder econômico, particularmente os empresariais. Estes tinham maior capacidade de incidir no âmbito do Fórum Econômico e Social do Mercosul e, sobretudo, nas instâncias decisórias de cada Estado, ministérios, presidência. No Fórum, os movimentos sociais e populares não se sentiam adequadamente representados (Martins, 2014). Na primeira década dos anos 2000 houve mudança nessa percepção, fruto dos avanços no comércio regional e das possibilidades oferecidas pelos novos governos de centro-esquerda. Apesar dessas mudanças, houve dificuldades, que afinal inviabilizaram a concretização de objetivos afirmados nos próprios documentos, para o regionalismo participativo no Mercosul. A continuidade do poder decisório nas estruturas de decisão do Grupo Mercado Comum e do Conselho Mercado Comum, como definido no Tratado de Assunção, são evidências disso. O mesmo se pode dizer das dificuldades de operacionalização do Parlamento do Mercosul e sua função consultiva. Junte-se a isso a baixa incorporação de parte dos órgãos regionais e dos Estados-membros das recomendações aprovadas nas Cúpulas Sociais.

A questão do processo decisório em toda integração faz parte dos temas de discussão complexa (Hoffmann; Hoffmann, 1998). Envolve a soberania dos Estados. A política externa brasileira na integração regional manteve seu foco nos princípios da soberania e da autonomia. Por isso, a continuidade na defesa do desenho institucional intergovernamental, que privilegia visões nacionais sobre a integração, teve como consequência, entre outras, a limitação da implementação das políticas sociais, um dos aspectos a se considerar *a posteriori* para explicar involuções a partir da segunda metade dos anos 2010.

Os espaços de participação nacional nas temáticas do Mercosul: o caso do Programa Mercosul Social e Participativo[7]

No Brasil, um espaço de participação social nas questões relativas ao Mercosul foi o Programa Mercosul Social e Participativo (PMSP). O PMSP tem como objetivo divulgar as iniciativas do governo relacionadas ao Mercosul, debater temas relacionados ao bloco e encaminhar sugestões da sociedade civil. O programa foi formado por "representantes dos Ministérios que atuam no bloco e lideranças de organizações sociais que atuam em setores como agricultura familiar, pequenas e médias empresas, mulheres, meio ambiente, juventude, trabalhadores urbanos e do campo, direitos humanos, economia solidária, saúde, educação, cooperativismo, cultura e povos indígenas, entre outros" (Brasil, 2014). Observa-se na sua composição o envolvimento de atores governamentais e sociais. Martins (2014, p.122), que já ocupou o cargo de assessor da Secretaria-Geral da Presidência da República (2006-2010), considerou que "o Programa Mercosul Social e Participativo funciona na prática como um Conselho, informalmente denominado Conselho Brasileiro do Mercosul Social e Participativo". Portanto, o PMSP se encaixa no que Córdova (2015, p.155) chama de "novas formas de

---

7 Esta seção baseia-se em Ramanzini Junior e Farias (2014).

participação institucionalizada". De fato, o Conselho não apenas teve um papel consultivo, mas dependia do próprio governo para sua convocação e, mesmo, para a definição de seus participantes.

Algumas questões são comuns aos diferentes trabalhos que analisam conselhos[8] de políticas públicas (Pires, 2011). Em que medida esses espaços oferecem possibilidades de influência sobre as políticas públicas? As pessoas que atuam nos conselhos representam organizações da sociedade civil? Quais são as organizações que ocupam cadeiras nesses conselhos? Qual a sua composição e os critérios pelos quais foram chamados a participar? Qual a relação entre a participação e as estratégias de ação dos atores da sociedade envolvidos com a política pública? Os conselhos são vistos como instâncias aptas a promover os interesses associados às organizações formalmente representadas? Do mesmo modo, e considerando a discussão conceitual da primeira seção deste capítulo sobre a diferença entre participação e influência, devem-se levar em conta questões como: quem decide quem participa do processo decisório ou consultivo? Como os participantes são selecionados? A prática participativa muda a política? Quem tem o controle final sobre as decisões? Outros atores conseguem modificar o ponto de vista e as posições dos que conduzem o processo de consulta? Há canais informais de interação? Qual o papel deles? A observação empírica e, sobretudo, a pesquisa sobre o processo de transformação em medidas efetivas dos temas discutidos e as sugestões aprovadas, sugerem fortes limitações do processo, conforme veremos abaixo. Sousa Santos (2017, p.256), ao discutir as formas de participação social, reconhece haver muitas:

> [...] nós deveríamos também desenvolver a lei de pluralismo profundamente democrático, e uma nova lei constitucional de baixo para cima. Por exemplo, o artigo 11 da Constituição Boliviana estabelece três tipos de democracia a ser igualmente respeitadas pelos cidadãos: a democracia representativa, a democracia participativa e a democracia comunitária – democracia por consenso, típica de povos indígenas... Em uma democracia participativa, nós faríamos decisões em conselhos cidadãos, ao invés de eleger tomadores de decisão. A ideia de um orçamento participativo no Brasil e na América Latina está sendo atualmente replicada na Europa.

O autor mostra como as formas de participação podem ser diferentes e complementares. Os desdobramentos nos países do Mercosul, e na América

---

[8] Segundo a definição do portal da transparência do governo federal, "os conselhos são espaços públicos de composição plural e paritária entre Estado e sociedade civil, de natureza deliberativa e consultiva, cuja função é formular e controlar a execução das políticas públicas setoriais. Os conselhos são o principal canal de participação popular encontrada nas três instâncias de governo (federal, estadual e municipal)". Disponível em: <http://www.portaltransparencia.gov.br/controleSocial/ConselhosMunicipaiseControleSocial.asp>. Acesso em: 20 ago. 2015.

Latina em geral, mostram que as dificuldades de afirmação de diversas experiências enraízam-se em processos cortados por diferentes elites. A lógica da participação nos anos 2010 no Mercosul, ocorrendo no nível consultivo (Arnstein, 1969), encontra, portanto, suas raízes nos limites do Estado e das relações entre as classes.

De acordo com o Decreto n.6.594, de 6 de outubro de 2008, da Presidência da República, que instituiu o Programa Mercosul Social e Participativo,[9] o programa tem as seguintes finalidades: *i*) divulgar as políticas, prioridades, propostas em negociação e outras iniciativas do governo brasileiro relacionadas ao Mercosul; *ii*) fomentar discussões no campo político, social, cultural, econômico, financeiro e comercial que envolvam aspectos relacionados ao Mercosul; *iii*) encaminhar propostas e sugestões que logrem consenso, no âmbito das discussões realizadas com as organizações da sociedade civil, ao Conselho do Mercado Comum e ao Grupo do Mercado Comum do Mercosul.

Observa-se, pelos objetivos descritos, que a sua natureza é fundamentalmente consultiva, e não há mecanismos que garantam a influência.[10] O decreto previa que a participação da sociedade civil seria definida nos termos de uma portaria conjunta da Secretaria-Geral da Presidência da República e do Ministério das Relações Exteriores. O critério para participação, de acordo com a Secretaria-Geral, era que "as entidades convidadas a compor o PMSP têm projeção nacional – pela presença em diversos estados da federação ou por se destacarem na condução de pautas temáticas específicas – e se dedicam à temática da integração, especialmente ao acompanhamento das diversas iniciativas no âmbito do Mercosul".[11]

Nas declarações de autoridades governamentais sobre o PMSP, está presente a ideia de que seria um espaço de diálogo permanente entre o governo e a sociedade acerca da definição de temas prioritários e das políticas do Brasil para o Mercosul. De acordo com Luiz Dulci, então ministro da Secretaria-Geral da Presidência da República, no momento de lançamento do PMSP, "esperamos que esse conselho possa não apenas expressar o ponto de vista

---

9 Disponível em:<http://www.planalto.gov.br/ccivil_03/_Ato2007-2010/2008/Decreto/D6594.htm>. Acesso em: 16 maio 2023.
10 Ainda segundo o Decreto, no seu Artigo 3º, "o Programa Mercosul Social e Participativo será coordenado pelo Ministro de Estado Chefe da Secretaria-Geral da Presidência da República e pelo Ministro de Estado das Relações Exteriores ou pelos substitutos por eles designados para esse fim". Por fim, o inciso I do Artigo 3º indica que "participarão do Programa Mercosul Social e Participativo os órgãos e as entidades da administração pública federal, de acordo com suas competências, e as organizações da sociedade civil convidadas, nos termos e na forma definidos em portaria conjunta da Secretaria-Geral da Presidência da República e do Ministério das Relações Exteriores".
11 Programa Mercosul Social e Participativo, 8 jul. 2015. Disponível em: <http://www.secretariageral.gov.br/noticias/2015/julho/08-07-2015-programa-mercosul-social-e-participativo>. Acesso em: 25 ago. 2015.

da sociedade civil, mas enriquecer as propostas que o governo do presidente Lula apresenta aos órgãos decisórios do Mercosul".[12]

De acordo com o objetivo do livro, analisar o desenvolvimento do Mercosul na perspectiva da política externa brasileira, cabe sinalizar que as formas participativas mantiveram características de *low profile* e, sobretudo, visaram buscar consenso. Os governos brasileiros consideraram de alguma relevância a participação social durante um longo período, desde 1991, até 2016. A perspectiva intergovernamentalista dificultou o aprofundamento capilar do tema da integração em camadas sociais mais amplas. O *spillover* que poderia ser esperado também nesse campo não aconteceu, enfraquecendo no Brasil a participação e a incorporação da ideia da integração como preocupação importante, conectada aos interesses. Inversamente, como veremos, essa debilidade permitiu que os que se mobilizavam contrariamente não encontrassem oposição ativa.

De 2008 a 2014, as reuniões do PMSP não tiveram periodicidade fixa. O programa nunca contou com uma secretaria executiva. Quando foi criado, em outubro de 2008, a expectativa era que se reunisse quatro vezes ao ano – sempre antecedendo as reuniões do Grupo Mercado Comum – para divulgar as políticas e iniciativas do governo relacionadas ao Mercosul, fomentar discussões sobre temas diversos da integração e encaminhar sugestões emanadas da sociedade civil.[13] As reuniões, no entanto, ocorreram duas ou três vezes ao ano e, no período de outubro de 2010 a março de 2012, segundo relato do Instituto de Desenvolvimento e Direitos Humanos, não houve reuniões.[14] Parece perder-se também a ideia de parcial conexão com as reuniões do Grupo Mercado Comum.

Pela sua trajetória, entre 2008 e 2014, as principais atividades do PMSP foram preparar a representação brasileira para as Cúpulas Sociais do Mercosul, definir a delegação brasileira nessas cúpulas e refletir sobre formas de participação. O conteúdo discutido na última reunião do PMSP, parte brasileira, realizada no dia 1º de abril de 2015, confirma essa análise. O objetivo da reunião foi "dar início ao processo de organização e preparação da 18ª Cúpula Social do Mercosul, que deve acontecer no final da Presidência *pro tempore* do Brasil, em junho deste ano".[15] Em um relato posterior, a Secretaria-Geral da

---

12 Conselho Brasileiro do Mercosul Social e Participativo é criado em cerimônia no Palácio do Planalto. Disponível em: <http://www.secretariageral.gov.br/noticias/2008/10/Not_06102008>. Acesso em: 20 ago. 2015.

13 Disponível em: <http://www.secretariageral.gov.br/noticias/2008/10/not_02102008>. Acesso em: 20 ago. 2015.

14 Relatório Direitos Humanos e Participação Social no Mercosul. Documento paralelo: relato das reuniões. Disponível em: <http://www.iddh.org.br/v2//upload/282e25a4dac24e36cf84ac2f3be819b9.pdf>.Acesso em: 20 ago. 2015.

15 Secretaria-Geral da início ao processo de organização da Cúpula Social do Mercosul. Disponível em: <http://www.secretariageral.gov.br/noticias/2015/abril/sg-da-inicio-ao-processo-de-organizacao-da-cupula-social-do-mercosul>.Acesso em: 19 jun.2015.

Presidência indicou que na reunião foi solicitado maior protagonismo na própria Cúpula e aumento no número de entidades representadas. De acordo com Antônio Simões, subsecretário-geral de América do Sul, Central e do Caribe do Ministério das Relações Exteriores, durante a reunião do PMSP, a concentração do esforço brasileiro dirigiu-se a dois aspectos: "O primeiro é a renovação do Fundo para a Convergência Estrutural do Mercosul (Focem), que completou 10 anos em 2015 e contemplava cerca de 45 projetos, com investimentos de 1,4 bilhão de dólares. O segundo aspecto é discutir as exceções à Tarifa Externa Comum".[16] É relevante observar que as prioridades definidas pela Presidência *pro tempore* do Brasil em relação ao bloco não surgem da interação com o PMSP. Por outro lado, o papel do PMSP e dos atores da sociedade civil brasileira na organização da XVIII Cúpula Social do Mercosul, ocorrida em Brasília em julho de 2015, está reconhecido no documento final da própria cúpula.[17] Entendemos que essa situação resulta do custo de transação tanto frente aos outros Estados-parte, quanto em relação aos outros atores relevantes atuantes na sociedade brasileira, quais sejam, a forte e crescente oposição política e também de parte de outros atores sociais, como os empresários. Ao final do capítulo veremos como esta fase é analisada em termos de regionalismo pós-hegemônico (Riggirozzi; Tussie, 2013) ou pós-liberal (Serbin, 2013).

Um mérito do PMSP foi envolver atores sociais nas dinâmicas da integração. Ele tem um efeito de socialização e de troca de informação sobre as questões do Mercosul. Mas, do ponto de vista de influenciar o governo brasileiro, especialmente as posições que o Brasil assume no Grupo Mercado Comum, a instância máxima do Mercosul, o exercício, visto retrospectivamente, parece limitado. Aparentemente não se tratava do seu principal objetivo. Mesmo a inclusão de temas como agricultura familiar, migrações, saúde, educação e os esforços de harmonização e coordenação de políticas sociais presentes na agenda do Brasil para o Mercosul parece mais fruto da ação do governo e dos ministérios setoriais, e menos do resultado das pressões de movimentos sociais relacionados a essas temáticas com participação ativa no PMSP – embora a implementação dessa agenda tenha o apoio desses atores e, em alguns casos, a sua própria formulação.

Entre as pautas de debate das questões sociais do Mercosul, no FCES, SGT-11, depois chamado SGT-10, a questão da seguridade social teve destaque no que tange ao tema das migrações. Numa união alfandegária e num mercado comum, além das mercadorias, há o livre fluxo de capitais e

---

16 Secretaria-Geral dá início ao processo de organização da Cúpula Social do Mercosul. Disponível em: <http://www.secretariageral.gov.br/noticias/2015/julho/08-07-2015-programa-mercosul-social-e-participativo>. Acesso em: 19 jun.2015.
17 Disponível em: <http://www.decidamos.org.py/www/index.php?option=com_k2&view=item&id=1808:declara%C3%A7%C3%A3o-final-%E2%80%93-c%C3%BApula-social-do-mercosul-bras%C3%ADlia-14-16-de-julho-de-2015&Itemid=1>. Acesso em: 24 ago. 2015.

também de recursos humanos. Por isso, o tema da seguridade social cresceu de importância, com significativa interveniência dos atores sociais. Diretamente relacionada com as migrações, vista sua ampliação possível, em 2009 entraram em vigor dois acordos assinados em 2002: o Acordo de Residência para os Nacionais dos Estados Partes do Mercosul e o Acordo Mercosul + Bolívia e Chile. Esses acordos permitem "aos nacionais desses países residirem e trabalharem no Brasil por dois anos com status provisório, e depois disso solicitarem status de permanente" (Reis, 2011, p.57). Outro instrumento de importância significativa para os migrantes foi o Acordo Multilateral de Seguridade Social do Mercosul, assinado em 1997, que entrou em vigor em 2005.[18] O acordo estabeleceu "que as contribuições previdenciárias feitas ao sistema de seguridade social por um trabalhador em qualquer dos países signatários do Acordo se acumulam como se tivessem sido efetuados em um mesmo país" (Brasil, 2010, p.19).

Observamos que o PMSP foi um mecanismo relevante de interação entre o Estado e a sociedade na discussão de questões relativas ao Mercosul. Ele buscou ampliar a densidade da integração regional por intermédio da inclusão de novos atores. Isso era realizado dentro de um movimento mais amplo de abertura do Estado à participação social, movimento que resulta da demanda dos movimentos e organizações da sociedade civil por um espaço institucionalizado, em especial no Mercosul, de participação. Não desprezível é a difusão que vinha de estruturas existentes na União Europeia, inclusive estimulando a emulação.

Do ponto de vista das suas ações, o PMSP teve capacidade limitada de influenciar os rumos da integração e o comportamento do Brasil em relação ao Mercosul. Não houve mecanismos para monitorar e acompanhar os acordos ali alcançados. O exercício parece mais voltado para a participação do que para a garantia da influência de diversos setores da sociedade na inserção internacional do país. Um risco potencial, que deve ser sinalizado *a posteriori*, é que essa situação leva a um processo de perda de interesse dos atores domésticos envolvidos no desenvolvimento do PMSP, aliado a certo esgotamento normativo do bloco.

Considerações finais

Como vimos ao longo do capítulo, a análise sobre regionalismo participativo na perspectiva da Política Externa Brasileira contribui para o

---

18 Outros instrumentos importantes: Acordo de Regularização Migratória Interna dos Cidadãos dos Estados-Partes do Mercosul (assinado em 2002); Declaração de Assunção sobre tráfico de pessoas e tráfico ilícito de Migrantes (assinada em 2001); Declaração de Santiago sobre princípios migratórios (2004); Declaração de Assunção contra o Tráfico e Exploração de Pessoas no Mercosul e Estados Associados (2005).

adensamento da compreensão das dificuldades enfrentadas pelo Estado brasileiro para a construção e o fortalecimento de ações em torno de temáticas sociais no âmbito regional. Discutimos os interesses dos grupos sociais e do Estado e as razões de suas dificuldades que, finalmente, ajudarão a compreender o distanciamento, visível a partir de 2016, em relação à integração. Mas as sementes das dificuldades vinham de antes. Paralelamente a isso, neste capítulo discutimos as razões pelas quais os atores sociais passam a se interessar pela integração. Deu-se importância ao papel que a integração proporciona a esses atores em sua lógica de barganha e disputa nacional.

Há elementos que evidenciam essa perspectiva: a criação do Fundo da Agricultura Familiar do Mercosul (Reaf), o Parlamento do Mercosul, a concretização de um Plano de Ação Social representado pelo Peas e a criação do PMSP, como um aspecto necessário para organizar a participação brasileira nas cúpulas sociais. Tais elementos também não podem deixar de ser visualizados, na perspectiva dos governos, como tentativas de criar novas agendas e interações em face de dificuldades enfrentadas pelo bloco. Como veremos no capítulo seguinte, ocorreu no período a aceleração do debate sobre a participação social, que alguns autores chamam de pós-hegemônico ou pós-liberal. O período sinaliza ainda uma crise do processo de crescimento do intercâmbio comercial, bem como a crescente falência na constituição de cadeias produtivas. Surge a dúvida, consideradas as diferentes teorias da integração, se ao não resolver – em virtude das resistências internas nas sociedades dos países-membros e das preferências pelas relações com os países centrais – o comércio e o desenvolvimento econômico integrado na própria região, a situação de impasse pode ser superada pelo favorecimento institucional de políticas sociais. Não seria isso um *salto in avanti*? Embora o Mercosul incorpore agendas sociais como a da erradicação da fome, segurança alimentar, combate à pobreza extrema e saúde pública de qualidade, a questão que surge é se, e como, o bloco pode contribuir para o encaminhamento desses desafios, e o quanto estes se relacionam com a dinâmica regional de cooperação e integração entre os países.

Nos anos 2000, a efetivação de instâncias de participação social no Mercosul teve resultados. Ampliou-se a interface de atores e políticas nacionais com dinâmicas do bloco, embora com limitações no que tange à ampliação da influência dos atores sociais na integração e em suas instâncias executivas. É importante ter em conta que a consolidação das instâncias e das temáticas sociais no bloco tem a ver com o sucesso nos objetivos pleiteados. Vimos que há defasagem entre o debate e as condições de realização de tais objetivos. No caso do Estado brasileiro, este se defende, no tocante a sua relação com o Mercosul, aceitando e até viabilizando a participação, e ao mesmo tempo a contendo em um nível de instância consultiva.

Ao escrever este livro, em um contexto em que o regionalismo vive um momento muito distinto daquele analisado neste capítulo, há questões conceituais em relação às quais não podemos deixar de interrogar-nos. Não parece correto dizer que as organizações criadas pelo Mercosul, a partir de 1991, sobretudo as ampliadas nos anos 2000, estejam diretamente atreladas apenas aos interesses desenvolvidos naquele período, que definimos como de prevalência de governos de centro-esquerda, desenvolvimentistas e distributivistas. Nem que sua estabilidade esteja condicionada pela permanência daqueles perfis de governos. Portanto, ao menos em relação à política brasileira, as organizações dos anos 2000 foram adequadas para as condições pós-hegemônicas (Riggirozzi; Tussie, 2012). Quais seriam as possibilidades de sua sobrevivência num contexto em que essas mesmas condições encontram dificuldades para se consolidar?

Portanto, podemos caracterizar a política externa brasileira em relação ao Mercosul na primeira década dos anos 2000 como resultado combinado de políticas públicas de mais longo prazo – daí o interesse em discuti-las. O que importa sublinhar é que, na formulação das políticas de integração e cooperação dos governos brasileiros, estruturaram-se ações que tinham raízes em processos de mais longa duração. Já vimos que elas encontraram resistências fortes de parte das elites. Resistências que, mesmo no período chamado pós-hegemônico, não apenas detiveram o aprofundamento das reivindicações sociais, mas também reiteraram preferências nas relações com países centrais. Parece importante considerar uma conclusão de Riggirozzi e Tussie (2012, p.184): "O pós-neoliberalismo, sugerimos, não é portanto uma ruptura com o passado, mas uma evolução, moldada por legados de trajetórias de desenvolvimento anteriores, pragmatismo, formulação de políticas *ad hoc* e respostas à política global e regional". Poderíamos concluir que, se a fase de políticas com acentuada ênfase em lógicas distributivas se move em direção ao *welfare state*, o ingresso em período de rupturas radicais em relação a elas, sem eliminar o significado normativo positivo, estimula sua destruição.

Referências bibliográficas

ACHARYA, A. Democratisation and the prospects for participatory regionalism in Southeast Asia. *Third World Quarterly*, v.4, n.2, 2003.

ARNSTEIN, S. R. A ladder of citizen participation. *Journal of the American Institute of Planners*, v.35, n.4, p.216-24, 1969.

AYERBE, L. F. *Novas lideranças políticas e alternativas de governo na América do Sul*. São Paulo: Editora Unesp, 2008.

BRASIL. Secretaria-Geral da Presidência da República. Antecedentes Mercosul e Unsasul. In: Debate sobre a participação social nos processos de integração regional, 2014, Brasília. *Anais...* Brasília, 2014.

BRASIL. Ministério do Trabalho e Emprego (MTE). *Como trabalhar nos países do Mercosul*: guia dirigido aos nacionais dos Estados-parte do Mercosul. Brasília: MTE, 2010.

BOTTO, M. Policy diffusion and higher education reforms: between market and state regulation – where does Mercosur stand? RIBEIRO HOFFMANN, A.; BIANCULLI, A. C. (orgs.). *Regional Organizations and Social Policy in Europe and Latin America*. A Space for Social Citizenship?. 1.ed. Palgrave Macmillan, 2016.

BRUERA, H. F. G. Participation under Lula: between electoral politics and governability. *Latin American Politics and Society*, v.57, n.2, p.1-20, 2015.

BUDINI, T. Encontros com o Mercosul: a atuação de organizações da sociedade civil brasileira na integração regional. Tese (Doutorado em Ciência Política). Universidade de São Paulo, São Paulo, 2015.

CARLOS, E.; OLIVEIRA, O. P.; ROMAO, W. (orgs.). *Sociedade civil e políticas públicas*: atores e instituições no Brasil contemporâneo. 1.ed. Chapecó: Argos Editora Universitária, 2014.

CÓRDOVA, A. Old and new forms of civic engagement. *Latin American Politics and Society*, v.57, n.2, 2015.

CREIGHTON, J. L. *The Public Participation Handbook*: making better decisions through citizen involvement. San Francisco: John Wiley & Sons, 2005.

DAHL, R. *Dilemmas of pluralist democracy*. New Haven: Yale University Press, 1982.

DESIDERÁ NETO, W. et al. Relações do Brasil com a América do Sul após a Guerra Fria: política externa, integração, segurança e energia. In: DESIDERÁ NETO, W. A. (org.) *O Brasil e as novas dimensões da integração regional*. Rio de Janeiro: Ipea, 2014.

DÜR, A.; DE BIÈVRE, D. The question of interest group influence. *Journal of Public Policy*, v.27, n.1, p.1-12, 2007.

FERREIRA, G. A. G. *Governos, organizações sociais do campo e integração regional*: um estudo da Reunião Especializada sobre Agricultura Familiar do Mercosul (Reaf). Dissertação (Mestrado). PPGRI-San Tiago Dantas, 2017.

GARDINI, G. L.; ALMEIDA, M. H. T. *Foreign policy responses to the rise of Brazil*: balancing power in emerging states. New York, NY: Palgrave Macmillan, 2016

HOFFMANN, A.; COUTINHO, M.; KFURI, R. Indicadores e análise multidimensional do processo de integração do Cone Sul. *Revista Brasileira de Política Internacional*, v.51, n.2, 2008.

HOFFMANN, J.; HOFFMANN, R. Globalização – Riscos e Oportunidades para a política trabalhista na Europa. In: VIGEVANI, T.; LORENZETTI, J. (orgs.). *Globalização e integração regional*: atitudes sindicais e impactos sociais. São Paulo: LTr/FAPESP/Cedec/Escola Sul-CUT, 1998. v.1.

KECK, M.; SIKKINK, K. *Activists beyond borders*: advocacy networks in international politics. Cornell University, 1998.

LASKER, R. D.; GUIDRY, J. A. *Engaging the Community in Decision Making*: case studies tracking participation, voice and influence. Jefferson: McFarland&Company, 2008.

LAZAROU, E.; LUCIANO, B. T. Regionalism as an instrument: assessing Brazil's relations with its neighbourhood. *Global Society*, v.29, n.3, 2015.

MALAMUD, A. Presidencial Diplomacy and the Institutional Underpinnings of Mercosur. *Latin American Research Review*, v.40, n.1, 2005.

MARIANO, K. L. *Integração regional do Cone Sul*: os partidos políticos e as centrais sindicais do Brasil. 2001. Doutorado (Tese em Ciências Sociais) – Universidade Estadual de Campinas (Unicamp), São Paulo, 2001.

MARIANO, K. L. A eleição parlamentar no Mercosul. *Revista Brasileira de Política Internacional*, v.54, n.2, 2011.

MARIANO, M. *A política externa brasileira, o Itamaraty e o Mercosul*. Doutorado (Tese em Sociologia) – Universidade Estadual Paulista (Unesp), Araraquara, 2007.

MARTINS, J. R. V. Mercosul: a dimensão social e participativa da integração regional. In: DESIDERÁ NETO, W. A. *O Brasil e as novas dimensões da integração regional*. (org.). Rio de Janeiro: Ipea, 2014.

O'DONNELL, G. Delegative democracy. *Journal of Democracy*, v.5, n.1, p.55-69, 1994.

_____. Reflections on Contemporary South American Democracies. *Journal of Latin American Studies*, v.33, n.3, p.599-609, 2001.

PERROTTA, D. Mercosur's regional policies in higher education: the diffusion of accreditation and quality assurance policies. In: RIBEIRO HOFFMANN, A.; BIANCULLI, A. C. (orgs.). *Regional Organizations and Social Policy in Europe and Latin America. A Space for Social Citizenship?* 1.ed. Nova York: Palgrave Macmillan, 2016

PIERSON, P. The path to European integration: a historical-institutionalist analysis. In: SANDHOLTZ, W.; SWEET, A. S. (eds.). *European integration and supranational governance*. Nova York: Oxford University Press, 1998.

PINHEIRO, L.; MILANI, C. Política Externa Brasileira: os desafios de sua caracterização como política pública. *Contexto Internacional*, v.35, n.1, 2013.

PIRES, R. R.(Org.). *Efetividade das instituições participativas no Brasil*: estratégias de avaliação. Brasília: Ipea, 2011. (Diálogos para o Desenvolvimento, v.7).

RAMANZINI JÚNIOR, H.; FARIAS, R. S. Missão impossível? Mercosul, participação social e política externa no Brasil. *Pensamento Próprio*, v.40, n.19, 2014.

RIGGIROZZI, P. Regionalism and health policy in South America: tackling germs, brokering norms and contesting power. In: RIBEIRO HOFFMANN, A.; BIANCULLI, A. C. (orgs.). *Regional Organizations and Social Policy in Europe and Latin America. A Space for Social Citizenship?* 1.ed. Nova York: Palgrave Macmillan, 2016

RIGGIROZZI, P.; TUSSIE, D. Postlude. In: RIGGIROZZI, P.; TUSSIE, D. (Editors). *The Rise of Post-hegemonic Regionalism. The Case of Latin America*. Bruges: United Nations University in Bruges/Springer, 2012.

ROMÃO, W. M. Os programas de transferência condicionada nos países andinos: características, avaliações e integração regional. In: DESIDERÁ NETO, W. A. *O Brasil e as novas dimensões da integração regional* (Org.). Rio de Janeiro: Ipea, 2014.

SERBIN, A. Atuando sozinho? Governos, sociedade civil e regionalismo na América do Sul. *Lua Nova*, v.90, 2013.

SANTOS, B. S. The Resilience of Abyssal Exclusions in Our Societies: Toward a Post--Abyssal Law: Montesquieu Lecture, *Tilburg Law Review*, n.22, 2017, p.237-58.

VIGEVANI, T. Mercosul e globalização: sindicatos e atores sociais. *Cadernos CEDEC*, São Paulo, n.63, 1997.

WAMPLER, B. Entering the State: Civil Society Activism and Participatory Governance in Brazil. *Political Studies*, v.60, n.2, p.341-62, 2012.

ZAREMBERG, G. Força, projeto, palavra e povo: circuitos de representação em conselhos de desenvolvimento municipal na América Latina (Nicarágua, Venezuela, México e Brasil). In: CARLOS, E.; OLIVEIRA, O. P.; ROMAO, W. (orgs.). *Sociedade civil e políticas públicas: atores e instituições no Brasil contemporâneo*. 1.ed. Chapecó: Argos Editora Universitária, 2014.

5
OS INTERESSES ECONÔMICOS BRASILEIROS PELA INTEGRAÇÃO REGIONAL: MERCOSUL E AMÉRICA LATINA

Introdução

O objetivo deste capítulo é analisar os aspectos econômicos no contexto das mudanças internacionais que influenciam as posições brasileiras em relação aos processos de integração regional na América do Sul, principalmente o Mercosul, desde o final dos anos 1980 até 2020. Desde 1985, a integração no Cone Sul conviveu com diferentes ambientes externos, evoluindo de tentativas desenvolvimentistas para formas de regionalismo aberto, inseridas num clima internacional de regimes liberais. Em seguida, com a presença de governos desenvolvimentistas e distributivistas, no período chamado pós-hegemônico, os países da América Latina buscaram fortalecer as diferentes instâncias de integração, cooperação e articulação regional, num contexto de busca de fortalecimento do multilateralismo, sem volta ao protecionismo. A partir de 2016, o governo Mauricio Macri e o impeachment de Rousseff fortaleceram os movimentos contrários à integração, particularmente no Brasil, em tendência que se intensifica a níveis antes inimagináveis com a administração de Jair Bolsonaro a partir de 2019. Em 2020, volta um governo desenvolvimentista/distributivista na Argentina, com Alberto Fernandez. No Uruguai, com as eleições de novembro 2019, inicia-se o governo liberal-conservador de Luis Lacalle Pou, Partido Branco, depois de 15 anos de prevalência do Frente Amplio. No Paraguai, o governo Mario Abdo Benítez, Partido Colorado, encerra em 2018 um período de crises.

Serão identificados neste capítulo os elementos de continuidade e de mudança no comportamento brasileiro – governo, empresários e sociedade civil – em relação ao Mercosul e à integração, além de se analisar o modo como as transformações do cenário mundial influenciaram as posturas desses atores – não apenas as transformações econômicas, mas também o enfraquecimento político do multilateralismo e a acentuação das tensões político-econômico-estratégicas. Portanto, partimos do pressuposto de que as atitudes das elites se combinaram com as mudanças objetivas ocorridas no cenário econômico e político mundial desde o período 1980-1988 até os dias de hoje. Referindo-se ao período Alfonsín-Sarney, particularmente aos anos 1985 a 1988, Camargo (2000, p.160) afirma: "já no que se refere aos empresários brasileiros, a atitude era de relativa indiferença, na medida em que os êxitos comerciais dos anos anteriores permitiam esperar maior penetração de seus produtos nas economias desenvolvidas, sobretudo nos Estados Unidos".

Portanto, podemos identificar desde os primórdios do Mercosul entraves que, nas décadas sucessivas, interferiram negativamente, como se verá em 1999 e 2001, e sobretudo a partir de 2016, impedindo o fenômeno do *spillover* na integração da região. Essas questões têm raízes longínquas e se acentuaram com o impulso de setores empresariais em busca de maior relacionamento com *partners* mais poderosos e tradicionais (Araujo, 2004). Nas pesquisas relativas às perspectivas para o aprofundamento das relações com os países andinos, verificou-se a tendência à reprodução das formas tradicionais de comportamento, seja no Brasil, seja nos quatro países analisados, Bolívia, Colômbia, Equador e Peru. Do ponto de vista empresarial, são caminhos mais conhecidos e aptos à burguesia não disposta a correr os riscos atinentes ao espírito animal do empresário, como lembra Keynes (2008).

As posições do Estado em relação ao processo de integração do Cone Sul estiveram relacionadas a um real interesse pela integração, mas esse interesse não está desvinculado do objetivo de garantir melhores condições de inserção em outras arenas internacionais. Em certa medida, algumas das ambiguidades brasileiras em relação ao Mercosul relacionam-se com os dilemas e contradições do mundo pós-Guerra Fria, marcado por tensões entre tentativas de hegemonia e movimentos de descompressão sistêmica. Ao contrário dos países desenvolvidos, cujos recursos de poder econômico, militar e tecnológico lhes garantem influência internacional, ainda que com riscos potenciais de *over extension*, a projeção externa do Brasil foi perseguida mediante intensa participação, ainda que com diferentes estratégias, nos foros políticos e econômicos, regionais e multilaterais. Foram as políticas de autonomia pela distância, pela participação (Fonseca Júnior, 1998) e pela diversificação. Tais políticas valeram até 2016, e não foram plenamente modificadas na gestão Temer. Essa projeção se prendia, por um lado, à busca de preservação do país frente aos riscos de vulnerabilidade e, por outro, à tentativa de aumentar o próprio poder, o que Pinheiro (2004) chama de "institucionalismo pragmático". Sendo essa uma busca comum para qualquer

Estado, no caso brasileiro ela implica posicionar-se em diferentes tabuleiros, globais e/ou regionais, com diferentes posturas.

Argumentaremos que transformações ocorridas no sistema internacional, que não se apresentavam como cenários previsíveis até o início dos anos 1980, influenciaram a partir de 1985 a percepção que o Brasil atribuiu à integração regional. Dentre elas, cabe destacar: 1) o processo de intensificação do unilateralismo norte-americano na primeira década do século XXI; 2) o impacto da ascensão da China; 3) a valorização das *commodities* agrícolas a partir de 2003, ao menos até a crise financeira e econômica iniciada no segundo semestre de 2008; 4) a reestruturação dos eixos de desenvolvimento mundial, em particular o papel de Índia, Rússia e África do Sul; 5) o crescimento dos fluxos de comércio para países que até 1990 não eram relevantes para o Brasil; 6) o papel atribuído pelo Brasil às negociações econômicas multilaterais, inclusive na fase imediatamente posterior à crise de 2008, evidenciado pela participação ativa do país no G20 financeiro.

No mundo pós-Guerra Fria até 2018, a atuação internacional do Brasil não se estrutura, como até então, no contexto de uma articulação polarizada do sistema internacional; ela ocorre a despeito da incerteza do cenário internacional contemporâneo, e visava atenuar as vulnerabilidades e fortalecer as oportunidades do país. Esses objetivos permitem compreender como se evoluiu, por exemplo, para a ideia de ampliação do Mercosul e para a União das Nações Sul-Americanas (Unasul). Efetivando uma estratégia presente desde segunda metade dos anos 1980, no início dos anos 1990 o Brasil redirecionou sua atuação internacional, buscando fortalecer sua posição diante dos novos desafios, particularmente aqueles definidos pela tendência à formação de blocos regionais. Desde seu surgimento, o Mercosul foi considerado como base da estratégia de inserção internacional do Brasil. Apesar disso, conforme veremos, parece haver certa tensão entre as necessidades estruturais da integração e as atitudes e posições de importantes atores sociais e governamentais do Brasil. De outra parte, com o objetivo de evitar a adesão a arranjos que possam limitar as futuras opções do país, observa-se que há certa convergência, ainda que baseada em motivações diferentes, entre setores ligados à perspectiva nacional-desenvolvimentista e aqueles ligados à tradição liberal. Esse entendimento tem um impacto direto nas posições brasileiras em relação à integração.

A arquitetura do Mercosul, tal como construída em 1991 e válida (ao menos, formalmente) até 2020, parece atender aos interesses das elites brasileiras, como visto no Capítulo 3. Esse formato de integração é adequado para dar a sustentação considerada possível, ou a liberdade desejada, às ações internacionais do país na Organização Mundial do Comércio (OMC), nas relações com os Estados Unidos e com a União Europeia e nos G20 financeiro e comercial. Esse formato possibilitou ao país ter relativa independência frente aos constrangimentos de uma união alfandegária ou de um

Mercado Comum apoiados em maiores níveis de institucionalização. Uma variável importante que pauta o posicionamento brasileiro em relação à integração regional são as mudanças na geografia econômica internacional.

As dificuldades para o crescimento relativo do comércio e da integração regional, no Mercosul e na América do Sul – a despeito de alguns avanços ocorridos na integração energética, ainda que contrastados – mostram que persistiram razões econômicas estruturais que iam comprometendo esse processo. Paradoxalmente, isso continuou a dar-se mesmo nos momentos de maior convergência política entre aqueles governos que classificamos como desenvolvimentistas/distributivistas.

No entanto, houve mudanças significativas no cenário externo, que os governos brasileiros e as elites parecem levar em consideração. Tanto é verdade que estas mudanças e a inserção comercial do país continuam pesando, mesmo na administração Bolsonaro, cujo norte formulado em seu núcleo central é o alinhamento integral à esfera de influência dos Estados Unidos na presidência Trump. Uma das mudanças do cenário externo foi o crescimento da economia mundial, a partir de 2001 até 2008, com destaque para o papel da China, e que levou setores empresariais e grupos importantes no governo a reorientar o foco de seus interesses. Ainda que mantida a ênfase política na integração, ela teve seu significado proporcionalmente reduzido. O aumento do preço das *commodities*, inclusive do petróleo e do gás, bem como a liquidez observada no sistema financeiro nos primeiros anos do século XXI, colaboraram para o aumento das exportações, não só do Brasil, mas também dos outros países da região. Ainda que não tenha contribuído para o esforço de complementaridade produtiva e comercial regional, o bom momento internacional foi importante para que os países mantivessem suas economias razoavelmente estáveis.

Mesmo a recessão nos países centrais, iniciada em 2008, poderia então sugerir um novo ciclo favorável à integração na América do Sul, exatamente pela contração dos mercados dos países centrais. A crise internacional desencadeada pela falência do Lehman Brothers começa a ser superada já em 2010, com o crescimento ininterrupto das economias norte-americana e chinesa, que perdurou até a pandemia de Covid-19. Não existindo forças econômicas internas nos países do Mercosul decididamente favoráveis à integração econômica, o contexto internacional, seja de crise seja de crescimento, não trabalhou a favor da integração produtiva, apesar de paradoxalmente, como dissemos, haver concordância entre os dirigentes políticos a respeito de sua importância. No Capítulo 4, mostramos que o paradoxo foi parcialmente absorvido pela acentuação da ideia de Mercosul social, participativo e cultural, naquilo que denominamos como um *salto in avanti*.

As relações Argentina-Brasil, cujas raízes históricas foram vistas no Capítulo 1, tiveram um papel central para os dois países de 1985 até 2016, para sustentar a lógica da integração. A aliança estratégica Argentina-Brasil foi assinada pelos presidentes Fernando Henrique Cardoso e Carlos Menem em abril de 1997 (Botafogo; Lyrio, 2003). As crises econômicas nas relações intra-Mercosul, determinadas pela desvalorização não negociada do Real em 1999 e o fim da paridade peso-dólar na Argentina em 2001, ainda que determinadas por graves crises financeiras e políticas internas, foram abalos significativos e dão início a desconfianças que perduraram. Como veremos, as relações econômicas do Brasil com a Argentina continuam suficientemente importantes ao longo do tempo, mesmo no período Temer e também na conturbada administração Bolsonaro, mas passaram a ser vistas cada vez mais como tendo menor peso relativo. Ministros e chefes de Estado, no Brasil, viram seu papel progressivamente diminuir.

A capacidade de pressão de atores negativamente afetados pelo comércio exterior é maior do que a dos por ele beneficiados, pelo fato de estes terem em geral benefícios difusos, menos focalizados (Wise, 2009), como defendem correntes no campo de teoria do comércio internacional. A estrutura produtiva dos dois países de maior peso no bloco, diferentemente do que havia sido estabelecido pelo Programa de Integração e Cooperação Econômica (Pice),[1] não conseguiu avançar em direção a formas efetivas de complementaridade (Brasil-Argentina, ACE 14, 1990). Talvez a área onde mais se avançou, inclusive pelo impulso inicial das montadoras dos países ricos, tenha sido o setor automotivo, como discutido no Capítulo 3. O Tratado de Assunção, assinado já numa etapa liberal, não estimula que as economias busquem ativamente, e por meio de estímulos estatais, a complementaridade; o peso que os produtos primários continuam tendo nos dois países e o papel que as elites políticas nacionais projetam para a própria inserção internacional são elementos que colocam obstáculos significativos para a articulação bilateral. Os anos de governos desenvolvimentistas e distributivistas não alcançam a força suficiente para restabelecer instrumentos de integração produtiva.

Um projeto de integração regional exige ações que o mercado não realiza. Como veremos, a história da integração, particularmente de Argentina e Brasil, mas também de Paraguai e Uruguai, indica que as ações dos Estados continuaram se voltando a soluções particulares, não integradas. Por exemplo, o uso dos recursos energéticos em comum não alavancaram fortalecimento da coordenação. Em alguns casos, deram origem a novos contenciosos a ele relacionados: como exemplos marcantes, temos Itaipu e o gás da Bolívia. De outro modo, o conflito entre Argentina e Uruguai a respeito da empresa de celulose Botnia, no qual surgiam como contrapostos interesses

---

[1] Assinado em julho de 1986 por Alfonsin e Sarney, incluía catorze Protocolos. Em seguida, outros dez foram também assinados, visando a integração produtiva.

de preservação ambiental e de desenvolvimento. Iniciado em 2004, foi encerrado em 2010, com decisão arbitral do Tribunal Internacional de Haia. A crise financeira e econômica, a partir de 2008, pareceu oferecer oportunidades para o fortalecimento da complementaridade econômica, o que não aconteceu. Os dados do comércio intra-regional, entendidos também como índices de complementaridade, comprovam esse argumento.

As ações visando integração e cooperação não pareceram suficientes para neutralizar as debilidades estruturais dos países, nem para inserir a dinâmica regional nas agendas das políticas domésticas. Na integração regional entre países pobres, é difícil a construção de políticas compensatórias que facilitem a adesão social a um bloco regional. As situações de afinidades genéricas entre os governos, como aquelas da primeira década dos anos 2000, não têm sido suficientes para aprofundar as políticas de integração. Na segunda metade dos anos 2010, a ascensão de governos conservadores, estreitamente enraizados em visões pró-mercado, teve como consequência a desestruturação de órgãos regionais como a Unasul e o enfraquecimento do Mercosul. A crescente instabilidade regional teve também outras consequências, como a incapacidade de oferecer sustentação a governos legítimos (Paraguai, Bolívia, Brasil) ou de mediar soluções de forte radicalização, como na Venezuela, sem que novas instituições efetivas surgissem. O Foro para el Progreso de América del Sur (Prosur ou Fórum Prosul), iniciativa chilena do presidente Sebastián Piñera constituída em março de 2019, foi criado nesse contexto (Sanahuja, 2019), com oito países sul-americanos. Ao contrário da Unasul, que englobava toda a região, o Prosul é uma iniciativa fracionada que enfatiza os elementos de diferenciação entre os países (Barros; Gonçalves, 2019), contribuindo para aumentar a vulnerabilidade da região, particularmente diante de atores externos, sobretudo os Estados Unidos, e fazendo com que alguns países voltem a ser cenário de disputas geopolíticas (Bolton, 2020). O Prosul nem se propõe a qualquer proposta de articulação de capacidades.

A intensificação do unilateralismo norte-americano na administração W. Bush (2001-2008) não teve como resultado o fortalecimento da integração no Cone Sul. O acordo entre os países para se contrapor à iniciativa da Alca em Mar del Plata (2005) foi um sinal de resistência, mas não pode ser visto como avanço regional. No caso do Brasil, os governos Cardoso e Lula, particularmente este último, buscaram reagir ao unilateralismo adotando políticas ativas de articulação internacional voltadas aos grandes países emergentes. No caso da China, como examinaremos, foram de grande relevância as potencialidades comerciais existentes, que serviram ao Brasil durante mais de uma década como âncora comercial – e depois, com maior importância, de investimentos. O mesmo aconteceu com Argentina, Chile e outros países da região – entre eles, Peru, Venezuela e Bolívia. Quanto a Rússia, Índia e África do Sul, juntamente com a busca de cooperação econômica e comercial com esses países, foram também relevantes os aspectos propriamente políticos da relação. Dedicaram-se grandes esforços em direção a União Europeia, Japão, Oriente Médio e África. O Mercosul, mesmo sendo considerado – até por se tratar de uma união alfandegária – o núcleo vital da ação do país, não foi adequadamente mobilizado para o objetivo de contribuir para o multilateralismo. Na percepção brasileira, evidenciada em foros internacionais como a ONU, a OMC, o G20 comercial, a capacidade nacional é considerada mais decisiva e apta a produzir resultados debilitadores do unilateralismo.

Modificações e permanências nas posições brasileiras em relação ao Mercosul

No século XXI, a inserção externa do Brasil ocorre num contexto em que os parâmetros vão mudando; esse movimento atinge todos os Estados, e a reação frente a ele tem especificidades. A centralidade norte-americana está em questão (Waltz, 2000), e essa situação teve implicações para a política brasileira, inclusive no que se refere às posições do Brasil no Mercosul (Amorim, 2015), mas não só isso. Faremos agora um breve balanço do desenvolvimento do Mercosul e discutiremos as modificações e permanências nas posições do Brasil em relação ao bloco, considerando fatores domésticos e internacionais que pautaram suas posições.

Durante boa parte do período das chamadas "polaridades definidas", ou seja, da Guerra Fria (1946-1989), as posições internacionais do Brasil foram em geral resistentes à consolidação de instituições e de regimes internacionais, por se considerar que estes congelariam a hierarquia de poder existente. Um dos formuladores dessas posições foi Araújo Castro (1982), como vimos no Capítulo 2. A partir da década de 1980, no bojo da crise da dívida externa, da alta inflação e da estagnação econômica, acentuou-se o debate entre parte das elites brasileiras no sentido de repensar o modelo de desenvolvimento econômico do país. No final da década de 1980 e início dos anos 1990, ganhou força a percepção de que o Brasil deveria ter uma postura mais participativa em relação às grandes questões internacionais. O caminho encontrado pelos formuladores da política externa brasileira para garantir maior inserção internacional no mundo pós-Guerra Fria foi a busca de maior participação em organizações e regimes internacionais e a adoção de iniciativas visando a integração regional (Fonseca Júnior, 1998).

No momento da aproximação Brasil-Argentina, em meados dos anos 1980, houve uma superposição entre a ideia da integração regional, a aliança com a Argentina e a preservação dos valores do universalismo e da autonomia. O regionalismo não diminuiria, mas reforçaria o paradigma universalista de inserção internacional do Brasil. Foram importantes para o processo de integração Brasil-Argentina e, posteriormente, para a inclusão do Paraguai e do Uruguai, a percepção do risco de isolamento como consequência do fim da Guerra Fria (Moreira, 1989) e o reconhecimento de que as debilidades internas dos países enfraqueceriam suas posições externas. Nesse sentido, Onuki (1996) argumenta que a criação do Mercosul representou a tentativa de reformular os interesses estratégicos dos países do Cone Sul em meio a um contexto internacional em transformação.

Uma questão inicial relevante quando analisamos o Mercosul e a política externa brasileira é a consideração de que se trata de um processo de integração regional que envolve quatro países com características bastante diferentes, embora todos eles sejam países em desenvolvimento. Como podemos observar na Tabela 5.1, o Brasil é o país que, de longe, tem a maior dimensão territorial. O mesmo ocorre em relação ao tamanho da população. Porém, se observarmos os indicadores de desenvolvimento humano e de PIB/paridade de poder de compra, Uruguai e Argentina são países que, nessa perspectiva, são mais ricos do que o Brasil. Isso constitui uma situação estrutural bastante delicada para o Mercosul, na medida em que as expectativas que os países vizinhos manifestam em relação ao Brasil, no sentido de pagar ao menos em parte os custos da integração e contribuir para o desenvolvimento dos outros membros do bloco, encontram dificuldades de serem correspondidas. Em outros termos, como se repetirá em relação a alguns países da América do Sul, já nos governos Itamar Franco e Cardoso, de 1993 em diante, e depois, com a criação da Unasul em 2008, a expectativa de o Brasil ser um *paymaster* (Mattli, 1999; Mariano, 2015) regional é frustrada. Inclusive, pelo fato de que internamente, no Brasil, é uma questão politicamente sensível para os governos justificar o direcionamento de recursos para os países do Mercosul, quando, em indicadores relevantes desses mesmos países, eles estão mais bem posicionados.

Tabela 5.1 – Informações geográficas, sociais, demográficas e econômicas entre os membros do Mercosul em 2018

País	Área (km²)	IDH (#189)	População (milhões)	PIB Nominal (bilhões de US$)
Argentina	2.780.400	0.83 (#48)	44,560	519,49
Brasil	8.515.770	0.761 (#79)	208,495	1.867,82
Paraguai	406.752	0.724 (#98)	7,053	41,85
Uruguai	176.215	0.808 (#57)	3,506	59,65

País	PIB PPC (bilhões de US$)	PIB Nominal PC (US$ correntes)	PIB PPC PC (US$ internacionais)
Argentina	915,75	11.658,22	20.551,04
Brasil	3.366,38	8.958,58	16.146,09
Paraguai	94,51	5.934,18	13.399,77
Uruguai	81,19	17.014,13	23.157,97

Fonte: CIA, ONU e FMI. Elaboração do autor.

Os desafios da integração regional no Sul Global

Na década de 1990, mesmo com a manutenção, por parte dos governos do período, dos compromissos com a integração, o tema do desenvolvimento no âmbito integracionista perdeu parte da importância, principalmente em virtude de resistências corporativas e sub-regionais domésticas no tocante ao aprofundamento do Mercosul. A Tabela 5.1, mostrando de forma expressiva as radicais diferenças entre os PIBs nacionais e o PIB PC PPC, isto é, entre o peso da economia de cada país e o nível de vida dos cidadãos, ajuda na explicação da debilitação do movimento chamado de bicicleta e, distintamente da perspectiva funcionalista, de um impulso baixo para o *spillover*, sobretudo no Brasil.

O enfraquecimento dos modelos econômicos neoliberais nos países da região, visível a partir de 2000, acentuando-se com a crise financeira e econômica de 2008, apresentou a possibilidade de modificação nessa tendência, situação que é analisada no Capítulo 3. Pôde-se pensar, no caso do Brasil até 2016, no ressurgimento, ainda que com dificuldades, da perspectiva de que o desenvolvimento é favorecido pela integração. Na VII Reunião Extraordinária do Conselho do Mercosul, que não produziu resultados concretos frente à crise financeira de 2008, o ministro Celso Amorim declarou que "a solução para a crise é mais integração, mais comércio, menos subsídio e menos distorção" (*Gazeta Mercantil*, 28 out. 2008).

Com a desvalorização do real em 1999 e a posterior recessão argentina em 2001, o Mercosul evidenciou uma crise cujos desdobramentos não foram claros de imediato. Além dos elementos conjunturais, que se expressam por seguidos contenciosos comerciais e políticos, e da ausência de mecanismos institucionais regionais que buscassem garantir a dinâmica da integração, questões estruturais, relativas às economias dos países envolvidos e a valores enraizados nos Estados e nas sociedades, devem também ser consideradas na busca de explicações consistentes. Para o Brasil, discutimos sua relação histórica com os seus vizinhos, sobretudo da Bacia do Prata, nos Capítulos 1 e 2.

A partir de 1996 e 1997, período em que se conjugaram problemas comerciais específicos e significativos desentendimentos sobre a inserção internacional, ganham peso os setores que, na Federação das Indústrias do Estado de São Paulo (Fiesp), na Confederação Nacional da Indústria (CNI), nas entidades representativas do agronegócio, entre altos funcionários e na imprensa, têm a percepção de que o Mercosul estreitaria a capacidade universalista do Brasil. Naquele momento, colaboraram para a inflexão do papel da integração o aparente avanço das negociações para a criação da Área de Livre-Comércio das Américas (Alca), as negociações para o início de uma nova rodada de negociações na OMC, concretizadas com a Conferência de Doha em novembro de 2001, e o começo da discussão, que se fortaleceu anos depois, sobre o papel dos grandes países não centrais, que depois ganharia o nome de Bric (Brasil, Rússia, Índia e China). Todas essas negociações ou orientações não deveriam necessariamente enfraquecer o Mercosul, mas isso acabou acontecendo, pois a ideia da integração não estava assimilada com a devida profundidade pelo conjunto das elites brasileiras.

Em parte da sociedade brasileira havia interesse reduzido e, em alguns casos, abertamente contrário ao Mercosul e ao seu possível aprofundamento. Lembremos, como exemplo, que o encontro realizado em novembro de 2004, que reuniu empresários de diversos segmentos e entidades como Fiesp, Abicalçados (Associação Brasileira dos Fabricantes de Calçados), Eletros (Associação Nacional dos Fabricantes de Produtos Eletroeletrônicos) e Associação Brasileira de Comércio Exterior (AEB), revelou ser razoável a oposição ao bloco regional. As discussões giraram em torno da ideia da defesa de um passo atrás em relação ao Mercosul: no meio empresarial, discutia-se a necessidade de retroceder de uma união alfandegária, considerada imperfeita, para uma área de livre-comércio. Segundo o grupo reunido, o Mercosul seria uma âncora que aprisionaria o Brasil nas negociações internacionais, dificultando acordos bilaterais com os Estados Unidos e a União Europeia (*Valor Econômico*, 16 nov. 2004). As análises que resultam das preocupações de parcela dos empresários confirmam a tendência de redução do significado da integração para o Brasil e do papel que o Mercosul tem para a política exterior e como referência na estratégia econômica e comercial internacional. Em geral, essas análises reiteravam o papel de freio que o Mercosul e a integração sul-americana exerceriam, dificultando um maior dinamismo externo do Brasil. Mesmo com o governo sustentando a integração, objetivo mantido pelo governo Lula e também no período Rousseff, ainda que enfraquecida, a integração comercial mostrou crescentes dificuldades para avançar, como veremos nas tabelas seguintes. A preocupação com os países centrais, com economias diversificadas, com forte capacidade de importação de produtos sofisticados e de matérias-primas e bens agrícolas, na ótica do universalismo e do *global trader*, deveria prevalecer. Fonseca e Marconini (2006, p.87) afirmam: "seria altamente recomendável que as autoridades brasileiras, em futuro próximo, tivessem a ousadia realista de converter o Mercosul, extinguindo o cada vez mais problemático regime de união alfandegária, para tornar-se uma área de livre-comércio".

A potencial perspectiva de ganhos de escala em termos econômicos, que alguns acreditavam poder ser fortemente estimulada pelo acesso aos maiores mercados, levou à retomada dos temas da autonomia e do universalismo, que nunca foram abandonados, agora com um sentido restritivo em relação ao Mercosul. Para as elites que assim se posicionaram naquela fase, isso significava relação com Estados Unidos, União Europeia e, no que tange ao agronegócio, também com a China. Ainda no governo Lula, esses interesses e pressões explicam as dificuldades para o Brasil posicionar-se como *paymaster*. Certamente tratava-se de um desencontro entre o interesse governamental e a ação efetiva.

A superposição entre a ideia da integração regional, a aliança com a Argentina e a preservação dos valores do universalismo e da autonomia que, como dissemos, foi significativa na segunda metade dos anos 1980 e no início dos anos 1990 para atores importantes, não desaparece, mas se reduz. A declaração que definia a parceria entre os dois Estados como estratégica, em 1997, havia revelado interesse nessa superposição. A partir de 1999 e 2001, argumentos antigos ou novos foram ressuscitados, ao menos como justificativas: a pequena dimensão do mercado regional, a instabilidade dos países, o potencial de atração dos países ricos, particularmente dos Estados Unidos, um certo sentimento, ainda que difuso, de desconfiança em relação ao Brasil de parte dos outros três membros do bloco. Mas o argumento mais forte, como estamos enfatizando, foi a necessidade de garantir ao governo liberdade para agir no sistema internacional. Nesse plano, apenas a relação com a União Europeia parece trabalhar em sentido oposto, vista a decisão da mesma União de negociar com o Mercosul como um bloco e não separadamente com cada país. Mesmo assim, a partir de julho de 2007, com a assinatura da "Parceria Estratégica" entre a União Europeia e o Brasil, pareceu surgir a sinalização de uma possibilidade de avanços autônomos do Brasil em relação a esse interlocutor (Saraiva, 2018).

Portanto, na perspectiva brasileira, visto retrospectivamente, o Mercosul surge e se desenvolve de forma claramente ambígua, o que não é essencialmente diferente no caso argentino (Onuki, 1996). Colocado no topo das prioridades internacionais, no caso brasileiro, onde a força do universalismo, entendido como multilateralismo e estreitamento das relações com todos os Estados, permanece, o Mercosul é apresentado como instrumento muito importante, mas sempre instrumento. Não haveria uma clara especificidade da integração – ela não seria um fim em si mesmo. Já no momento de constituição do Mercosul, os governos o explicitaram. Retomando a análise do Capítulo 3, a visão era a inserção competitiva global para a qual o bloco seria uma plataforma de grande interesse (Ministério das Relações Exteriores, 1991). Isto é, o bloco visa a inserção internacional; desde o início, a questão da identidade não é central.

Podemos dizer que nas relações do Brasil com o seu entorno mais próximo, o Mercosul e a América do Sul, a ideia de autonomia se manifesta, desde o início dos anos 1990, sob a forma de insistente revalorização da potencialidade de ação nacional específica, não sujeita às amarras que uma integração institucionalizada poderia acarretar. Almeida (1993, p.138) considera que "o bom senso recomendaria a implementação de uma supranacionalidade limitada ao estrito indispensável para o funcionamento de uma união alfandegária plena. Em qualquer hipótese, não há por que reproduzir no Mercosul a enorme burocracia comunitária constituída ao longo dos anos na Comunidade Europeia, uma verdadeira 'eurocracia' intervencionista usurpando parte da competência nacional dos países-membros".

As aspirações de protagonismo e universalistas das elites brasileiras, que variam de acordo com a dinâmica do sistema internacional em determinado momento, implicam a necessidade de estar livre para agir com desenvoltura no cenário externo, sem acordos restritivos ou condicionamentos, principalmente de matriz regional. As visões de mundo e as ações de uma parte das elites, assim como o peso dos conceitos de autonomia e universalismo, influenciam a dinâmica da integração. É verdade que pudemos ao longo dos anos ver posições dirigidas à busca de vantagens especiais também em outros países, na Argentina (Escudé, 2004), no Uruguai e no Paraguai. Ao se moverem paulatinamente, distanciando-se do Mercosul, abrem o caminho para a busca de aprofundamento de relações especiais, sobretudo com os Estados Unidos. Sabemos hoje que essa evolução se desenvolveu mais a partir da desestabilização do governo Rousseff no momento de sua estreita vitória eleitoral em outubro de 2014. Aprofundou-se mais na administração Temer e, sobretudo, na perspectiva de alinhamento incondicional na administração Bolsonaro com o cargo de chanceler atribuído a Ernesto Araújo (2017). A percepção de que o maior aprofundamento do bloco implica redimensionamento de soberania e de autonomia, atingindo, portanto, ao menos parcialmente, a relação do Brasil com o mundo, sempre esteve presente e foi componente importante da ação do Estado e da sociedade. Colocando limites ao Mercosul, rejeitaram-se articulações que pudessem dificultar a movimentação internacional do Brasil ou que pudessem contrariar a desejada autonomia e a ação universalista.

Do começo dos anos 1990 até 2014, houve o fortalecimento crescente do paradigma universalista da política externa brasileira, que se relaciona com o entendimento das permissibilidades do sistema internacional para a projeção internacional do país. No contexto do conceito de autonomia pela participação, evoluindo no governo Lula para a ideia de autonomia pela diversificação, intensificou-se a ação de maior inserção ativa do Brasil. Isso acontece mediante a intensa participação nas diversas organizações internacionais, nas Missões de Paz organizadas pelas Nações Unidas, como exemplifica o caso do Haiti, na busca pelo assento permanente no Conselho de Segurança da ONU, na articulação de coalizões multilaterais, como o G20 comercial na Rodada Doha da OMC, no grupo Índia, Brasil e África do Sul (IBSA) e no grupo Brics.

Um aspecto da política externa brasileira, no período desenvolvimentista-distributivista, com raízes anteriores, foi o de buscar garantir uma coesão mínima no Mercosul de forma a utilizar a integração como plataforma para sua inserção internacional (Mariano, 2015). Da mesma forma, utilizar o Mercosul como a base da estratégia de integração sul-americana, como veremos no Capítulo 6, também tem sido um componente importante nas posições regionais do país, daí, inclusive, a necessidade de manutenção de um aparato institucional essencialmente intergovernamental, que garanta a possibilidade de ingresso de novos membros. O esforço de integração da América do Sul demonstrou haver uma dimensão sul-americana do Estado brasileiro; por outro lado, significou também a busca de soluções alternativas, ainda que apresentadas como complementares, a uma integração em profundidade, a um mercado comum, no Cone Sul, com as consequências e os compromissos que ela implicaria. A posição dos diferentes governos brasileiros, de 1986 a 2016, visando a continuidade de baixa intensidade da integração, parece atender à média das expectativas das elites, dentro e fora do aparelho estatal brasileiro. Mesmo com as radicais mudanças introduzidas a partir de 2016 na política exterior, mas sobretudo depois de 2019, o posicionamento das elites empresariais não mudou totalmente, como veremos pelas posições da Confederação Nacional da Indústria (2020), que na gestão Bolsonaro defende a continuidade do Mercosul por conta das vantagens que ele traz para algumas cadeias industriais brasileiras.

Mudanças internacionais a partir de 2008 e suas consequências para o Mercosul

Desde o começo dos anos 1990, consolida-se, entre os formuladores e operadores da política externa brasileira, o entendimento de que a manutenção das margens de atuação do Brasil no sistema internacional depende, sobretudo, da capacidade de o país projetar-se e, ao mesmo tempo, de ser reconhecido como ator influente no direcionamento dos principais temas da agenda internacional. Esse entendimento abrange tanto setores liberais quanto nacional-desenvolvimentistas (Barbosa, 1996; Cervo, 2006). Ao contrário dos países desenvolvidos, cujos recursos de poder econômico e militar já garantem influência internacional, a projeção externa do Brasil e a capacidade de projetar suas preferências nos foros de decisão internacional somente podem ser razoavelmente garantidas mediante a participação em diversos foros, políticos e econômicos, regionais e multilaterais (Narlikar, 2003). Nesse contexto, busca-se o estabelecimento de coalizões que permitam o aumento da capacidade de influência do país no sistema internacional e que fortaleçam o caráter universalista da política externa brasileira. O ministro Amorim, ao fazer um balanço da atuação internacional do primeiro governo Lula da Silva (2003-2006), avalia que essa influência foi efetiva: "Diria sem falsa modéstia que o Brasil mudou a dinâmica das negociações da OMC. Não foi o Brasil sozinho. Mas o Brasil lidera o G20 e é procurado – e diria que quase cortejado – por Estados Unidos, União Europeia e Japão, entre outros países" (*Gazeta Mercantil*, 19 out. 2006).

O peso atribuído às negociações multilaterais na esfera da OMC, bem como as movimentações dos Estados Unidos – ao menos desde o início dos anos 1990, no sentido de aprofundar as discussões sobre a integração hemisférica ou de efetivar acordos bilaterais com países da região, em particular do Mercosul – foram fatores exógenos importantes que pautaram as posições brasileiras em relação ao bloco regional do Cone Sul. Como argumenta Mello (2000), na década de 1990 o objetivo norte-americano de avançar para a integração hemisférica resultou no fortalecimento do compromisso brasileiro com o Mercosul. Esse compromisso, no entanto, não foi suficiente para sustentar o aprofundamento da integração. Depois da Conferência de chefes de Estado e de governo das Américas em Mar del Plata, em 2005, quando houve coincidência na ação visando o adiamento *sine die* das negociações da Alca, o Mercosul teve reduzido o seu significado como instrumento de barganha em relação aos Estados Unidos. Isso pode ser comprovado pelas dificuldades de coordenação de políticas nas negociações da OMC, inclusive na importante reunião de Genebra de julho de 2008. Referindo-se a esse fato, o presidente Lula afirma que "não houve divergência de conceitos". Reconhece, no entanto, que muitas vezes, em momentos críticos, prevalece nas decisões do governo o interesse nacional: "Veja, por mais que você trabalhe para um processo de integração, seja da União Europeia ou da América do Sul ou do mundo asiático, em alguns momentos você tem que considerar a situação do seu Estado nacional. Não devemos ver, em nossas diferenças, situações de conflito, mas situações de diferença; diferenças econômicas e de potencial industrial" (*Clarín*, 7 set. 2008).

Para compreender a evolução da posição brasileira na integração regional e no Mercosul, é preciso considerar as grandes mudanças internacionais que impactaram os Estados. Por um lado, como foi amplamente evidenciado pela crise financeira de 2008, houve uma redução da capacidade econômica norte-americana; por outro, cresceu o significado de outros países e regiões, constatação válida para todos os países, inclusive para os da América do Sul. Fator de grande impacto, cujas dimensões não eram previsíveis no início dos anos 1990, foi o extraordinário crescimento da China e da Ásia. Desde 1985, quando da aproximação Argentina-Brasil, ou desde 1991, com a criação do Mercosul, a geografia política e econômica internacional modificou-se profundamente. Waltz (2000, p.30 e 32) afirma que "a teoria nos permite dizer que uma nova balança de poder será constituída, mas não nos diz quanto tempo esse processo levará para concretizar-se. [...] o inevitável movimento da unipolaridade para multipolaridade não está acontecendo na Europa mas na Ásia".

A reestruturação do poder mundial (Velasco e Cruz, 2007) nos anos 2000, com o desenvolvimento focado em países não centrais, como demonstram os papéis de Índia, Rússia e África do Sul, além da China, bem como as relativas mudanças na distribuição do comércio exterior brasileiro, foram acontecimentos que contribuíram para que a integração regional passasse a ter

Os desafios da integração regional no Sul Global

menor peso relativo nos projetos de inserção externa das elites brasileiras e do Estado. Tanto na perspectiva liberal quanto na nacional-desenvolvimentista, o Mercosul continua importante como base da política brasileira, mas o foco de interesses foi reorientado e a ação empresarial e governamental passa a concentrar-se em outras direções. Segundo Guimarães (2006, p.275), "é indispensável trabalhar de forma consistente e persistente em favor da emergência de um sistema mundial multipolar no qual a América do Sul venha a constituir um dos polos e não ser apenas uma sub-região de qualquer outro polo econômico ou político".

Um dos fatores importantes que explicam essa reorientação pode ser dimensionado de forma precisa. Trata-se das mudanças havidas no comércio exterior do país. No período de 1994 a 1998, e no período de 2006 a 2010, como vimos no Capítulo 3, a evolução do comércio intrabloco foi altamente significativa. Do ponto de vista do Brasil, as exportações para os países que viriam a constituir o Mercosul, que em 1985 representavam 3,86% do total, passam a representar 17,37% em 1998. No mesmo período, as importações evoluem de 4,88% para 15,19% (Cepal, 2003). Além da evidente importância dessa evolução, a qualidade do comércio brasileiro intrazona é favorável, por ser relevante a presença de produtos e serviços de maior valor agregado, como veremos a seguir.

Os gráficos (5.1 e 5.2) e as tabelas (5.2 e 5.3) seguintes mostram as mudanças ocorridas na estrutura do comércio exterior do Brasil, a partir de 1991 até 2019; neles, apresentamos a evolução das importações e exportações e o percentual representado pelo Mercosul.

Gráfico 5.1. Participação do Mercosul nas exportações brasileiras

Tabela 5.2. Participação do Mercosul nas exportações brasileiras

Ano	Participação (%)	Ano	Participação (%)	Ano	Participação (%)
1991	7,29	2001	10,93	2011	10,88
1992	11,32	2002	5,48	2012	9,41
1993	13,97	2003	7,77	2013	10,20
1994	13,60	2004	9,25	2014	9,07
1995	13,23	2005	9,93	2015	9,42
1996	15,30	2006	10,15	2016	9,92
1997	17,08	2007	10,81	2017	10,39
1998	17,37	2008	10,99	2018	8,71
1999	14,13	2009	10,35	2019	6,54
2000	14,05	2010	11,19		

Fonte: MDIC (2020) e Banco Central do Brasil. Elaborada pelos autores.

Como é possível verificar por esse dados, em 1991 as exportações do Brasil para os países do Mercosul representavam 7,29% do total. Em 1998, esse percentual atingiu 17,37%. Em 2002, muito por conta da crise da Argentina de 2001, esse percentual caiu para 5,48%. Sendo retomado o crescimento nos anos seguintes até atingir o patamar de 11,19 por cento em 2010. Na segunda década dos anos 2000, a tendência geral é de diminuição do peso do Mercosul no percentual das exportações brasileiras. Em 2011, as exportações para os países do Mercosul representavam 10,88%. Em 2019, esse valor caiu para 6,54%. Ou seja, para um patamar inferior ao verificado no início do Mercosul.

Do ponto de vista das importações, como vemos abaixo, em 1991 as transações desse tipo oriundas dos países do Mercosul representavam 10,66% do total das importações brasileiras. Em 1998, esse percentual atingiu a marca de 16,34%, o maior valor durante todo o período de 1991 a 2019. Em 2002, as importações do Brasil oriundas dos sócios do Mercosul eram de 11,90%, e, em 2010, último ano do governo Lula, haviam diminuído para 9,14%. De forma similar ao ocorrido em relação às exportações, na segunda década dos anos 2000, as importações oriundas dos países do Mercosul apresentam tendência geral de queda, ainda que menos acentuada do que a trajetória das exportações. Em 2011, do total das importações brasileiras, 8,56% provinham do Mercosul. Em 2019, esse percentual se reduz a 7,31%. Em 1991, 10,66% das importações do Brasil tinham origem nos outros três países do Mercosul.

Analisando o comércio exterior brasileiro de forma mais ampla, conforme gráfico 5.3 e tabela 5.4, notam-se mudanças expressivas, impulsionadas principalmente pelo papel da China. Em 1991, a China representava 0,7% do total das exportações brasileiras. Em 2000, passa a 2,0%. Em 2010, 15,2% e em 2018, 26,8%. Os Estados Unidos, em 1991, absorvem 20,2%, e, em 2010, 9,6%. Em 2018, as exportações aos Estados Unidos representaram 12,2% do

Os desafios da integração regional no Sul Global

Gráfico 5.2. Participação do Mercosul nas importações brasileiras

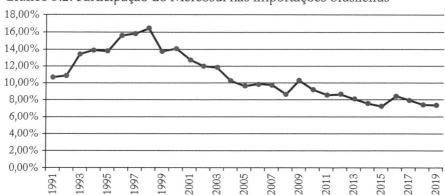

Tabela 5.3. Participação do Mercosul nas importações brasileiras

Ano	Participação (%)	Ano	Participação (%)	Ano	Participação (%)
1991	10,66	2001	12,63	2011	8,56
1992	10,84	2002	11,90	2012	8,61
1993	13,38	2003	11,78	2013	8,04
1994	13,86	2004	10,18	2014	7,54
1995	13,70	2005	9,60	2015	7,22
1996	15,56	2006	9,83	2016	8,43
1997	15,79	2007	9,65	2017	7,89
1998	16,34	2008	8,63	2018	7,38
1999	13,66	2009	10,26	2019	7,31
2000	13,97	2010	9,14		

Fonte: MDIC (2020) e Banco Central do Brasil. Elaborada pelos autores.

total das exportações brasileiras. A América Latina, excluídos os países do Mercosul, em 1991, representava 8,8%. Em 2010, 9,7%. Já em 2018, a América Latina representava 9,2% do total das exportações brasileiras. Os países da União Europeia representavam 32,1% em 1991, passaram para 26,9% em 2000 e em 2018 representavam 16,4% do total.

Do ponto de vista do total das importações brasileiras, como vemos no gráfico 5.4 e na tabela 5.5, em 1991 os Estados Unidos representavam 23,5%, ao passo que a China representava 0,3%. Em 2000, os Estados Unidos representavam 23,3% das importações brasileiras e a China 2,2%. Em 2010, os Estados Unidos representavam 15% e a China 14,1%. Finalmente, em 2018, os Estados Unidos representavam 16,2%, e a China 19,2%. Ou seja, no decorrer do tempo, mesmo do ponto de vista das importações, a China se tornou o parceiro mais importante para o Brasil. A América Latina manteve-se em posição relativamente similar durante todo o período, representando algo em torno de 7% do total das importações brasileiras.

155

Gráfico 5.3. Participação de países e blocos nas exportações brasileiras

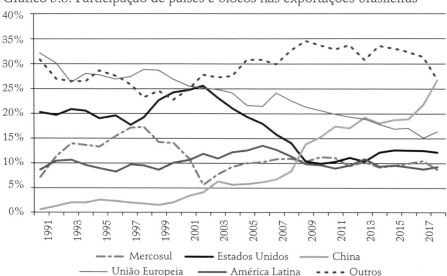

Tabela 5.4. Participação (%) de países e blocos nas exportações brasileiras

Ano	Mercosul	EUA	China	UE	América Latina	Outros
1991	7,3	20,2	0,7	32,1	8,8	30,9
1995	13,2	18,9	2,6	27,8	8,9	28,6
2000	14,0	24,3	2,0	26,9	10,0	22,8
2005	9,9	19,2	5,8	21,7	12,5	30,8
2010	11,2	9,6	15,2	20,6	9,7	33,6
2015	9,4	12,7	18,6	16,9	9,4	33,0
2018	8,7	12,2	26,8	16,4	9,2	26,7

Fonte: Comtrade (2022). Elaborado pelos autores.

Os fatores de inserção internacional são muitos, com destaque para fluxos de capitais, de tecnologia, de valores, de cultura e relações de poder. O comércio é um dos fatores de grande importância, e o destino e a origem razoavelmente diversificados do comércio exterior brasileiro tendem a dar base aos argumentos universalistas de sua política externa. Essa diversificação ocorre também na Argentina, onde os produtos primários têm ainda maior importância. O principal parceiro comercial do Brasil no ano 2000 eram os Estados Unidos, com 23,92% das exportações e 23,09% das importações. O segundo parceiro foi era a Argentina, com 11,32% das exportações e 12,26% das importações. Como podemos ver a seguir (tabelas 5.6 e

Os desafios da integração regional no Sul Global

Gráfico 5.4. Participação de países e blocos nas importações brasileiras

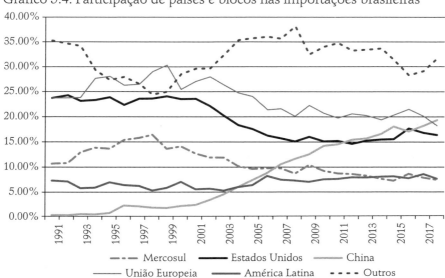

Tabela 5.5. Participação (%) de países e blocos nas importações brasileiras

Ano	Mercosul	EUA	China	UE	América Latina	Outros
1991	10,5	23,5	0,3	23,5	7,2	34,9
1995	13,5	23,7	0,8	27,9	6,9	27,2
2000	14,0	23,3	2,2	25,2	7,0	28,3
2005	9,6	17,5	7,3	23,9	6,3	35,5
2010	9,1	15,0	14,1	20,6	7,5	33,7
2015	7,2	15,6	17,9	20,2	8,0	31,1
2018	7,4	16,2	19,2	18,1	7,7	31,5

Fonte: Comtrade (2022). Elaborado pelos autores.

5.7), a China não estava nem entre os dez primeiros. Já em 2010, a China assumiu a primeira colocação nas exportações e a segunda colocação nas importações brasileiras, ficando a Argentina em terceiro lugar. Em 2019, a China assumiu a primeira colocação nos dois rankings, de importação e de exportação, e os Estados Unidos ficaram em segundo lugar.

O comércio com a Argentina, e, mais em geral, com o Mercosul, que se recupera depois da crise aguda ocorrida de 1999 até 2002, não mais alcança, em termos relativos, o auge de 1998. Como pode ser visto nos Gráficos 5.1 e 5.2, as relações comerciais com o Mercosul se recuperam parcialmente após 2002, mas seu significado relativo não mais retoma o papel alcançado

Tabela 5.6. Dez principais destinos das exportações brasileiras em 2000, 2010 e 2019 em valores absolutos (US$) e participação relativa (%)

	País	2000 (US$)	%		País	2010 (US$)	%		País	2019 (US$)	%
1	EUA	13.160.699.765	23,92	1	China	30.747.553.704	15,24	1	China	63.357.520.588	28,11
2	Argentina	6.229.543.769	11,32	2	EUA	19.300.906.943	9,56	2	EUA	29.715.863.527	13,18
3	Países Baixos	2.794.779.576	5,08	3	Argentina	18.507.273.060	9,17	3	Países Baixos	10.125.900.763	4,49
4	Alemanha	2.524.701.057	4,59	4	Países Baixos	10.225.857.321	5,07	4	Argentina	9.791.474.547	4,34
5	Japão	2.471.254.287	4,49	5	Alemanha	8.134.386.646	4,03	5	Japão	5.431.769.382	2,41
6	Itália	2.142.988.525	3,90	6	Japão	7.140.402.276	3,54	6	Chile	5.162.879.630	2,29
7	Bélgica	1.778.417.889	3,23	7	Reino Unido	4.625.093.694	2,29	7	México	4.898.455.548	2,17
8	França	1.729.729.489	3,14	8	Chile	4.256.776.051	2,11	8	Alemanha	4.731.497.703	2,10
9	México	1.709.783.257	3,11	9	Itália	4.232.361.792	2,10	9	Espanha	4.042.567.106	1,79
10	Reino Unido	1.496.503.491	2,72	10	Rússia	4.147.690.633	2,06	10	Coreia do Sul	3.449.684.302	1,53

Fonte: Samurio et al. (2019) para 2000 e 2010, e MDIC para 2019.

Os desafios da integração regional no Sul Global

Tabela 5.7. Dez principais origens das importações brasileiras em 2000, 2010 e 2019 em valores absolutos (US$) e participação relativa (%)

	País	2000 (US$)	%		País	2010 (US$)	%		País	2019 (US$)	%
1	EUA	12.906.099.243	23,09	1	EUA	27.038.687.487	14,87	1	China	35.270.816.762	19,89
2	Argentina	6.849.829.801	12,26	2	China	25.591.460.070	14,08	2	EUA	30.090.157.711	16,97
3	Alemanha	4.445.211.380	7,95	3	Argentina	14.433.416.651	7,94	3	Argentina	10.552.232.182	5,95
4	Japão	2.970.860.904	5,32	4	Alemanha	12.553.495.025	6,91	4	Alemanha	10.280.263.597	5,80
5	Itália	2.171.362.283	3,88	5	Coreia do Sul	8.425.993.375	4,64	5	Coreia do Sul	4.705.681.345	2,65
6	França	1.858.380.051	3,33	6	Japão	6.979.711.623	3,84	6	Índia	4.257.612.842	2,40
7	Argélia	1.508.469.854	2,70	7	Nigéria	5.925.152.202	3,26	7	México	4.196.694.599	2,37
8	Coreia do Sul	1.439.468.186	2,58	8	Itália	4.837.793.744	2,66	8	Japão	4.094.098.846	2,31
9	Venezuela	1.327.901.894	2,38	9	França	4.800.675.893	2,64	9	Itália	4.041.399.190	2,28
10	Reino Unido	1.223.307.927	2,19	10	Índia	4.243.145.061	2,33	10	Rússia	3.680.499.839	2,08

Fonte: Samurio et al. (2019) para 2000 e 2010, e MDIC para 2019.

na década de 1990. Sinalizada esta situação, permanece importante notar, como já ressaltamos, que a contribuição da região ao superávit comercial brasileiro é significativa. Mais importante lembrar que se trata de produtos de maior valor agregado. Ainda assim, há uma diminuição do *market share* do bloco regional nas relações comerciais brasileiras, já que o maior crescimento do comércio brasileiro se dá em relação a países importadores de *commodities*, com destaque para a China. O debate interno a respeito da desindustrialização, que em 2020 permanece estagnado, sem qualquer horizonte de solução, é fortalecido nesse contexto.

O crescimento da economia mundial a partir de 2001 – com destaque para o papel da China e da Ásia –, a ênfase atribuída pelo Brasil às negociações na OMC e a utilização da organização para fortalecer suas posições, bem como a alta do preço das *commodities* desde 2003 (Prates, 2006): todos esses fatores contribuíram para que setores empresariais e grupos importantes do governo buscassem reorientar o foco de seus interesses. O comportamento brasileiro frente à crise financeira e econômica de 2008 sugere que a ênfase na busca por um sistema mundial multipolar e pelo fim do unilateralismo se apoia na percepção de que a maximização de capacidades ocorre pela participação em diversos foros – políticos e econômicos, regionais e multilaterais. O dinamismo da atuação brasileira no G20 financeiro e, ao mesmo tempo, as dificuldades para a coordenação regional de políticas evidenciam isso. O presidente Lula da Silva, ao fim da Cúpula do G20 financeiro sobre Economia Mundial e Mercados Financeiros realizada em Washington em novembro de 2008, concluía: "o dado concreto é que, pela força política, pela representação dos países que foram inseridos no G20, eu penso que não tem mais nenhuma lógica tomar decisões sobre economia, sobre política, sem levar em conta esse fórum de hoje" (*Gazeta Mercantil*, 17 nov. 2008). Fica clara a expectativa do governo brasileiro em relação às negociações globais.

A expectativa é que a ênfase universalista possa gerar externalidades positivas em termos de convergência de posições, tanto nos fóruns multilaterais quanto nos regionais, mas ela foi atendida apenas parcialmente. Albuquerque (2007) observa que, na transição da Guerra Fria para uma ordem mundial emergente, a dissociação entre supremacia política e militar e competitividade econômica transforma as opções de política externa em cálculos complexos, uma vez que as alianças comerciais e financeiras não são, necessariamente, coincidentes com as convergências políticas. O Mercosul, a Unasul e as relações com os países associados seriam fortalecidas como consequência do fim do unilateralismo e pela afirmação do multilateralismo. A política brasileira manteve forte interesse regional até 2016, mas seu aprofundamento, em particular no que se refere ao Mercosul, vincula-se ao cenário global, sendo este um importante fator para seu avanço. A partir daquele ano, o cenário global enveredou, ainda mais fortemente com o início da administração Trump em janeiro de 2017, para um revigoramento do unilateralismo, cujo desdobramento hemisférico foi a busca da reinserção dos países considerados dissidentes no sistema liderado pelos próprios Estados Unidos. O desdobramento a partir daí, foi enfraquecimento dos órgãos regionais, no caso da Unasul seu fim *de facto*, ainda que não de direito. O entrelaçamento da política interna com a externa tornava-se ainda mais evidente, mesmo considerando a assimetria entre os Estados (Walt, 2020).

Compreendidas as linhas gerais e as percepções que estruturam a política brasileira de integração regional, é importante explicar o significado político das relações com a China, pois elas são econômica e comercialmente importantes para toda a região. Segundo Vadell (2008), o peso daquele país nos investimentos e no comércio da América do Sul tem modificado as expectativas dos atores nacionais, o que pode ser constatado pela mudança de orientação que vem sendo praticada pelo comércio exterior do Brasil. Fenômeno semelhante aconteceu com a Argentina e com os demais países. Leon-Manríquez (2006) considera que todos eles criaram expectativas elevadas, e passaram a ver na China uma alternativa importante para o desenvolvimento nacional. O tipo de relações econômicas que vêm sendo praticadas também estimula uma certa perplexidade. Vadell (2008) lembrava ainda a necessidade de se estar atento ao risco de consolidação de uma especialização da produção de tipo centro-periferia. Esses riscos podem surgir tanto num quadro de crescimento da economia mundial, e chinesa em particular, por sua enorme necessidade de adquirir *commodities*, quanto num quadro mundial recessivo, como o que se poderia afigurar a partir de 2008. Esta evolução negativa deu-se nos Estados Unidos apenas em 2008 e 2009, e, na União Europeia, em 2009 e 2012. Medidas anticíclicas, parte delas decididas internacionalmente – em momento de fortalecimento do G20 financeiro – evitaram a recessão, algo que foi possível a partir do papel desempenhado pelo multilateralismo. Importantes setores empresariais brasileiros, como as associações brasileiras das indústrias de calçados (Abicalçados), do mobiliário (Abimóvel) e do vestuário (Sindivestuário) temeram um movimento asiático de busca de novos mercados para seus produtos em função do que se pensou que poderia resultar em uma possível desaceleração da economia e da queda da demanda nos países desenvolvidos (*Gazeta Mercantil*, 21 nov. 2008). Situação semelhante, que pode levar também à especialização do tipo centro-periferia, como lemos na tabela 5.8, ocorreu no Chile, no Uruguai e na Argentina (ainda que em menor escala), estimulando fenômenos protecionistas, com potenciais desdobramentos para o próprio Mercosul. Mesmo não se consolidando uma recessão sistêmica internacional como a de 1929, naquele momento a reação do setor industrial não se deu em direção à modernização e à maior competitividade, mas em direção à busca de soluções protecionistas. Contraditoriamente, ao mesmo tempo setores empresariais também buscavam maior inserção, ainda que subalterna, nas chamadas cadeias globais de valor.

Tabela 5.8. Participação relativa da China nas exportações dos países da América do Sul entre 2000 e 2019

Ano	Argentina	Bolívia	Brasil	Chile	Colômbia	Equador	Guiana	Paraguai	Peru	Suriname	Venezuela	Uruguai
2000	3,03	0,38	1,97	4,95	0,22	1,20	0,18	0,27	6,99	**0,25**	0,31	**3,97**
2001	4,22	0,37	3,27	5,68	0,16	0,20	0,24	0,45	6,24	**0,75**	0,58	5,09
2002	4,25	0,56	4,17	7,03	0,23	0,29	0,33	0,81	7,80	**0,62**	0,60	5,57
2003	8,28	0,70	6,21	8,82	0,63	0,22	0,08	1,33	7,50	**0,21**	2,17	4,40
2004	7,61	1,04	5,65	10,42	0,82	0,65	0,23	1,44	9,78	**0,09**	1,85	3,91
2005	7,86	0,71	5,75	11,66	1,12	0,07	0,87	2,11	10,87	**0,16**	2,23	3,53
2006	7,47	0,84	6,10	8,67	1,85	1,53	2,38	0,55	9,55	**0,29**	4,30	4,23
2007	9,26	1,16	6,71	15,32	2,62	0,26	1,31	1,16	10,83	**0,47**	3,66	3,58
2008	9,08	1,88	8,35	13,21	1,18	2,06	1,50	1,51	11,94	**0,86**	11,61	2,92
2009	6,59	2,47	13,73	23,49	2,91	0,90	1,39	0,69	15,25	1,67	6,48	4,34
2010	8,51	3,00	15,24	24,36	4,98	1,88	0,81	0,53	15,18	0,72	7,35	5,54
2011	7,27	3,68	17,31	22,88	3,53	0,86	0,64	0,39	15,03	0,44	12,38	9,32
2012	6,34	2,68	17,02	23,17	5,55	1,64	0,94	0,58	16,92	0,36	16,53	11,62
2013	7,26	2,62	19,02	24,84	8,67	2,28	0,53	0,60	17,28	0,60	–	15,74
2014	6,52	3,38	18,05	24,23	10,50	1,89	1,96	0,51	18,22	1,79	–	16,47
2015	9,11	5,34	18,62	26,15	6,34	3,94	1,68	0,36	21,95	1,03	–	18,30
2016	7,66	6,68	18,97	28,64	3,63	3,91	1,24	0,25	23,39	0,93	–	16,12
2017	7,41	5,11	21,81	27,58	5,29	4,04	1,49	0,32	26,28	**0,96**	–	22,38
2018	**6,84**	**5,07**	26,76	33,50	**9,70**	6,92	1,49	0,29	**27,64**	**1,31**	–	21,64
2019	**10,47**	–	**28,36**	**32,39**	–	–	–	–	–	–	–	–

Obs.: os dados em negrito não constam no trabalho de Samurio, Barros e Severo (2019).

Fonte: Samurio, Barros e Severo (2019), Comtrade e MDIC.

Mesmo com os riscos de aceleração da primarização da economia brasileira, as oportunidades oferecidas pelas relações com a China para grupos empresariais ou sociais consolidaram uma dinâmica não diretamente convergente com a integração regional, pois seus benefícios independem da complementaridade produtiva regional. Em alguns casos, os excedentes no intercâmbio com a China, crescentemente importantes para a Argentina, segundo Godio (2006), poderiam alimentar um fenômeno classificado como "formas modernas de nacional-desenvolvimentismo". No caso brasileiro, a balança comercial tem apresentado alternâncias – favoráveis e desfavoráveis. Ao sustentar um crescimento que não se pode comparar ao de outros países, a China, já nos anos 1990, em movimento que se mantém até os dias de hoje, inclusive considerando o freio econômico internacional de 2020 motivado pela crise sanitária provocada pela pandemia do coronavírus, estimulou reorientações estratégicas, seja no setor de tecnologia avançada (a exemplo de Embraer, e do lançamento de satélites), seja no setor de *commodities* (por exemplo, Vale do Rio Doce). Essas reorientações fortaleceram setorialmente a economia brasileira, sobretudo a produção de *commodities*. A desativação da fábrica da Embraer em Harbin, em 2016,[2] sinalizou dificuldades na cooperação industrial em setores de ponta. No caso da Argentina, em 2020, vistas as dificuldades produtivas também no Brasil, resultantes da crise sanitária, a China ultrapassa conjunturalmente o Brasil como maior mercado para suas exportações (*BBC*, 2020).

A emergência de forças pós-hegemônicas na América do Sul e a política brasileira de integração nos primeiros quinze anos do século XXI

Em virtude de sua base social original, o governo Lula poderia representar uma maior abertura para a integração. Os partidos que lhe dão sustentação, em particular o Partido dos Trabalhadores, tornaram-se favoráveis a ela. A teoria clássica de integração regional, particularmente o funcionalismo (Haas, 1964), mostra que a motivação não exige a homogeneidade de valores. Mesmo sendo a favor da integração desde 1985, o interesse brasileiro pelo Mercosul e pela integração não foi suficiente para garantir o revigoramento do bloco nos anos 2000. Se os valores não foram suficientes, tampouco os interesses permitiram saltos para a frente.

A Argentina, como havia acontecido com todos os governos desde 1985, foi o primeiro país que Lula visitou depois de eleito. Essa tradição seria

---

[2] Disponível em <https://www.airway.com.br/embraer-encerra-producao-do-legacy-na-china/>. Acesso em: 05 jun. 2023.

rompida apenas em 2019, depois da chegada de Bolsonaro ao palácio presidencial. Para Lula, a ideia de fortalecimento do Mercosul e da aliança estratégica sempre esteve presente. Na primeira reunião de Lula com o então presidente da Argentina, Eduardo Duhalde, em novembro de 2002, mencionou-se a necessidade de se retomar o Pice (Programa de Integração Comercial e Econômica), assinado pelos presidentes Sarney e Alfonsín em 1986. Por diversas vezes, reafirmou-se a importância de uma política industrial e de financiamento comum. Com a eleição de Néstor Kirchner, em 2003, embora com uma política e um discurso favoráveis ao Mercosul e demonstrando parciais compatibilidades ideológicas com Lula, as medidas efetivamente tomadas por eles foram escassas. Observam-se posições comuns em casos específicos, como na Cúpula de chefes de Estado das Américas, em Mar del Plata, em 2005, quando houve coincidência na ação visando o adiamento *sine die* das negociações da Alca.

De modo geral, no entanto, não houve esforços mais amplos de coordenação e convergência. Dessa forma, parece ter se diluído o impulso inicial pelo desenvolvimento comum, embora tenha subsistido a busca de possíveis vantagens econômicas proporcionadas pelo aprofundamento do intercâmbio e pela atuação internacional conjunta em situações específicas. O debilitamento da presidente Rousseff, particularmente a partir da campanha eleitoral de 2014, não alterou formalmente a tendência, mas solapou a capacidade de direcionar a ação internacional visando o fortalecimento da integração. Houve alguns esforços dos presidentes Néstor e Cristina Kirchner e de Lula, parcialmente continuados no período Rousseff, após sua posse em 2011, no sentido de favorecer investimentos de empresas estatais ou com financiamento do Banco Interamericano de Desenvolvimento (BID) e do Banco Nacional de Desenvolvimento Econômico e Social (BNDES) que privilegiassem as cadeias produtivas. Um passo concreto importante foi a efetivação do acordo para a criação do Sistema de Pagamentos em Moeda Local (SML), vigente a partir de outubro de 2008. No entanto, a crise financeira internacional, ao desvalorizar de forma desigual o peso e o real, colocou imediatamente dúvidas quanto à concretização desse Sistema. Como vimos, estimularam-se por várias razões as lógicas protecionistas frente a terceiros países, mas também houve reservas no tocante à liberalização intrabloco. Resistências nas áreas financeiras no Brasil, no Ministério da Fazenda, sobretudo no segundo mandato a partir de 2015, e no Banco Central, acabaram por inviabilizar qualquer forma de coordenação visando políticas econômicas cooperativas. Importantes nesse sentido foram os interesses corporativos empresariais, focados na perspectiva nacional e protecionista. Isso nos remete diretamente às análises desenvolvidas nos capítulos anteriores a respeito do papel das elites brasileiras, em inúmeros aspectos semelhantes às dos outros Estados-parte do bloco.

Os desafios da integração regional no Sul Global

Segundo Hirst (2006), a prioridade atribuída pelo Brasil à América do Sul ainda no período Lula pode ser uma forma de substituir a proposta anterior de máxima prioridade à aliança estratégica com a Argentina. As razões econômico-estruturais impeditivas para essa aliança estratégica tenderam a prevalecer sobre as afinidades políticas, culturais e ideológicas. Entretanto, a redobrada atenção para a integração energética e para o desenvolvimento de tecnologias sensíveis – temas discutidos na viagem de Lula à Argentina, em fevereiro de 2008 – indicava haver no Estado forças que continuaram focadas numa perspectiva de integração profunda. Essas forças existiam – algumas delas, inclusive, empresariais –, mas foram pouco a pouco enfraquecidas por uma estratégia de difícil compreensão naqueles anos.

A partir de 2003, o Brasil passou a reconhecer de forma explícita a existência de assimetrias estruturais no Mercosul. As tentativas de oferecer contrapartidas aos outros sócios não tiveram a densidade necessária. Diferentemente da interpretação de Burges (2005), a falta de densidade tem origem, sobretudo, nas próprias dificuldades nacionais; assim, ela não pode ser explicada pela visão *egoísta* a respeito dos benefícios da integração. Esta *visão* pode ter existido em setores empresariais, mas não foi a linha que prevaleceu na formulação da política do Estado desde 1985. O fato de ter sido somente em 2006, quinze anos depois do Tratado de Assunção, que se implementou o Fundo de Convergência Estrutural, como discutido no Capítulo 4, com recursos de 100 milhões de dólares (posteriormente aumentados), e que visavam atenuar as consequências desfavoráveis da integração nos Estados menores do bloco – Paraguai e Uruguai –, deve-se às debilidades de todos os Estados, inclusive do Brasil, um aspecto que analisamos no item 2 deste mesmo capítulo.

No governo Lula existiu preocupação relacionada aos limites impostos pelo formato da integração do Mercosul, mas ela não pareceu suficiente para superar as debilidades estruturais.

> O Mercosul tem diante de si o desafio de reinventar-se e atender às expectativas de todos os seus membros. Temos de desenhar mecanismos que equacionem em definitivo as assimetrias, inclusive com o aporte de novos recursos. Precisamos encarar de frente as questões relativas ao fortalecimento institucional e à implementação, em cada um de nossos países, das decisões e acordos que tomamos no bloco. Esta nova etapa do Mercosul que estamos iniciando exigirá que suas instituições estejam à altura de nossas ambições [...] Mais Mercosul significa, necessariamente, mais institucionalidade. (Lula, 2006).

Vimos que, na sociedade brasileira, essa perspectiva não apenas não é consensual, como também enfrenta resistências, o que explica os parâmetros reais da ação do Estado, que são limitados. Os mecanismos de formação de opinião, certamente apoiados em interesses de grupos políticos, ideológicos e empresariais, acabaram por apresentar a integração e a cooperação regional como sendo apenas de interesse de forças políticas específicas, vinculando a integração à corrupção e contribuindo desse modo a substancial inversão de tendência e à corrosão da solidariedade regional, fato que acabou incidindo sobre as demais instituições regionais.

Como notou Lima (2006), é importante considerar que a chegada ao poder de governos de esquerda na América do Sul não gerou necessariamente alinhamentos automáticos, pois esses governos tendem a ser mais sensíveis ao atendimento das demandas de suas respectivas sociedades, independentemente do efeito que suas ações possam ter para os processos de integração regional. Um exemplo emblemático nesse sentido foi o da nacionalização dos hidrocarbonetos, na Bolívia, promovida por Evo Morales em maio de 2006, e que afetou interesses da Petrobras naquele país. Esse episódio constitui um caso exemplar, pois permite avaliar as possibilidades e os limites de uma cooperação que tenha como pressupostos concepções de mundo e valores com alguma semelhança: crítica das desigualdades sociais, distância dos centros de poder mundial e ideias genericamente socialistas. No caso da Bolívia, tal como ocorreu com o estanho nos anos 1940 ou 1950, o gás foi visto nos anos 2000 simbolicamente como valor a ser preservado para garantir a emancipação das populações pobres e historicamente marginalizadas. O mesmo ocorre no Paraguai, onde, segundo Canese (2008, p.25), a política do Estado visa a "recuperação da soberania hidrelétrica nacional".

Como foi apontado, a percepção brasileira de que as afinidades abrem alguns caminhos e promovem a compreensão entre parceiros comerciais não deve impedir que se reconheça o fato de que a política regional e exterior relaciona-se sobretudo com aquilo que considera como seus interesses. Se os interesses são inerentes ao Estado (Deutsch, 1978) e às classes e de importância estrutural na integração regional, é ainda a teoria que mostra em que condições eles podem coincidir com a ação integracionista. Não basta vontade política, é necessária a capacidade de produzir o fenômeno de *spillover* ou o desencadeamento de interesses que confluam na integração; caso contrário, prevalece a busca de soluções não cooperativas. Lima (2006) argumenta que há riscos de uma erosão da coalizão doméstica responsável por um dos patrimônios da política externa brasileira contemporânea: a aproximação com a Argentina, em fenômeno que foi se concretizando de forma crescente ao longo dos anos 2010 (Tokatlian, 2020; Botto, 2015).

> Nesse sentido, entre os governos progressistas da Argentina e do Brasil, gerou-se uma forte sintonia em termos de modelo de desenvolvimento nacional, o qual, diferentemente de seus antecessores, retomavam as ideias da Cepal sobre uma integração fechada. Todavia, o grande dilema seguia pendente: como superar as lógicas egoístas dos Estados nacionais por meio da coordenação produtiva? Os avanços nessa direção foram mais bens simbólicos, como a criação dos mecanismos de

salvaguarda temporal, a renovação de listas de exceção e a aceitação implícita das perfurações unilaterais da tarifa externa comum (Botto, 2019, p.65-6).

De acordo com a autora, a sintonia desenvolvimentista não conseguiu superar os impasses gerados pela propensão egoísta, estimulada por interesses corporativos e autárquicos. Isso alimentou incrementalmente esses interesses, que, por sua vez, estimularam nos anos seguintes o retorno aos tradicionais vínculos, em verdade mais conhecidos, com os países centrais, sobretudo os Estados Unidos. Certamente com a preocupação de não abandonar os interesses nas relações menos tradicionais, com a China e mesmo com o Mercosul e os outros países da América do Sul.

A expectativa gerada inicialmente pela emergência de forças políticas inovadoras e com bandeiras integracionistas fez que se vislumbrasse a possibilidade de uma nova fase nas tentativas de avanço do Mercosul e da América do Sul. Como argumentam Oliveira e Onuki (2006), é necessário qualificar a ideia do vínculo direto entre posicionamento político de esquerda e apoio à integração regional. Em outras palavras, haveria, em tese, algo que favorece a associação de objetivos, da qual nos fala Nardin (1987), se considerarmos algumas posturas ideológicas. As dificuldades próprias da integração na região, somadas aos diferentes níveis de compreensão de quais os caminhos para o desenvolvimento, causam problemas de difícil solução também no tocante a essa mesma integração.

Considerações finais

Para a política externa brasileira, a evolução da economia política internacional do início dos anos 1990 até os meados dos anos 2010 teve impacto para o fortalecimento do universalismo enquanto matriz conceitual fundamental da inserção. Além de projetar um lugar de destaque para o país nas discussões dos principais temas da agenda internacional, o ativismo externo brasileiro buscou fortalecer o multipolarismo e as organizações internacionais como instâncias privilegiadas de ordenamento da estabilidade internacional. Da mesma forma, naquela fase, o país intensificou suas relações com os novos polos de poder, que tendem a se tornar cada vez mais relevantes na configuração do sistema internacional. Por isso destacou-se a importância das mudanças, e particularmente o novo e grande papel representado pela Ásia, sobretudo pela China, fortalecendo as relações com todos os *partners*.

A situação de indefinição e as irregularidades do sistema internacional sugeriam uma estratégia de inserção internacional flexível a mudanças. Essa noção esteve presente nas formulações brasileiras em relação ao Mercosul, principalmente na defesa do intergovernamentalismo como princípio institucional da integração. Essa perspectiva, mantida constante de 1991 até hoje, inclusive nos governos Temer e Bolsonaro, tem sido revalorizada, porque se adapta a diferentes interpretações, inclusive no que se refere à integração regional.

No longo período de confiança nas relações com Argentina, Mercosul e América do Sul, de 1985 a 2016, um aspecto da política externa brasileira, num mundo que passou por transformações significativas, foi o de se buscar garantir uma coesão mínima no Mercosul de forma a utilizar a integração como plataforma para a inserção internacional do país. A oferta de benefícios pontuais aos parceiros – vistos por eles como insuficientes, e de forma geral considerados consequências do aumento de pressões recebidas – foi uma estratégia importante que pautou o gerenciamento dessa coesão. Mas a posição brasileira pareceu ter atingido seu limite; as necessidades da integração são bem maiores que a capacidade do Brasil de oferecer as contrapartidas exigidas pelos sócios, como já havia previsto Mariano (2007) ao final do primeiro mandato de Lula. De fato faltava a capacidade de ser *paymaster* (Mattli, 1999).

Para o Brasil e para o Mercosul, conforme argumentamos, as dificuldades para a afirmação da integração não estiveram vinculadas à vontade política, mas derivam de mudanças profundas no sistema internacional. Mudanças que se referem à estrutura econômica, aos fluxos de comércio, de investimentos, de tecnologia, e ao poder político, militar e cultural. Na sociedade e no Estado brasileiro, os interesses e as concepções de autonomia, de universalismo, a busca pelo fim do unilateralismo e o fortalecimento do multilateralismo – objetivos estes que em algumas fases se superpuseram e coincidiram com o projeto de integração regional, particularmente na relação com a Argentina e com o Mercosul – nos anos 2000 pareceram encontrar crescentes dificuldades para se compatibilizar. A partir de 2009 – portanto, percorrendo os anos Obama –, a região tornou-se contraditoriamente objeto de tensões ligadas à geopolítica. Por um lado, a administração democrata reatou as relações com Cuba, restabelecidas em dezembro de 2014, antes da Sétima Cúpula das Américas, realizada no Panamá em abril de 2015; por outro, fortaleceu a sinalização de que o interesse pela região permanecia, tendendo a agir contrariamente a governos considerados não suficientemente amigos.

Mesmo com a emergência de governos considerados de centro-esquerda, com características voltadas para a autonomia e o desenvolvimentismo, com bases de apoio político e social similares e com afinidades políticas genéricas, não houve impulso maior aos processos de integração da região, particularmente do Mercosul; pelo contrário, na verdade pareceu haver um círculo de desengajamento em relação à integração. Os contenciosos, muitas vezes importantes, sucederam-se (gás da Bolívia, Itaipu, Botnia, Odebrecht-Equador, medidas protecionistas de Brasil e Argentina violando acordos do Mercosul) e atingiram o próprio núcleo da integração, desgastando-o de forma incremental. Quando, nas sociedades, desenvolveram-se interesses e posições contrários à integração, eles se apresentaram não sob a forma de propostas de políticas que buscassem expandir ou readaptar o processo, mas como resistências. As crises nacionais não propiciaram ajustes no processo de integração, mas redundaram em seu debilitamento e na redução do esforço de complementaridade.

Cabe afirmar que a debilidade dos grupos epistêmicos pró-integração, que no caso brasileiro acentuou-se a partir de 1998, viabilizou o fortalecimento de outros que, mesmo não sendo contrários a ela, no bojo de um sistema internacional em transformação passam a valorizar ideias, projetos e interesses que nela não confluíam, nem a fortaleciam. A percepção, que é verdadeira, de que na medida em que se projeta maior aprofundamento do bloco haveria perda de soberania e de autonomia na relação do Brasil com o mundo, nunca desapareceu completamente e acabou sendo um componente importante da ação do Estado e da sociedade. Inversamente, a percepção de que a integração fortaleceria a própria posição do país no mundo não prosperou. Consequentemente, rejeitou-se uma opção que poderia limitar a movimentação internacional do Brasil e que seria contrária ao universalismo. Vimos que os princípios brasileiros – autonomia e universalismo –, bem como o papel que as elites atribuíram à integração, confluíram para a manutenção de um processo no Cone Sul, limitado ao nível de uma união alfandegária, essencialmente intergovernamental, compatível com o alargamento do bloco e com as aspirações do Brasil. A forma como a elite e o Estado foram processando o tema Mercosul, a partir de 1991, explica o crescimento do significado para o Brasil do tema América do Sul. O alargamento geográfico dos objetivos de integração vincula-se à mesma percepção que o país tem de si próprio em relação ao mundo exterior. Quando a inserção de boa parte dos países da América do Sul no mundo estimulou o fortalecimento da ação política, ideológica, também econômica e militar dos Estados Unidos, a agregação havida nas décadas anteriores deu fortes sinais de debilitação.

Referências bibliográficas

ALMEIDA, P. R. *O Mercosul no contexto regional e internacional*. São Paulo: Edições Aduaneiras, 1993.

AMORIM, C. *Teerã, Ramalá e Doha*: memórias da política externa ativa e altiva. São Paulo: Benvirá, 2015.

ALBUQUERQUE, J. A. G. O governo Lula em face dos desafios sistêmicos de uma ordem internacional em transição – 2003-2006. *Política Externa*, Ed. Paz e Terra, v.16, n.1, 2007.

ARAUJO, E. Trump e o Ocidente. *Cadernos de Política Exterior*. Ano 3, n.6, 2017.

ARAÚJO CASTRO, J. A. *Araújo Castro*. Brasília: Editora UnB, 1982.
ARAUJO, H. V. *Os países da Comunidade Andina*, v.2. Brasília, Funag, 2004.
AYERBE, L. F. *Estados Unidos e América Latina*: a construção da hegemonia. São Paulo: Editora Unesp, 2002.
BARBOSA, R. A. O lugar do Brasil no mundo. *Política Externa*, Ed. Paz e Terra, v.5, n.2, 1996.
BARBOSA, R. A.; CÉSAR, L. F. P. O Brasil como "global trader". In: FONSECA Jr., G.; CASTRO, S. H. N. (orgs.). *Temas de política externa brasileira II*. São Paulo: Paz e Terra, v.1, 1994.
BARROS, P. S.; GONÇALVES, J. S. B. Fragmentação da governança regional: o Grupo de Lima e a política externa brasileira (2017-2019). *Mundo e Desenvolvimento*, v.2, n.3, 2019.
BBC. "Argenchina": por que a China desbancou o Brasil como maior parceiro comercial da Argentina. Disponível em: <https://www.bbc.com/portuguese/brasil-53862542>. Acesso em: 05 jun. 2023.
BRASIL-Argentina, ACE-14, 1990. Disponível em: <http://www.mdic.gov.br/comercio-exterior/negociacoes-internacionais/132-acordos-dos-quais-o-brasil-e-parte/1818-acordos-brasil-argentina-ace-14>. Acesso em: 22 jun. 2020.
BOLTON, J. *The Room Where it Happened*: a White House memoir. Nova York: Simon & Schuster, 2020.
BOTTO, M. *La integración regional en América Latina*: quo vadis? El Mercosur desde una perspectiva sectorial y comparada. Buenos Aires: Editorial Universitaria de Buenos Aires (Eudeba), 2015.
_____. Desarrollo e integración en Latinoamérica. Los desafíos de ayer y de hoy, mirados desde la experiencia del Mercosur (1991-2018). *Revista Estado y Políticas Públicas*. 2019, año VII, n.12, 55-71.
BURGES, S. W. Bounded by the reality of trade: practical limits to a South American region. *Cambridge Review of International Affairs*, Routledge, v.18, n.3, out. 2005.
CAMARGO, S. A integração do Cone Sul (1960-1990). In: ALBUQUERQUE, J. A. G. (org.). *Sessenta anos de política externa brasileira (1930-1990)*: O desafio geoestratégico. São Paulo: Annablume, Nupri/USP, 2000.
CANESE, R. A recuperação da soberania hidrelétrica do Paraguai. In: CODAS, G. (org.). *O direito do Paraguai à soberania*. São Paulo: Expressão Popular, 2008.
CEPAL (Comisión Económica para América Latina y el Caribe). *Panorama de la inserción internacional de América Latina y el Caribe, 2000-2001*. Santiago: Cepal, 2003.
CERVO, A. L. A ação internacional do Brasil em um mundo em transformação: conceitos, objetivos e resultados (1990-2005). In: ALTEMANI, H.; LESSA, A. C. *Relações internacionais do Brasil*: temas e agendas. São Paulo: Saraiva, 2006.
CLARÍN, Cumbre de ministros del Mercosur para adoptar medidas contra la crisis. Veiculada em 27 out. 2008.
_____. Lula, en exclusiva con Clarín: "no existe ninguna hipótesis de que Brasil se juegue solo". Veiculada em 07 set. 2008.
CONFEDERAÇÃO NACIONAL DA INDÚSTRIA (CNI). *Impactos jurídicos da saída do Mercosul*. Brasília, 2020.

DEUTSCH, K. *Análise das relações internacionais*. Brasília: Editora UnB, 1978.

ESCUDE, C. *La globalización y el sistema-mundial neomoderno frente a las armas de destrucción masiva y la seguridad humana*: hacia un materialismo histórico de derechos. Universidad del CEMA – Serie de Documentos de Trabajo n.274, disponible en: <www.cema.edu.ar/publicaciones Área de Ciencia Política>. Out. 2004, p.17-8.

FONSECA, R. G.; MARCONINI, M. Desempenho e política comercial: inserção internacional e o comércio exterior brasileiro. *Revista Brasileira de Comércio Exterior*, Rio de Janeiro, n.87, 2006.

FONSECA JÚNIOR, G. *A legitimidade e outras questões internacionais*. Rio de Janeiro: Paz e Terra, 1998.

GAZETA MERCANTIL, 28 out. 2008. Mercosul responde à crise defendendo maior integração.

_____, 19 out. 2006. Brasil não perdeu prestígio. Ele nunca foi tão alto.

_____, 17 nov. 2008. Brasil volta da reunião com trunfos nas mãos.

_____, 21 nov. 2008. Crise põe o Brasil na mira da China.

GODIO, J. *El tiempo de Kirchner*: el devenir de una revolución desde arriba. Buenos Aires: Ediciones Letra Grifa, 2006.

GONÇALVES, J. B.; LYRIO, M. C. Aliança estratégica entre Brasil e Argentina, p.antecedentes, estado atual e perspectivas. *CEBRI Dossiê*, v.2, ano 2, 2003.

GUIMARÃES, S. P. *Desafios brasileiros na era dos gigantes*. Rio de Janeiro: Contraponto, 2006.

HAAS, E. B. *Beyond the Nation State*. Stanford: Stanford University Press, 1964.

HIRST, M. Los desafíos de la política sudamericana de Brasil. *Nueva Sociedad*, n.205, set. 2006.

KEYNES, J. M. *The General Theory of Employment, Interest and Money*. Troy, Michigan: BNP Publishing, 2008.

LAFER, C. *A identidade internacional do Brasil e a política externa brasileira*: passado, presente e futuro. São Paulo: Perspectiva, 2004.

LEÓN-MANRÍQUEZ, J. L. China-América Latina: una relación económica diferenciada. *Nueva Sociedad*, n.203, maio/jun. 2006.

LIMA, M. R. S. D. Decisões e indecisões: Um balanço da política externa no primeiro governo do presidente Lula. *Carta Capital*, 27 dez. 2006. Disponível em: <http://observatorio.iuperj.br>.

LULA DA SILVA, L. I. Discurso do presidente da República, Luiz Inácio Lula da Silva, por ocasião do encerramento da XXX Cúpula dos Chefes de Estado do Mercosul. Córdoba, julho de 2006. Disponível em: <http://www.mercosul.gov.br/discurso acesso em 2/12/2006>.

MARIANO, M. P. *A estrutura institucional do Mercosul*. São Paulo: Editora Aduaneiras, 2000.

_____. *A política externa brasileira, o Itamaraty e o Mercosul*. Tese (Doutorado). Programa de Pós-Graduação em Sociologia, Faculdade de Ciências e Letras – Unesp-Araraquara – SP, 2007.

_____. *A política externa brasileira e a integração regional*: uma análise a partir do Mercosul. São Paulo: Editora Unesp, 2015.

MATTLI, W. *The Logic of Regional Integration:* Europe and beyond. Cambridge: Cambridge University Press, 1999.

MELLO, F. C. *Regionalismo e inserção internacional*: continuidade e transformação da política externa brasileira nos anos 90. Tese (Doutorado). Departamento de Ciência Política da Faculdade de Filosofia, Letras e Ciências Humanas da Universidade de São Paulo, 2000.

MINISTÉRIO DAS RELAÇÕES EXTERIORES. Brasil, Argentina, Uruguai e Paraguai criam Mercado Comum do Sul (Mercosul). *Resenha de Política Exterior do Brasil*, Brasília, n.68, 1991 (Nota à imprensa de 26 mar. 1991).

MOREIRA, M. M. O Brasil no contexto internacional do final do século XX. *Lua Nova*, São Paulo: Cedec, n.18, 1989.

NARLIKAR, A. *International trade and developing countries*: coalitions in the GATT and WTO. Londres: Routledge, 2003.

NARDIN, T. *Lei, moralidade e as relações entre os Estados*. Rio de Janeiro: Forense-Universitária, 1987.

OLIVEIRA, A. J.; ONUKI, J. Eleições, política externa e integração regional. *Revista de Sociologia e Política*, v.27, 2006.

ONUKI, J. *O governo e o empresariado argentino*: a percepção política do Mercosul. Dissertação (Mestrado). Departamento de Ciência Política da Faculdade de Filosofia, Letras e Ciências Humanas da Universidade de São Paulo, 1996.

PINHEIRO, L. *Política externa brasileira, 1889-2002*. Rio de Janeiro: Jorge Zahar, 2004.

PRATES, D. M. A inserção externa da economia brasileira no governo Lula. *Política Econômica em Foco*, São Paulo, n.7, abr. 2006.

SANAHUJA, J. La crisis de integración y el regionalismo en América Latina: giro liberal-conservador y contestación normativa. In: MESA, M. *Ascenso del nacionalismo y el autoritarismo en el sistema internacional*. Madrid: Fundación Cultura de Paz, p.107-27, 2019.

SARAIVA, M. G. As relações com a União Europeia (2008-2015). In: Desidera Neto et al. *Política externa brasileira em debate*: dimensões e estratégias de inserção internacional no pós-crise de 2008. Brasília: Ipea e Funag, 2018.

TOKATLIAN, J. G. América Latina es punto de disputa entre EEUU y China. *La Nacion*, 25 jul. 2020. Disponible en: <https://www.lanacion.com.ar/opinion/biografiajuan-gabriel-tokatlian-america-latina-es-punto-de-disputa-entre-eeuu-y-china-nid2403147>.

UNESP, UNICAMP, PUC-SP, CEDEC. *Estados Unidos*: impactos de suas políticas para a reconfiguração do sistema internacional. Projeto de Pesquisa, 2006.

VADELL, J. *América do Sul recebe o dragão asiático*. Paper. San Francisco: International Studies Association (ISA), 2008.

VALOR ECONÔMICO, 16 nov. 2004. Empresários discutem o Mercosul.

VELASCO E CRUZ, S. C. *Trajetórias*: capitalismo neoliberal e reformas econômicas nos países da periferia. São Paulo: Editora Unesp, 2007.

WALT, S. All great power politics is local. *Foreign Policy*. 2020. Disponível em <https://foreignpolicy.com/2020/08/24/all-great-power-politics-is-local/>.

WALTZ, K. N. Structural realism after the Cold War. *International Security*, v.25, n.1, 2000.

WISE, C. The North American Free Trade Agreement. *New Political Economy*, v.14, issue 1, 2009.

6
Entre alianças e disputas: atitudes brasileiras para as organizações hemisféricas, OEA, Celac, Unasul e Mercosul

Introdução

Durante a década de 2000, o crescimento econômico no Brasil, que coincidiu quase exatamente com os dois mandatos de Lula, contribuiu para impulsionar o papel do Brasil nos assuntos regionais e globais. Naquele período aconteceram mudanças nas percepções acerca da inserção internacional do Brasil e, consequentemente, nas percepções a respeito de sua atuação no continente americano. A ascensão do Brasil deu-se no quadro mais geral do papel crescente dos Brics. Juntamente com China, Índia, Rússia e África do Sul, o Brasil foi apontado nos anos 2000 como economia em crescimento, havendo projeções que o situariam entre as cinco maiores economias do mundo em meados do século XXI. Apesar de não haver necessariamente correlação direta, o crescimento econômico impulsionou a ação política brasileira tanto em escala regional como em escala global. A desaceleração econômica em curso desde 2011 no Brasil pareceu não mudar a essência desse quadro ao longo do primeiro mandato de Rousseff. Por outro lado, a década de 2000 apresentou sinais concretos de parcial declínio da influência econômica norte-americana na região, que passou a concorrer com intensos fluxos comerciais e financeiros oriundos da Ásia, principalmente da China, como vimos no Capítulo 5. A suspensão indefinida das negociações da Área de Livre-Comércio das Américas (Alca), em Mar del Plata, em 2005, evidenciou um cenário de novas possibilidades no tocante às relações regionais que alguns chamam pós-hegemônicas (Sanahuja, 2012). Depois, a crise financeira de 2007/2008 afetou a economia dos Estados Unidos, inclusive suas relações comerciais e seus investimentos.

Consequentemente houve a busca de intensificação dos laços de cooperação entre os países da América Latina, que abrangem temas políticos, de segurança, meio ambiente e assistência para o desenvolvimento (Velasco e Cruz, 2008; Bittar e Hershberg, 2012; Sabatini, 2012), com reflexo na estrutura e na atividade das organizações regionais. É nesse contexto que deve ser compreendida a criação de organizações com novas propostas para as relações interamericanas, particularmente para algumas áreas específicas, como a União das Nações Sul-Americanas (Unasul) e a Comunidade dos Estados Latino-Americanos e Caribenhos (Celac).

Na segunda metade dos anos 2010, o cenário doméstico brasileiro é marcado por profundas mudanças. O Brasil passou por uma acirrada disputa eleitoral no ano de 2014. Rousseff foi reeleita para o segundo mandato, e deveria permanecer na presidência da República por mais quatro anos (2015 a 2018). As eleições foram decididas em segundo turno, em outubro de 2014. Dilma Rousseff, encabeçando a coligação liderada pelo Partido dos Trabalhadores, recebeu 54.501.118 votos, ante os 51.041.155 votos recebidos por Aécio Neves e sua coligação liderada pelo Partido da Social Democracia Brasileira.[1] A pequena diferença entre 51,64% e 48,36% demonstra o cenário de disputa política que pairava sobre o Brasil. Para o nosso objetivo – o de discutir a política brasileira de integração regional e interamericana e, mais em geral, a política exterior –, essas informações são de grande importância. Podem ajudar a compreender as mudanças que, a partir daquele momento, passaram a se desenhar. Algumas de curto e outras de médio prazo, contribuindo para explicar a influência da política interna no que se refere à orientação externa, ou o contrário. Hoje há elementos probatórios de que certas dinâmicas internas relacionaram-se com fatores externos. Ainda não temos reconstituição e análise sistemática dos fatos, mas a desestabilização do consenso desenvolvimentista-distributivista acontece em diferentes países da região. Note-se que, no Brasil, as investigações da chamada Operação Lava Jato tiveram papel importante nesse processo (Avritzer, 2019).

Ao iniciar o segundo período de governo, em janeiro de 2015, Rousseff encontrou um cenário muito diferente se comparado à situação existente em janeiro de 2011, quando se iniciou seu primeiro mandato. No segundo termo, a administração inicia-se sem a força política que teve ao iniciar-se o primeiro. Não é nosso objetivo neste livro discutir a política interna brasileira, mas essas condições devem ser compreendidas, e condicionam, como veremos, a política exterior, pois influenciam fortemente a capacidade do Estado de mobilizar seus recursos simbólicos e materiais. Na eleição para a presidência da Câmara dos Deputados, em fevereiro de 2015, o candidato do

---

1 *Folha de S.Paulo*, 27 out. 2014.

Partidos dos Trabalhadores (PT) foi derrotado, ganhando por larga margem um deputado do Partido do Movimento Democrático Brasileiro (PMDB). O PMDB fazia parte da base partidária da presidente, mas mantinha forte disputa com ela. Iniciava-se um processo de erosão da sustentação do PT entre os tradicionais dirigentes da política brasileira. Erosão que a partir daí só se ampliou, acentuando um movimento de crescente afastamento da elite econômica e política brasileira do Partido dos Trabalhadores. Como acontecera ao longo dos mandatos do presidente Lula (2003-2010), a oposição política e parlamentar concentrou os ataques ao governo apoiando-se em acusações de corrupção. A partir do início de 2014, o foco é a investigação do Ministério Público relativa a acusações de corrupção na Petrobras. Em março de 2015, a questão ganhou relevância maior pela instauração de processos de investigação de cinquenta pessoas no Supremo Tribunal Federal, quase todos parlamentares, a maioria então ligados a partidos que constituíam a base de apoio do governo. No mesmo período, diferentes forças de oposição ao governo mobilizam a opinião pública, em boa medida apoiadas pelas campanhas da imprensa, contando com sustentação em camadas médias (Rossi, Mello e Bastos, 2019; Singer, 2019) e em interesses econômicos, particularmente aqueles vinculados a uma perspectiva acentuadamente privatista.

Na eleição de outubro de 2014 – em menor escala o mesmo havia acontecido na eleição de 2010 –, a presidente obteve maior apoio nos estratos mais pobres, sobretudo naqueles com renda até dois salários mínimos, e apoio decrescente nos estratos mais ricos, sendo particularmente baixo o apoio entre os que ganham acima de dez salários mínimos. A mesma tendência se verifica no tocante à escolaridade, onde o apoio maior vem dos que têm nível de ensino fundamental, pouco apoio entre os que têm ensino superior. Finalmente, veja-se que a presidente venceu apenas em duas regiões, a região Norte e a região Nordeste. Nas regiões mais desenvolvidas, especialmente na região Sudeste, Rousseff perdeu, particularmente em São Paulo, ainda que ganhando em dois estados importantes desta mesma região, Rio de Janeiro e Minas Gerais. Nas regiões Sul e Centro-Oeste, a presidente teve menos votos que o candidato do PSDB, Aécio Neves[2] (Amaral e Ribeiro, 2015).

A pergunta que buscamos responder neste livro é: como a evolução do quadro político brasileiro e internacional atingiu tão fortemente a política exterior para a integração regional, as relações interamericanas, assim como a política externa em geral? Para isso, utilizamos conceitos de teoria de política externa: a partir de 2019, foi alcançado o *level four* da escala de mudanças formulada por Hermann (1990). No período do governo

---

2 *O Estado de S. Paulo*, 27 out. 2014.

Temer (2016-2018) iniciaram-se modificações significativas, ainda que não invertendo totalmente o sistema de relações externas do país. Com o início da administração Bolsonaro, alcança-se o quarto nível, o mais alto dos níveis categorizados por aquele autor. Para ele (Hermann, 1990, p.5-6), este modelo de mudança gradual em quatro níveis representa

> [...] uma mudança de orientação internacional: a mudança mais extrema na Política Externa envolve o completo redirecionamento dos atores em relação aos assuntos internacionais. Em contraste com outras formas pelas quais um ator – ou um conjunto específico de atores –, aborda um determinado tema, as mudanças de orientação envolvem uma transformação básica no papel internacional e nas atividades daquele ator. Não apenas uma política, mas muitas são praticamente alteradas simultaneamente.

No caso da política externa brasileira, como verificamos no Capítulo 5, quando indicamos algumas das razões das modificações da orientação tradicional e constitucional do Brasil a partir do governo de extrema direita de Bolsonaro, em 2019, dissemos que em parte elas devem ser atribuídas ao declarado alinhamento às posições dos Estados Unidos da administração Trump.

Vimos que algumas explicações partem de uma interpretação econômica. A estrutura produtiva brasileira, mesmo aumentando o consumo interno, continuou fortemente dependente das exportações de *commodities*. Isso numa conjuntura econômica de graves dificuldades. No último ano do governo Lula, o crescimento foi 7,53%. A partir de 2012, o crescimento foi paulatinamente diminuindo. Em 2012, 1,92%. Nos anos sucessivos, 3,00%, em 2013, 0,50% em 2014. Em 2015, recessão, –3,55%. Em 2016, ano do *impeachment*, –3,21%. Nos anos seguintes, administração Temer, 1,06%, em 2017, e 1,12% em 2018. Em 2019, já na administração Bolsonaro, 1,14 (IBGE, 2020). Sem dúvida, há questões estruturais que sinalizam problemas de longo prazo, não conjunturais. A interpretação econômica aponta para diagnósticos até mesmo opostos. Na perspectiva liberal, uma baixa propensão à poupança e um distributivismo excessivo. Na perspectiva desenvolvimentista, as características criticadas pelos liberais são vistas como necessidades para a promoção de maior distribuição de renda e redução da desigualdade, bem como do aumento do mercado interno. Poucas interpretações têm vinculado a crise, como havia feito Fernandes (1975), a razões sociológicas estruturais: burguesia com baixa capacidade de projetar horizontes e uma sociedade que ainda não pôde romper plenamente com tradições ligadas à influência do compadrio, do escravagismo, da inserção no sistema colonial de dominação.

A relação entre política interna e externa é um tema importante na análise das relações internacionais (Putnam, 1988; Rogowski, 1989; Rodrik, 2017).

Segundo Moravcsik (1997), a política interna não apenas define as ações de política externa dos Estados: o entrelaçamento das diferentes políticas externas, determinadas pelas internas, particularmente dos Estados mais importantes, é o que finalmente estrutura o próprio sistema internacional. Isto é, ainda que de modo não linear, este resulta das diferentes condições nacionais. O problema teórico que se coloca é, como diria Waltz (1979), a questão da estrutura, bem como sua posição relativa nessa estrutura, quando estudamos um país médio ou pequeno. A percepção de uma parte do *establishment* norte-americano, no governo Obama, foi de que a posição do Brasil de certa forma estimularia posições centrífugas em relação à estrutura geopolítica estabelecida, podendo incentivar a ruptura com formas tradicionais de relacionamento. As preocupações nos Estados Unidos não são homogêneas, mas determinadas pelos interesses e pelas visões de mundo. Os democratas buscaram estimular certas formas de direitos, inclusive direitos humanos, além de preservação ambiental, mas sempre preocupados pela questão central da hegemonia norte-americana. Para Piccone (2011, p.173) "O Brasil tomou a frente para preencher o vácuo deixado por uma falta de consenso na OEA, lançando sua própria iniciativa para criar a União de Nações Sul-Americanas (Unasul), um novo fórum que exclui os Estados Unidos". Ao mesmo tempo, ele sinaliza não haver nenhum mecanismo para operacionalizar a defesa dos direitos humanos, permanecendo esses objetivos vagos na nova organização. Reiteramos que, ao longo da administração Obama, a perspectiva geopolítica foi aumentando as pressões pelo reenquadramento dos Estados latino-americanos na sua área de influência.

Carr (2001), considerado um precursor da escola realista contemporânea, ao discutir os fundamentos das relações internacionais, insiste sobre o seu caráter político, mostrando como esse aspecto seria mais importante que o direito e a moral. "Todo sistema jurídico pressupõe uma decisão política inicial, explícita ou implícita, alcançada pelo voto, barganha ou força, como a da autoridade encarregada de fazer e desfazer as leis. Por trás de todo direito existe esse pano de fundo político necessário. A autoridade última do direito deriva da política" (Carr, 2001, p.233). No Brasil da segunda metade dos anos 2010, tampouco se pode compreender a ação externa sem considerar a todo momento a situação interna. O governo Rousseff teve uma política exterior e regional que apresenta elementos importantes de continuidade com aspectos da ação histórica do país, particularmente com aquela desenvolvida pelo governo Lula, mas os constrangimentos internos incidiram de forma significativa, até a virtual paralisação dessa ação. No segundo mandato, em menos de um ano e meio de governo, sucederam-se três ministros de relações exteriores, Antonio Patriota, Luiz Alberto Figueiredo, finalmente Mauro Vieira. Os elementos conjunturais, sobretudo as limitações impostas pelo quadro político interno, em boa medida novo, com crescimento da capacidade de mobilização de diferentes órgãos do Estado, à revelia do próprio governo, pelo centro-direita e direita, caracterizam o segundo mandato. As políticas exterior, regional e interamericana foram alvos de fortes ataques.

Diante disso, neste capítulo buscamos compreender a ação brasileira no plano hemisférico em uma perspectiva mais geral, de longo prazo, de forma a entender os caminhos que ela tomou e as razões, também discutidas nos capítulos anteriores, do colapso do sistema desenvolvimentista-distributivista. Discute-se aqui em que medida o incremento e o enfraquecimento da capacidade brasileira, efetiva e simbólica, afetam as relações continentais, e o modo como o governo e a sociedade formulam suas políticas para a região, seja na perspectiva anterior, seja na perspectiva de afastar-se da região, buscando decididamente a articulação externa e retomando a aliança com os Estados Unidos. Em outros termos, procuramos identificar fatores que motivam a adoção das estratégias no tocante às relações bilaterais, sub-regionais, regionais e continentais, assim como as multilaterais. Com esse intuito, a análise de conceitos básicos da política brasileira, agora retomados, serve para entender o significado dos círculos concêntricos nos processos de integração e cooperação. Na sequência, retomamos a análise de aspectos da política no âmbito da integração e da concertação na América Latina, discutindo o Mercosul, a Unasul e a Celac. Por fim, discutimos a atuação continental, particularmente frente à OEA e aos Estados Unidos. Argumentamos que os graves problemas que explodem no segundo mandato de Rousseff, as dificuldades de negociação política interna somada à crise econômica, limitarão o protagonismo brasileiro na região, e as pressões por maior aproximação com os países centrais, particularmente os Estados Unidos, alcançarão seus objetivos a partir de 2016, no governo Temer, mas ganharão sua plena dimensão a partir de 2019, com Bolsonaro.

2. O conceito de autonomia e a política externa brasileira: o papel da integração

No Capítulo 3, discutimos a questão da autonomia na política externa brasileira. Nesta seção, retomaremos parte da discussão iniciada naquele capítulo, mas abordaremos o conceito a partir de uma perspectiva mais ampla de Relações Internacionais e Latino-Americanas. A literatura sobre política externa brasileira, sobretudo a partir de 1990, buscou reinterpretar o significado de autonomia considerada fio condutor explicativo. Em geral, parte-se dos estudos clássicos de Jaguaribe (1958), desde seus trabalhos iniciais no ISEB.

Numa interpretação do conjunto da obra de Juan Carlos Puig, Simonoff (2015) ressalta a estreita relação que apresenta o conceito de autonomia por um lado e o de integração ou concertação política por outro. Com isso, ele discute o que seria uma forma de instrumentalização do conceito de integração na sua relação com a autonomia. O autor remete a uma conclusão cuja determinação procuraremos debater ao refletir sobre as perspectivas que se abriam para o Brasil na segunda metade dos anos 2010, que no plano conceitual permanecem perfeitamente válidas ao iniciarem-se os anos 2020. Inclusive sugerindo horizontes para além dos anos vividos depois de 2016, tentando desenhar alguns dos prováveis cenários das décadas seguintes. Para Simonoff (2015, p.136) "a ideia de subordinar a integração à autonomia não é infundada, já que obedece às necessidades de encontrar ferramentas para que as sociedades periféricas alcancem seus objetivos". Como sabemos, no caso da América do Sul, ideia claramente aplicável ao Brasil, o discurso de subordinar a integração à autonomia teve consequências profundas. Em nome da autonomia, enfraqueceu-se a integração. Em seguida, depois de 2016, a autonomia foi desvalorizada pela busca explícita da inserção subordinada à hegemonia de uma potência maior. No caso brasileiro, não apenas a uma potência maior, mas ao projeto de uma determinada corrente política fortemente conservadora que visa a restauração do poder norte-americano com políticas explícitas de confrontação e maniqueísmo.

Nos anos 2010, o peso alcançado pelas forças de oposição no Brasil aos governos do Partido dos Trabalhadores, que deve ser visto no contexto do crescimento do conservadorismo e autoritarismo *illiberal* (Levitsky e Ziblatt, 2018), fortaleceu inicialmente o Partido da Social Democracia Brasileira (PSDB). Em seguida, lembrando em alguns aspectos os anos 1920 e 1930 na Europa, no vácuo criado pelos movimentos autoclassificados como apolíticos, fortaleceram-se outras forças declaradamente de direita, com sinais que as aproximam, ainda que com características distintivas, do fascismo. Isso torna inevitável uma rediscussão da política externa, e da política de integração regional tal como havia sido desenhada. Portanto, é importante entender que o combate à integração regional faz parte de um projeto de inserção internacional fortemente alternativo. Sinalizar as vantagens da integração não alteraria o desenrolar do desengajamento brasileiro, quando se dá num quadro de derrota política das forças desenvolvimentistas-distributivistas e também das forças liberais que haviam sido formuladoras iniciais da integração. É assim que podem ser caracterizados os governos Alfonsín, Sarney, Menem, Collor de Mello, Itamar Franco, Cardoso, Pedotti e Lacalle.

Um dos caminhos para a rediscussão dos fundamentos da política exterior do Brasil, da autonomia e da integração regional, acabou sendo a da retomada das mesmas ideias, buscando sua ressignificação depois de 2016. Nessa nova discussão, como aconteceu de forma semelhante em outros países, a crítica às posições que prevaleceram nos governos do PT não se concentraram na ideia de autonomia em si, mas na sua interpretação, buscando retomar raízes que podem ser encontradas ao longo do século XX, como discutimos no Capítulo 2, raízes que permaneceram vivas e vigorosas até hoje. Utilizando a formulação de Russell e Tokatlian (2010), provavelmente se buscará reinserir na equação autonomia-integração, aumentando-lhes o peso, os conceitos de globalização, de interdependência, e também as ideias relativas à inserção nas cadeias globais, às vantagens comparativas etc. Todas essas ideias estiveram e estão fortemente presentes na política externa do Brasil, inclusive ao longo dos governos Lula e Rousseff, mas seu peso, sua interpretação e sua utilização variou fortemente ao longo do tempo. Um dos argumentos dos chanceleres Serra e Nunes Ferreira (2016-2018), foi de que o Mercosul, a Unasul e as formas de integração sul-americana aprisionariam a capacidade do Brasil de se relacionar a partir de suas próprias capacidades. Uma leitura inversa àquela – por exemplo, do Iseb e da Política Externa Independente –, que, como discutimos no Capítulo 2, acentuava a necessidade brasileira de desenvolver sua industrialização e de criar uma economia nacional, mas sem qualquer contraposição à região (fosse Bacia do Prata, América do Sul, América Latina).

Na produção acadêmica latino-americana e brasileira sobre Relações Internacionais, a autonomia é uma noção que se refere a uma política externa livre dos constrangimentos impostos pelos países poderosos. É um objetivo a ser perseguido na ação externa e também um conceito explicativo das opções internacionais. O tema da autonomia no Brasil é importante para os intelectuais, porque também o é potencialmente para o Estado. Esse valor é algo a ser reafirmado constantemente. Isso difere da situação em que se encontram alguns países desenvolvidos, nos quais peso econômico, político ou militar já garantem em si um grau elevado de autonomia. Mesmo não sendo o objetivo deste livro, é importante lembrar que até governos "americanistas" são considerados por alguns autores como interessados na preservação de algum grau de autonomia e apresentam divergências sérias, sobretudo econômicas, com os Estados Unidos (Malan, Bonelli, Abreu e Pereira, 1977; Casarões, 2014). Nos referimos, por exemplo, aos governos Dutra (1946-1950), Castello Branco (1964-1967) e Collor de Mello (1990-1992). Alguns autores atribuem seu filo-americanismo – fortemente presente em suas políticas externas – a determinadas formas consideradas necessárias para a preservação da autonomia ou para o desenvolvimento nacional, por exemplo. A radicalização do filo-americanismo, a partir de 2019, com consequente adesão incondicional, é atribuída por Amorim (2020) ao que classifica como governo "não normal".

Em vez de estar enraizada na noção jurídica de soberania, no Brasil a autonomia é um conceito político; um instrumento para salvaguardar-se contra os efeitos mais nocivos do sistema internacional. Do ponto de vista dos países poderosos, a autonomia externa não é uma preocupação de maior relevo. Mello (2000) considera que a noção de autonomia fundamenta a articulação entre os conceitos de independência, diversificação e universalismo da política externa brasileira. A independência constituiria condição prévia da autonomia, enquanto a diversificação e o universalismo remeteriam aos meios que deveriam ser promovidos para alcançá-la. O termo autonomia, no caso brasileiro, remete à ideia de ampliação das margens de atuação ou de escolha do Estado, tendo em conta a percepção das condições do sistema doméstico e internacional em um determinado período. Portanto, é uma noção relativa, depende do contexto doméstico e/ou internacional em que a política externa é implementada.

Além disso, por definição, a autonomia é sempre uma questão de grau, sendo esse aspecto particularmente importante para as discussões sobre integração regional, que, por definição, implica algum grau de relativização da autonomia. Na perspectiva do Brasil, nos anos 2000, houve propensão a aceitar maiores graus de cooperação. Por exemplo, na área de segurança regional, com limitações setoriais de autonomia em prol de objetivos relativamente modestos de cooperação sul-americana. Em compensação, o enfraquecimento da integração sugere o aumento da conflitualidade. Não é surpreendente que as instituições de integração, cooperação e articulação regionais, ao enfraquecerem-se ou mesmo desintegraram-se, como foram os casos do Mercosul e da Unasul, abram o caminho a crises que não se solucionam pela intermediação regional e fortalecem a possibilidade de atração da conflitualidade global para a região, como indica o caso da Venezuela a partir de 2017 (Teixeira Junior, 2020).

Desde 2015, pelas mudanças que se acentuavam fortemente no posicionamento das elites no Brasil, com forte incidência na opinião pública, cresce também a tendência à intensificação da crítica ao Mercosul, que é apresentado, por ser uma união alfandegária, como entrave a acordos com outros países, particularmente as mais importantes economias de mercado, sobretudo os Estados Unidos. Essa tendência é alimentada também pelas dificuldades de boa parte dos países da América do Sul, não só da Venezuela, mas também da Argentina, simbolizada pela eleição de Macri em 2015. Nas palavras de Rubens Barbosa[3] (2014), "o Brasil deveria rever sua estratégia de negociação comercial, sem preconceitos ideológicos, com vista à abertura de novos mercados, não só entre os países em desenvolvimento, mas também nos países desenvolvidos. A prioridade nos últimos 12 anos, apenas para as negociações multilaterais no âmbito da OMC, do Mercosul e na América do Sul não serve mais aos interesses do Brasil". Indícios de atitudes semelhantes surgem em outros países, contribuindo para que a pressão por mudanças ganhe força em camadas da sociedade brasileira, particularmente em setores empresariais, mas também entre setores do governo e em segmentos importantes da administração pública. Segundo o jornal

---

3 *O Estado de S.Paulo*, 11 nov. 2014. Disponível em: <http://opiniao.estadao.com.br/noticias/geral,uma-nova-politica-comercial-imp-,1591030>.

uruguaio *El País*,[4] referindo-se ao assessor especial para negociações comerciais, Carlos Peréz del Castillo, nomeado pelo chanceler Rodolfo Nin Novoa, logo após a posse do presidente Tabaré Vázquez em 1º de março de 2015, "sua designação implica que a Chancelaria trabalhará para que o Uruguai, seja com o Mercosul ou por conta própria, busque novos acordos comerciais". De fato, o mesmo Peréz del Castillo[5] vem afirmando que "o Mercosul como modelo central de inserção para o Uruguai está totalmente esgotado. Vamos permanecer no Mercosul, não sairemos, mas são necessárias grandes modificações, porque, atualmente, não tem nenhuma credibilidade".

A noção de autonomia é caracterizada pela capacidade do Estado de implementar decisões baseadas em seus próprios objetivos, sem interferência ou restrição exterior, e pela habilidade de controlar as consequências internas de processos ou eventos produzidos além de suas fronteiras. Na América Latina, a partir da década de 1970, a ideia de autonomia tem sido pensada como um meio de "libertar" os países da região de sua dependência externa. De fato, a origem da utilização do conceito é remota, para alguns países a encontramos no século XIX. No Brasil, fases como a do nacionalismo varguista, particularmente o do período 1951-1954 (Alves, 2007), da Política Externa Independente (governos Quadros e Goulart) (ver Capítulo 2) e do Pragmatismo Responsável (governo Geisel) (Lima, 2018), refletem o grau de enraizamento do conceito. Jaguaribe (1979, p.91-3) descreve o sistema internacional como uma ordem hierárquica. Embora os países com capacidade para exercício pleno da autonomia não possam garantir total inviolabilidade de seus territórios nacionais, eles oferecem consideráveis obstáculos para as ações de seus inimigos, adversários ou simplesmente competidores, e desfrutam de margem de manobra suficiente para conduzir suas políticas externas. As nações mais vulneráveis ou economicamente e/ou estrategicamente fracas, por outro lado, embora formalmente independentes e soberanas, historicamente são constrangidas pelas grandes potências.

A autonomia é uma função das condições estruturais que Jaguaribe (1979, p.96-7) descreve como "viabilidade nacional" e "permissibilidade internacional". O primeiro termo refere-se à existência de recursos humanos e sociais adequados à capacidade de inserção internacional e ao grau de coesão sociocultural dentro das fronteiras nacionais. O segundo conceito relaciona-se com a capacidade de neutralizar as ameaças externas, e depende de recursos econômicos e militares e alianças com outros países. Jaguaribe (1979) também identifica dois fatores fundamentais para a existência da autonomia na periferia: a autonomia tecnológica e empresarial, e relações favoráveis com

---

4 *El País*, 04 mar. 2015. Disponível em: <http://www.elpais.com.uy/informacion/cancilleria-quiere-libertad-buscar-acuerdos.html>.

5 *El País*, 04 mar. 2015. Disponível em: <http://www.elpais.com.uy/informacion/mercosur-agotado-modelo-insercion.html>.

o centro. As formulações de Barbosa e del Castillo que acabamos de citar colocam em novo patamar o significado do fortalecimento das relações com os países centrais. Não apenas como uma ação importante de seus Estados, mas como uma alternativa ao fortalecimento das relações intrarregionais e Sul-Sul. Buscando explicar a evolução do conceito de interesse nacional, suas diferentes utilizações e instrumentalizações, no caso brasileiro, o termo autonomia remete à ideia de ampliação das margens de atuação ou de escolha do Estado, tendo em conta a percepção das condições do sistema doméstico e internacional em um determinado período. Portanto, é uma noção relativa, implicando algum grau de relativização da autonomia. No caso das elites brasileiras, a ideia de autonomia foi e é utilizada instrumentalmente, de acordo com as condições (Pinheiro e Lima, 2018).

A CNI, que desde o final do governo Cardoso entendia a integração regional como limitadora dos interesses de setores empresariais de algumas cadeias produtivas, em 2020 afirma sua posição a favor do Mercosul, assinalando os custos da ruptura da união alfandegária. Robson Braga de Andrade, presidente da confederação dos industriais, na apresentação de um estudo da entidade sobre a relevância do bloco, pontuou que "a CNI espera que esta publicação contribua para o debate acerca do aperfeiçoamento do Mercosul, de modo que o Brasil e os demais membros possam colher resultados positivos da integração nesse importante mercado comum" (CNI, 2020, p.11). Isto é, segundo a confederação, "considerando-se apenas o último cenário (exportações de produtos manufaturados), a relevância do Mercosul é evidente, sendo superior, inclusive, às exportações para a União Europeia" (CNI, 2020. p.23). Em caso de saída do Brasil do bloco, o estudo afirma que "parcela significativa das exportações brasileiras de produtos manufaturados (que hoje têm acesso livre aos mercados dos países do Mercosul, com exceção do setor automotivo e sucroalcooleiro) serão impactadas" (CNI, 2020, p.23).

Em termos absolutos, apenas os Estados Unidos importam mais produtos manufaturados que o Mercosul. Como discutimos no Capítulo 5, em um país como o Brasil, onde a participação relativa da indústria vem decrescendo constantemente desde 1980, o argumento da importância do bloco regional ganha maior peso. Mesmo em períodos como o do governo iniciado em 2019, com desapreço pelos países da região (Casarões, 2020) e busca de intensificação das relações com os países ricos, sobretudo os Estados Unidos, devem-se ressaltar, neste livro de balanço de longo prazo, as razões estruturais do interesse pelo bloco regional. O Gráfico 6.1, que apresenta a média das exportações brasileiras entre 2015 e 2019 de produtos manufaturados, indica claramente isso. Ou seja, o Mercosul é o mercado que representa 21% na categoria dos produtos de maior valor agregado, apenas os Estados Unidos absorvem mais manufaturados, alcançando 32%. Como lemos no gráfico, a China alcança 2% e a União Europeia, 17%. Esta é uma das razões da dificuldade na formação de uma posição brasileira mais coerente e estável.

Gráfico 6.1. Destino das exportações brasileiras de produtos manufaturados (média 2015-2019)

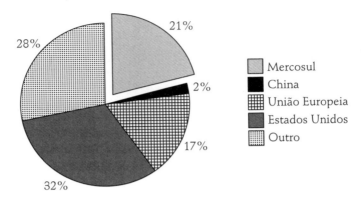

Fonte: CNI, 2020.

A Tabela 6.1 evidencia a crescente primarização da economia brasileira, com o aumento de grande significado do peso dos produtos básicos nas exportações, movimento que, como já discutimos, vem se acentuando constantemente desde 1980. De acordo com o MDIC, em 22 anos, de 1997 a 2019, os produtos básicos cresceram em termos percentuais de 18,6% a 42%. No mesmo período, decresce o peso dos produtos que envolvem baixa tecnologia, média-baixa tecnologia e média-alta tecnologia. Da mesma forma, os produtos de alta tecnologia, ainda que variando ao longo dos anos, decresceram de 4,4% a 3,8%: é importante sinalizar que eles se mantêm constantemente em patamar baixo.

Tabela 6.1. Exportações brasileiras por intensidade tecnológica – participação relativa por ano

Produtos	1997	2001	2005	2009	2013	2017	2019
Básicos	18,6%	18,1%	20,6%	31,0%	38,0%	37,6%	42,0%
Manufaturas de baixa tecnologia	34,6%	33,4%	29,5%	30,1%	25,7%	26,5%	23,9%
Manufaturas de média-baixa tecnologia	17,3%	15,4%	17,8%	14,7%	15,4%	12,8%	15,3%
Manufaturas de média-alta tecnologia	25,2%	21,7%	25,1%	18,6%	17,2%	18,5%	15,0%
Manufaturas de alta tecnologia	4,4%	11,4%	7,0%	5,5%	3,7%	4,6%	3,8%

Fonte: Elaboração dos autores a partir de dados do MDIC.

A Tabela 6.2 apresenta as importações de acordo com a intensidade tecnológica. As variações de certa forma ajudam a completar o quadro acima apresentado. No mesmo período considerado, de 1997 a 2019, a participação relativa de importações de produtos básicos diminuiu de 12,8% a 9,1%. No que tange a produtos de baixa tecnologia e média-alta tecnologia, a participação relativa manteve certa estabilidade. O mesmo ocorre com os produtos de alta tecnologia, variando de 18,7% a 16,9%. Mudança maior encontramos no que se refere aos produtos de média-baixa tecnologia, variando sua participação relativa no período de 13,8% a 22,7%. Consolidando a análise relativa ao forte enfraquecimento do parque industrial, o que se deu inclusive no tocante aos produtos que no século XX haviam sido o eixo do processo de substituição de importações, vem a indústria de bens não duráveis e duráveis de consumo. Como uma evidência adicional dessa tendência, note-se que, em 2019, a participação do Brasil na produção industrial mundial caiu para o menor patamar da série histórica que se inicia em 1990. De acordo com um comunicado da CNI, "A perda de participação da indústria brasileira na produção industrial mundial tem sido observada desde meados da década de 1990". Ainda de acordo com a CNI, "os dados evidenciam que a crise econômica brasileira de 2014-2016 intensificou esse movimento", que continuou nos anos seguintes, levando a produção industrial brasileira a retroceder frente a outros países, inclusive a outros em vias de desenvolvimento, como México e Turquia, na classificação internacional.[6]

Tabela 6.2. Importações brasileiras por intensidade tecnológica – participação relativa por ano

Produtos	1997	2001	2005	2009	2013	2017	2019
Básicos	12,8%	11,7%	17,4%	13,9%	14,2%	9,6%	9,1%
Manufaturas de baixa tecnologia	11,6%	7,6%	6,9%	8,8%	8,6%	10,7%	9,3%
Manufaturas de média-baixa tecnologia	13,8%	15,3%	14,4%	14,7%	18,5%	19,4%	22,7%
Manufaturas de média-alta tecnologia	43,1%	42,6%	39,4%	42,5%	42,1%	41,6%	42,0%
Manufaturas de alta tecnologia	18,7%	22,9%	21,9%	20,1%	16,6%	18,8%	16,9%

Fonte: Elaboração dos autores a partir de dados do MDIC.

---

6 Disponível em: <https://www1.folha.uol.com.br/mercado/2020/09/brasil-atinge-menor-participacao-na-producao-industrial-mundial-desde-1990-diz-cni.shtml>.

O papel dos interesses das elites políticas que dirigem os Estados é fundamental para a compreensão da possibilidade ou não de desenvolvimento de forças centrípetas que possam produzir o fenômeno de *spillover*. A continuidade do processo exige em tese o crescimento da importância dos grupos epistêmicos integrados. Schmitter (2000), Malamud e Schmitter (2006) e Lekofridi e Schmitter (2015), ao discutir as dificuldades do processo de integração, mostram como elas não necessariamente desaparecem ao longo do tempo. No caso da União Europeia, Schmitter (2000) sinaliza como uma demonstração da dificuldade de o processo avançar em direção a uma União Política estável, de forma confederativa, estaria demonstrada pela indefinida postergação da formação de partidos Europeus, decorrido quase meio século após o Tratado de Roma. Situação que perdura até 2020, agravada pelo Brexit. Do mesmo modo, Malamud e Schmitter (2006) e Mariano (2015) discutem algumas das particularidades do Mercosul, e a dificuldade de uma interpretação teórica convencional para explicar suas constantes oscilações, ainda no período desenvolvimentista-distributivista.

Em suas reflexões sobre a autonomia, Puig (1980, 1984), diferentemente de autores realistas como Morgenthau (2003) e Waltz (1979), argumenta que o sistema internacional não é caracterizado pela anarquia, mas por uma hierarquia internacional. Conforme Puig (1980, p.149-55), a obtenção da autonomia passa por quatro estágios: 1) o *status* formal de Estado soberano; 2) os benefícios materiais suficientes para elaborar e pôr em prática um projeto nacional; 3) aceitação das políticas da potência em suas áreas de interesse estratégico em troca do exercício de autonomia em setores de igual importância para os países latino-americanos, como ocorre na escolha de seus modelos de desenvolvimento; e 4) a ruptura da dependência com o centro e ações de não obediência. Para esse autor (ibid.), assim como para Jaguaribe (1979), a autonomia requer graus adequados de "viabilidade nacional", uma considerável quantidade de recursos domésticos e um compromisso explícito das elites com um projeto nacional. Os dois autores também compartilham a noção de que a autonomia requer a mobilização de recursos de poder na periferia. Alianças regionais para interagir com o centro, integração política e econômica, e a melhora de estratégias negociadoras constituem os instrumentos para se alcançar esta meta. Nessa perspectiva, a integração regional pode ser um objetivo estratégico. Por outro lado, doses adequadas de realismo político obrigam à mensuração das forças para alcançar os objetivos.

Analisar a existência dos quatro estágios formulados por Puig (1980) continua sendo um exercício interessante, em particular para o Brasil. No caso brasileiro, certamente temos o primeiro estágio, o Estado soberano. Esse estágio existe em maior ou menor medida em qualquer país da região no século XXI. Mais difícil é definir como se encontram os outros três. A realidade brasileira dos anos 2010, com forte evidência em 2015, com crescimento da crise institucional no início do segundo mandato Rousseff, é que a capacidade de colocar em prática um projeto nacional autônomo encontrava-se sob *judice*. As elites políticas evoluíram para sua fragmentação, avançando para uma declarada crise institucional. O combate à corrupção, que aparentemente vem se constituindo com força em regime internacional inovador, imbricado com relações de poder, tem, do mesmo modo que em outros países, inclusive centrais, como efeito secundário sua instrumentalização para a luta política interna. O surgimento, ou ressurgimento, de interesses que não consideram como objetivo nacional importante a preservação das decisões estratégicas no Estado nacional consequentemente tem impacto sobre a integração regional. A revelação das articulações internacionais na produção de provas (*The Intercept*, 2020), particularmente o uso do conceito de *lawfare*, contribuiu ao resultado eleitoral de 2018, mostrando a debilidade do poder nacional.

No caso brasileiro, empresas como Petrobras, grupo EBX, grandes empreiteiras da área da construção civil e pesada, que foram parte do interesse brasileiro pela região, tanto no caso do Mercosul, quanto no da Unasul (Neves, 2019), foram estruturalmente enfraquecidas ou mesmo destruídas. Não havendo estruturas empresariais fortes, as consequências para a política externa em relação à região e ao mundo são grandes. O resultado disso foi a debilitação das bases materiais de uma política de integração sustentada simbioticamente pelo conceito de interesse nacional, especialmente da perspectiva que integra interesse nacional com a região. Nesse contexto, o tema das relações com os Estados Unidos ganhou importância: a crise brasileira contemporânea fortaleceu os setores que apontam para a importância da relação com os Estados Unidos, assim como com a União Europeia. Com início em 2019, as relações com a China, apesar de ser este país o maior *partner* comercial do Brasil e do Mercosul, e seu grande investidor, passaram a ser entendidas na perspectiva da *Trade War* formulada pela administração Trump. As relações com a China foram questionadas por importantes áreas do governo de Brasília.

Para entender os diferentes conceitos de autonomia debatidos conceitualmente no Brasil, é importante voltar às suas formulações anteriores. Adaptando o conceito de autonomia em meados dos anos 1990, Fonseca Jr. (1998) argumentava que a diplomacia brasileira em partes do período da Guerra Fria se caracterizou pela autonomia pela distância. Já na década de 1990, esta mesma diplomacia seria levada a incorporar novos valores devido à 1) democratização brasileira, 2) ao final da Guerra Fria, 3) à aceleração do processo chamado de globalização e 4) à entrada de "novos temas" na agenda internacional (questões ambientais, direitos humanos, reforma do sistema internacional de comércio). Em suma, a própria ideia de autonomia ganharia nova conotação. Segundo o autor, a primeira expressão de autonomia pela distância seria ficar afastado, ainda que nem sempre contrário, em relação às ações e aos valores do ocidente capitalista e desenvolvido. Em seguida, significaria uma atitude crítica em relação às superpotências. Por outro lado, no mundo contemporâneo, a autonomia não significaria mais "distância" dos temas polêmicos para resguardar o país de alinhamentos indesejáveis. Ao contrário, segundo Fonseca Jr. (1998), ela se traduziria por "participação", por um desejo de influenciar a agenda participando dos processos decisórios.

Na mesma linha de raciocínio, Russell e Tokatlian (2003) argumentam que a aceleração da globalização nas últimas décadas teria modificado sensivelmente o espaço de ação dos países latino-americanos. Esse novo contexto global demandaria que a autonomia fosse definida de uma forma diferente, havendo a necessidade de transição da *autonomia antagonística* (que é similar à autonomia pela distância) para a *autonomia relacional* (que é parecida com a autonomia pela participação).

A autonomia relacional se traduz em uma crescente interação, negociação e participação na elaboração das normas e regras internacionais. A autonomia não é mais definida "a partir da capacidade de um país se isolar e controlar processos e eventos externos, mas sim a partir da sua capacidade de participar de assuntos internacionais e efetivamente exercer influência, sobretudo em quaisquer tipos de organizações internacionais e regimes" (Russell; Tokatlian, 2003, p.16). Para Russell e Tokatlian (ibid., p.19), a autonomia relacional deve ser alcançada por meio de compromissos e negociações com grande participação da opinião pública, fortalecendo o aspecto democrático deste tipo de desenvolvimento de política externa. O abandono parcial de elementos de soberania (marca da autonomia relacional) seria feito no sentido de desenvolver instituições e normas para a promoção do bem comum. Percebemos nessa perspectiva a ideia da inserção propositiva na lógica dos regimes internacionais prevalecentes. De fato, com os sinais de enfraquecimento da ideia de autonomia pela diversificação, que foi o modo de inserção internacional em que se aceitava a participação nos regimes internacionais prevalecentes, temperando o movimento com alianças que visam equilibrar os poderes hegemônicos tradicionais (exemplo, a articulação Brics), a integração regional e a cooperação sul-americana deixam de ser centrais. Naquele momento em que a aproximação aos Estados Unidos voltava ao debate, ganhou força momentaneamente a discussão a respeito da inserção em grupos regionais com forte liderança norte-americana, sobretudo o Acordo de Parceria Transatlântica de Comércio e Investimento (TTIP).

Em um estudo no qual são avaliadas diferentes possibilidades para o Brasil por meio da simulação de situações, particularmente as que adviriam da finalização das negociações para o TTIP e para a Parceria Trans-Pacífica (TPP), Thorstensen e Ferraz (2014) afirmam que as consequências em termos de comércio seriam particularmente prejudiciais ao Brasil, caso não encontrasse formas de adesão ao TTIP. Quando Trump assume o poder nos Estados Unidos em 2017 e retira do Congresso a solicitação de aprovação da TPP e a negociação do TTIP é suspensa, a adesão individual de parte da Argentina e do Brasil aos regimes liberais se fortalece com o debate sobre o ingresso na OCDE (Thorstensen; Gullo, 2018). Neste caso, do mesmo modo, de forma desarticulada com os países do Mercosul. Portanto, as ideias e as estratégias políticas fundamentadas na busca de autonomia, como as indicadas por Briceño Ruiz (2012, p.54), parecem encontrar um momento de inflexão. Para ele, no início dos anos 2010, "as reflexões recentes sobre densidade nacional e autonomia relacional confirmam que o desenvolvimento econômico e a autonomia política continuam sendo as ideias centrais da reflexão integracionista latino-americana". O peso do Brasil entre os países da América do Sul, com seu abandono dos projetos de autonomia e de integração, contribui decisivamente para a alteração dos equilíbrios e enfraquecimentos dos órgãos sul-americanos de integração, cooperação e coordenação.

Cada um dos conceitos discutidos quando se fala em autonomia, pela distância, pela participação, pela diversificação, esteve enraizado na tradição diplomática brasileira. Contudo, as estratégias de ação que derivam deles não são necessariamente bem-sucedidas a ponto de trazer benefícios para, por exemplo, o intercâmbio comercial, a atração de investimentos diretos, a influência nos organismos internacionais, para a consolidação dos esforços de integração regional ou para o prestígio político e a influência nos temas da paz e da guerra. Por conta da forma como a questão da autonomia se insere nos objetivos de ação externa dos Estados latino-americanos, especialmente no caso do Brasil, a experiência da integração tem particularidades importantes e inclusive consequências teóricas a serem consideradas.

A integração do Cone Sul e da América do Sul, portanto o Mercosul e a Unasul, de certa forma destoa das teorias desenvolvidas por neofuncionalistas (Matlary, 1994; Haas, 2004) e por liberais-intergovernamentalistas (Moravcsik, 1994; Moravcsik, 2005). Simplificando, para os primeiros, integração implica o desencadeamento do fenômeno de *spillover* voltado à atenuação do poder nacional em favor da supranacionalidade. Para os segundos, a interação combinada dos interesses nacionais deveria suportar a integração. Para os liberais-intergovernamentalistas, a autonomia nacional subsiste, mas a permanência e o avanço da integração resultam da combinação de interesses nacionais. Para o Estado brasileiro, para suas instâncias formuladoras de políticas, como verificamos no Capítulo 1, podemos afirmar, os diferentes blocos regionais devem contribuir para o fortalecimento da autonomia dos Estados-membros, enquanto objetivo e consequência da integração. Foi assim até 2016. O que dizemos é que os blocos regionais, particularmente o Mercosul, foram incorporados à política externa brasileira de forma consistente, com enraizamento no Estado e na sociedade, como vimos de forma contínua desde o Tratado Tripartite de Itaipu de 1979 (Gardini, 2010). De certa forma nos reencontramos mais uma vez com a formulação de Puig (1984), resgatada por diversos autores como Colacrai (2009),

Bernal Meza (2005) e Simonoff (2015), em que a ideia de integração deve ser compatível com a de autonomia.

Para neofuncionalistas e liberais-intergovernamentalistas, a integração surge da demanda dos atores domésticos e grupos de interesse dos Estados. Há aí como pressuposto um grau razoável de interdependência econômica entre os membros (Choi; Caporaso, 2002). No que se refere à necessidade de interpretação da integração do ponto de vista da política externa (brasileira, mas o raciocínio tem validade bem mais ampla), podemos concluir que a ideia de autonomia não se superpõe totalmente à de integração. A menos que a ideia de autonomia seja percebida numa perspectiva federativa, o tema de Schmitter (2000). O aparente movimento descendente da integração na América do Sul em distintos processos no final dos anos 2010 não é apenas visível a partir de 2016 no Mercosul, mas também – desde antes – na Comunidade Andina e também nas dificuldades de aprofundamentos na Aliança do Pacífico. Esta interpretação contribui para a compreensão do processo do Brexit e de uma parte dos problemas que apresenta a União Europeia (Hooghe; Marks, 2019).

Na busca de compreender o desenvolvimento da política brasileira pós-2016, vale lembrar que o conceito de autonomia passa a ser fortemente reinterpretado. No período da administração Temer (maio 2016-2018), houve algum retorno à autonomia pela participação, mesmo que muito modificada. Menor prevalência do multilateralismo e maior prevalência da adesão aos regimes liberais. No pós-2019, a ideia de posições autônomas é francamente rejeitada. Ou melhor, nesse caso, como haviam antes formulado Pinheiro e Lima (2018), frente a uma nova articulação de interesses internos e de incentivos externos, haveria uma volta ao leito da inserção internacional dependente? Ou seja, referem-se ao reconhecimento da impossibilidade da autonomia: "do ponto de vista autonomista, o Estado não deveria se comportar como um 'país pequeno', mas 'endurecer' o seu *soft power*, conforme a expressão usada pelo então chanceler Celso Amorim (2016, p.45-59), embora isso não signifique tornar-se uma potência nuclear. Graças a esse entendimento – no qual o país deve assumir certos riscos no cenário internacional, tendo em vista contextos nacionais e internacionais favoráveis –, as políticas com um viés autonomista constituíram momentos de ruptura e descontinuidade na Política Externa Brasileira sempre que o Brasil adotou uma posição crítica a respeito do *status quo*" (Pinheiro e Lima, 2018, p.18). As autoras analisam a autonomia, também considerando seu conceito de acordo com Jaguaribe e Puig, como uma exceção. Disso não se depreende que a ação externa pós-2019 seja a da dependência tradicional, mas uma exacerbação não normal dela. O chanceler Araújo (2017, p.354) havia escrito:

> No Itamaraty aprendemos ao longo das décadas a evitar, a todo custo, qualquer submissão do Brasil a um bloco, de modo a preservarmos a capacidade de desenvolver uma

política externa autônoma. Queremos relacionar-nos com todos os blocos, mas sem fazer exclusivamente parte de nenhum deles. Vemos então com grande desconfiança a ideia de integrarmos um Ocidente que necessariamente exclui outras civilizações e que nos deixaria presos a um determinado bloco. Mas esse não alinhamento absoluto não deveria impedir o Brasil de alinhar-se consigo mesmo e com a própria essência de sua nacionalidade, se chegarmos à conclusão de que essa essência é ocidental.

Para Araújo (ibid.), a essência ocidental é a do presidente Trump, dos Estados Unidos.

Do ponto de vista de política exterior, houve mudanças importantes nos anos do Partido dos Trabalhadores no governo. Mudanças introduzidas pela "diplomacia presidencial" de Lula da Silva, em geral acompanhadas por Rousseff. Mesmo quando a cúpula formuladora da ação diplomática, incluindo nesta Celso Amorim, Samuel Pinheiro Guimarães e Marco Aurélio Garcia, e um certo número de diplomatas, formulava e acompanhava as mudanças, particularmente as críticas das políticas hegemônicas, no geral a estrutura administrativa – que inclui muitas outras áreas além das relações exteriores, ministérios, instituições – não acompanhou de forma ativa essas mudanças. Conclui-se que, de acordo com a interpretação que fazemos neste livro, se os governos pós-2016 orientarem sua ação externa de forma diferente daquela do período desenvolvimentista-distributivista, portanto afastada da perspectiva da autonomia, encontrarão uma estrutura certamente não hostil.

As demandas e os interesses, sobretudo econômicos, voltados à integração regional, decorridos trinta anos do Tratado de Assunção de março de 1991, não tiveram crescimento qualitativo importante – questão analisada no Capítulo 5. Desde as crises cambiais brasileira e argentina de 1999 e 2001, não houve no Brasil forte demanda pela integração, nem houve crescimento vigoroso da interdependência. Sem ignorar, claro, que houve avanços históricos em pontos importantes – por exemplo, o desaparecimento de hipóteses de guerra na Bacia do Prata, tema de preocupação secular para os quatro países do Mercosul, e uma presença maior de investimentos intrarregionais, ainda que declinantes, a partir de 2014 –, o estágio atual, meados dos anos 2010 até 2020, sinaliza ações de cooperação e integração de baixa intensidade. A crise institucional brasileira, que sinalizou a quebra do apetite de algumas grandes empresas, empreiteiras e outras, como Petrobras, alguns bancos, os investimentos do BNDES, bem como o interesse por áreas de alta tecnologia (aeronáutica, segurança etc.), consolidou o estágio de baixa demanda pela integração. Ao final do período chamado pós-hegemônico, no Brasil, as posições que vinculam autonomia com integração regional não se fortaleceram do ponto de vista de suas bases de sustentação política e material. Depois disso, as forças que defendiam maior inserção vinculada aos mercados "globais" ganharam sempre maior importância, o que não significa que tenham alcançado seus objetivos.

3. Integração e concertação política na América Latina: Mercosul, Unasul e Celac

A posição brasileira frente aos órgãos regionais, desde o fim dos governos militares em 1985 até 2016, pode ser interpretada como a de uma estratégia de círculos concêntricos. E aqui estamos sublinhando que, mesmo no primeiro círculo, o mais restrito e o mais aprofundado, o Mercosul, o país não abdicou de sua autonomia. De fato, nessa união alfandegária os governos brasileiros sempre defenderam a impossibilidade de submeter-se, ao menos em alguns casos, a decisões colegiadas, atribuindo isso aos riscos que adviriam da instabilidade nos países-parte. Tal posicionamento estrutural durou trinta anos (1985-2016) e foi considerado pressuposto para abrir o debate sobre os próprios fundamentos do Mercosul, ideia que foi se consolidando de forma paralela à crise institucional. No Brasil. desde a citada crise cambial de 1999-2001 e acentuando-se mais e mais na presidência Rousseff, atores com forte peso social, econômico e político defenderam abertamente a necessidade de rebaixamento do atual nível de integração a acordo de livre--comércio, ainda que com ressalvas. Bacha (2014, p.11) escreve:

> Dado o amplo mercado interno que abrirá às exportações dos demais países do mundo, o Brasil estará em condições de fazer negociações vantajosas para a abertura compensatória dos mercados de seus parceiros comerciais. O leque de possibilidades é amplo, envolvendo acordos multilaterais, regionais e bilaterais. O certo é que o país necessitará de liberdade de movimentos e, portanto, de flexibilizar as regras de lista comum para a negociação com terceiros países que têm sido observadas no Mercosul.

Em fevereiro de 2015, o mesmo autor afirmou a necessidade da retomada das negociações da Área de Livre-Comércio das Américas (Alca), interrompidas em novembro de 2005 em Mar del Plata.[7] As indefinições havidas a partir das crises brasileira, de 1999, e argentina, de 2001, com a lentidão que passou a prevalecer, colocaram os aspectos econômicos da integração parcialmente em compasso de espera. No Capítulo 4, ao discutir o conceito de *salto in avanti*, vimos que essas dificuldades, nos governos Lula e Rousseff – adeptos da integração, mas sem a correspondente sustentação política e empresarial –, foram parcialmente substituídas pelas temáticas sociais e políticas. Seguidos contenciosos, ainda que circunscritos, colocariam a necessidade de novas decisões para fortalecer a integração, se o objetivo entre forças importantes e com capacidade de ação na sociedade brasileira tivesse sido no sentido da continuidade e do aprofundamento do Mercosul. De 2011 em diante, em boa medida, os governos, ao depender

---

7 Entrevista ao jornal *Valor Econômico*, 5 fev. 2015.

dos processos políticos internos que foram objeto de fortes tensões nos quatro países do bloco, não levaram adiante os avanços potenciais. Do mesmo modo que, em outras experiências de integração, a ausência de agência, de iniciativas, terminam por dificultar o processo. Um exemplo é a questão controversa do ingresso da Venezuela no Mercosul, que foi aceito na Cúpula de julho de 2006, em Córdoba. Após os controvertidos posicionamentos dos parlamentos brasileiro e paraguaio, a Venezuela finalmente foi aceita como membro pleno na Cúpula de Brasília de julho de 2012, realizada sem a presença do Paraguai. Ainda assim, ficaram para negociações específicas as ratificações pela Venezuela de inúmeros protocolos já incluídos no corpo de procedimentos legais do bloco.

Em situações normais, a dinâmica decisória da integração tende a adquirir mais autonomia em relação aos Estados nacionais, dependendo dos interesses, mas também das capacidades dos Estados. Assim, pode-se entender a baixa disposição brasileira quanto ao fortalecimento institucional do bloco, já que o Estado – neste caso, entendido não como governo, mas como o conjunto da administração – não deseja perder o controle do processo. As posições brasileiras são fundamentadas na lógica da intergovernamentalidade e são mais adaptadas à expansão do bloco do que propriamente ao seu aprofundamento. A intergovernamentalidade, na medida em que resguarda um alto nível de autonomia para o Estado nacional, faz com que este mantenha uma forte capacidade de intervenção em relação à política de integração. Dessa forma, ela se compatibiliza, adequadamente, com o elemento de autonomia da política exterior do Brasil em relação aos seus parceiros. Muito importante é o fato de que essa autonomia viabilizou no período desenvolvimentista-distributivista o estreitamento de relações com outros grandes países não centrais, o Brics, mas também viabilizou, do ponto de vista dos críticos da integração regional e sul-americana, a manutenção de um horizonte de reintegração no contexto dos países centrais. A relação com os Estados Unidos, mas também com a União Europeia, e a aceleração das negociações para o ingresso na OCDE devem ser compreendidas a partir desse ponto de vista.

Os conceitos de autonomia e de diversificação das parcerias, defendidos por parte das elites e presente na memória institucional do Ministério das Relações Exteriores (Mariano, 2007), colocaram continuamente questionamentos ao Mercosul. A percepção de que haveria perda da soberania e da autonomia brasileira, na medida em que houvesse um aprofundamento maior da integração no bloco, continua norteando parte da ação da burocracia estatal. Rejeita-se uma opção que teria a consequência de limitar o espaço de manobra internacional do Brasil no mundo, dificultando a diversificação das parcerias.

Um Mercosul mais institucionalizado não atenderia aos interesses de parte considerável das elites, de grupos sociais, econômicos e regionais, de setores políticos, que parecem ter suas necessidades contempladas pela estrutura básica definida em 1991. Vimos que desde o final dos anos 1990 houve tendências que apontavam para a necessidade de seu rebaixamento. De todo modo, mesmo se redimensionados os objetivos, o Mercosul persistiu, e vimos que persiste de forma contínua de parte dos empresários, sobretudo industriais, o interesse no aumento do comércio e do investimento transfronteiriço. Nos períodos anteriores, governos do PSDB e PT, grandes empresas brasileiras buscaram os mercados regionais. Foi o caso de Petrobras, Itaú, Bunge, Gerdau, AmBev e outras, e também de empreiteiras, como Camargo Correa, Odebrecht, Andrade Gutierrez, OAS, Queiroz Galvão etc. A crise desencadeada em 2014-2015 pelas investigações e processos relativos à corrupção na Petrobras acabou impactando pesadamente a posição brasileira de integração, com reflexo em toda a região. O enfraquecimento ou mesmo o potencial desaparecimento de algumas dessas empresas diminuiria o ímpeto, já fragmentado, dos empresários pela integração. Todas as teorias de integração regional reconhecem a importância desse setor, seja público ou seja privado, para o avanço do processo.

O Mercosul foi importante em situações determinadas, como na negociação com a União Europeia, cujo acordo foi formalmente assinado em Bruxelas em junho de 2019. Também o foi nas relações com os Estados Unidos no período que vai até 2016, servindo como mecanismo de resistência frente a pressões assimétricas. Há na tradição diplomática brasileira a preocupação pela busca de formas para evitar compromissos que possam mais tarde levar a perdas para o país. Isso tem acontecido nas negociações econômicas, mas o mesmo vale para outros campos. Ao mesmo tempo, deve ser observado que, apesar do quadro internacional sugerir o fortalecimento da integração para negociar em melhores condições frente ao mundo exterior, isso não tem acontecido sempre. Por exemplo, verificam-se situações tipicamente contraditórias: no Capítulo 5, vimos que a União Europeia valorizou a relação bloco a bloco.

No caso de acentuarem-se dificuldades nas relações intra-Mercosul, certamente as pressões, como já vimos, para buscar soluções nacionais vão se acentuar. Isso se verificou de forma contida até 2016. No período Temer, o movimento em direção a soluções nacionais em desacordo com os Estados do bloco se acentuou. A decisão de não permitir que a Venezuela assumisse a presidência *pro tempore* do Mercosul, em julho de 2016, exigiu pressões sobre o governo do Uruguai, que deveria transferir o cargo.[8] Com a administração Bolsonaro, rompeu-se a tradição de que a primeira viagem de um presidente brasileiro recém-empossado ao exterior seja para Buenos Aires.

---

8 Disponível em: <https://internacional.estadao.com.br/noticias/geral,serra-e-fhc-viajam-ao-uruguai-para-evitar-que-venezuela-lidere-o-mercosul,10000061190>. Acesso em: 10 jul. 2023.

Em março de 2019, Bolsonaro viajou a Santiago, tendo sido esta a sua primeira viagem para um país da América do Sul. Seu objetivo foi participar de um encontro com outros chefes de Estado da região para discutir a criação do Prosul. Estavam na reunião outros presidentes, de Argentina, Colômbia, Paraguai e Peru.[9]

Os governos brasileiros admitiam a ideia de que integração significa conceder algo de soberania, mas as concessões que em tese daí derivariam tenderam a ser restritas: por isso a defesa do gerenciamento da união alfandegária com políticas limitadas no tocante ao combate às assimetrias (Arbix, 2015). A baixa complementaridade não foi enfrentada com políticas conjuntas de desenvolvimento regional, com projetos comuns e com ações mais fortes para criar cadeias produtivas. As iniciativas internas ao governo, quando houve, foram limitadas (Froio, 2015). Na medida em que as assimetrias se mantêm altas, em virtude da ausência de instrumentos regionais adequados, a tendência é que a união alfandegária não se complete e acabe sendo debilitada por uma lógica na qual os conflitos são sobrevalorizados, já que os meios para sua superação têm relação com a mudança de postura dos Estados. A posição do Brasil, longe de ser a única responsável pelas dificuldades, encontrava nos sócios do bloco resistências paralelas ao aprofundamento. As formas de posicionamento de Argentina, Paraguai, Uruguai e Venezuela frente ao Mercosul também contribuíram para o movimento limitador. Destacamos o papel do Brasil, pois a este caberia a função de *paymaster*, ainda que não o tenha sido, de acordo com a formulação de Mattli (1999).

Diferentemente do Mercosul, a Unasul surgiu num contexto de diversidades na região. Inclusive diversidades no tocante à política de inserção na economia internacional. Diversidades eram aceitas, consideradas normais. Portanto, a Unasul não tinha como objetivo a integração econômica, descartando-se qualquer proposta de mercado comum. Não visou política externa comum. Buscava superar diferenças, sem desconhecê-las, mantendo um espaço de interlocução. A Unasul representou o segundo círculo concêntrico para a política brasileira, que pelas suas características intergovernamentais e flexíveis, sem compromissos institucionais de significados incontornáveis, pareceu desse modo consolidar-se ao longo de alguns anos. Desenvolveu-se assim sua razão de ser, na perspectiva dos governos de Brasília ao longo do tempo.

Na perspectiva de Lula (2006), em discurso na cerimônia de abertura da II Reunião de Chefes de Estado e de Governo da Comunidade Sul-Americana de Nações, antecessora da Unasul: "Um projeto tão amplo quanto o da nossa Comunidade tem que contar com instituições que permitam

---

9 Disponível em: <https://g1.globo.com/politica/noticia/2019/03/23/bolsonaro-chega-de-volta-ao-brasil-apos-viagem-ao-chile.ghtml>. Acesso em: 10 jul. 2023.

realizar nossos projetos. Se queremos uma Comunidade forte, é necessário dotar-lhe dos instrumentos necessários". O objetivo era a existência de um instrumento sul-americano, portanto não latino-americano e ainda menos hemisférico. Esse objetivo explica-se porque nesse espaço, na formulação do Estado brasileiro, de seus políticos e de seus altos funcionários, podem--se criar consensos a respeito de alguns temas. Consensos que, lançando mão da formulação já clássica de Bull (2002), são possíveis na medida em que se busca a ordem, e permitem manter a independência dos Estados individuais. E, ainda mais relevante: consensos que podem ser obtidos como resultado de uma composição de poder marcadamente regional. Desse modo, compatibilizam-se preservação da autonomia, cooperação, integração seletiva e um espaço comum onde as relações correspondem a outra geografia, atenuando, não eliminando, o peso de fatores extrarregionais. Isso seria possível na América do Sul, mas não na América Latina, e menos ainda na esfera continental. Utilizando-se conceitos discutidos neste livro, seria uma forma de potencializar a autonomia regional, não enfrentando poderes objetivamente maiores, mas dando a possibilidade de afirmação regional para questões para as quais haveria capacidades instaladas, sem desconhecer as relações de poder no plano mundial.

Nessa esfera sul-americana, alguns países ganham maior capacidade decisória. Para os dirigentes do Estado – também podemos dizer para as elites que davam apoio ao governo –, para a diplomacia, o Brasil obtém maior poder de decisão. Como dissemos, a formulação brasileira de um espaço sul-americano tem continuidade, vem consolidando-se desde 1993, e mesmo antes, perdurando em distintos governos, Itamar Franco, Cardoso, Lula e Rousseff. Percebemos claramente que corresponde no tempo à política mexicana de inserção no espaço norte-americano, rompendo o México com sua tradição secular de antiamericanismo. Em vista de crescentes dificuldades em relação ao Mercosul e mesmo na perspectiva de mudanças na relação com os Estados Unidos, que analisaremos a seguir, a Unasul poderia ser funcional a diferentes interesses. Podia preservar uma razoável autonomia de negociação interna à região e, ao mesmo tempo, do ponto de vista do Brasil nos governos citados, preservar seu espaço que em qualquer circunstância era então visto como central para os equilíbrios regionais e mesmo no sistema internacional.

Nessa perspectiva brasileira, segundo Guimarães (2006, p.275) é indispensável trabalhar de forma "consistente e persistente em favor da emergência de um sistema mundial multipolar no qual a América do Sul venha a constituir um dos polos e não ser apenas uma sub-região de qualquer outro polo econômico ou político". A continuidade de conflitos domésticos em países da América do Sul, inclusive nos três maiores do Mercosul (Argentina, Brasil, Venezuela), mostra as dificuldades existentes mesmo no período pós-hegemônico para atingir o patamar de polo. Nas relações entre os países que constituíam os três grupos em que se subdividiam na metade dos anos 2010 os países-membros da Unasul – Mercosul, Aliança do Pacífico e Aliança Bolivariana para os Povos de nossa América (Alba) – há consistentes problemas. Alguns de origem histórica, como entre Chile e Peru; outros, ligados a problemas próprios do momento, que hoje, *ex post facto*, podemos considerar vinculados às tensões internacionais. Na administração Obama, a influência extrarregional, sobretudo chinesa, passou a ser vista como potencialmente perigosa para o interesse geopolítico norte-americano.

Mesmo em situação de mudanças importantes, como as havidas de 1990 a 2015, para o Brasil, o espaço sul-americano delineava-se politicamente de forma consistente, como reconstitui em perspectiva histórica Santos (2014, p.184), desde o governo Itamar Franco.

> O conceito de América Latina consolidou-se a partir da construção de um imaginário comum por intelectuais da própria região – com o Brasil muitas vezes recebendo ou atribuindo-se um papel peculiar nessa arquitetura identitária –, mas, também, como uma representação do "outro" para a sociedade estadunidense, como um contraconceito assimétrico de suas autoatribuídas virtudes. No entanto, a adesão do México ao Nafta, em 1992, contribuiu para erodir o conceito de América Latina, ao aproximar decisivamente um de seus polos mais importantes, o México, do "outro" desse conceito: os Estados Unidos.

Comparativamente à política brasileira para o Mercosul, no caso da Unasul, nos anos do desenvolvimentismo-distributivista, a autonomia parece se conectar mais diretamente com alguns dos objetivos da cooperação. Isso ocorre ao menos em três dimensões: financiamento para a integração, mesmo considerando as restrições brasileiras ao Banco do Sul; integração da infraestrutura (incorporação da IIRSA e estabelecimento do Cosiplan); e defesa (Conselho de Defesa Sul-Americano). Trata-se de tentativas mais ou menos articuladas de conectar a autonomia nacional com os objetivos de cooperação e integração sul-americana. Os esforços de cooperação e integração relacionados com essas três dimensões fundamentam-se no objetivo de fortalecimento da autonomia dos Estados, seja do ponto de vista de aumento das margens de manobra no sistema internacional, seja do ponto de vista de exercer efetivamente a soberania sobre o território nacional (Borda, 2012). É importante ressaltar que o processo de criação do Conselho de Defesa Sul-Americano não apenas vincula-se ao objetivo de fortalecer a cooperação em temas de defesa e segurança, mas remeteu também à intenção de estabelecer um contraponto à influência dos Estados Unidos na América do Sul, mais precisamente na região andina.

Deixando mais claro: o Mercosul é desenhado como união alfandegária visando um mercado comum (do Sul); portanto, por definição, há um horizonte de abdicação de segmentos de autonomia e de soberania, por isso, o definimos como o primeiro círculo concêntrico. Parte dos problemas do Mercosul referem-se, como discutimos, a essa questão. Não apenas no que toca ao Brasil, mas repetem-se para Argentina, Paraguai, Uruguai e também Venezuela no período em que participou do bloco. Os Estados, assim como as respectivas sociedades, tanto as elites quanto a população em geral, consideram que o foco de seu desenvolvimento depende da própria capacidade nacional, entendida não como capacidade absoluta, mas como capacidade relacional. Os grupos políticos dominantes em cada Estado, mesmo mudando ao longo do tempo, valorizam seu poder local. As elites, conforme o seu posicionamento ideológico e sua alocação na rede mundial de poder, prezam sua supremacia local, mesmo conhecendo sua debilidade e dependência no plano global. No caso da Unasul, exatamente por privilegiar a ideia de autonomia nacional e de soberania sobre o território nacional, conseguiu-se durante alguns anos fazer convergir interesses muito diferentes e ideologias distantes.

Concluindo esta parte da análise sobre a posição do Brasil frente à Unasul até 2016, retomamos a ideia de *relational autonomy* de Russell e Toklatian (2003, p.19). É parcialmente útil para pensarmos como o princípio de autonomia se relaciona com as posições do país na Unasul. Assim o consideramos, pois, ao contrário do significado original do conceito, como desenvolvido por seus autores, não se observa grande participação da opinião pública, dos grupos de interesses e de atores domésticos diversos na definição das posições do Brasil. A política brasileira para a América do Sul, embora não desconsidere as preferências domésticas, até 2016 foi muito mais determinada pelas instituições do Estado, pela ação da Presidência e do Ministério das Relações Exteriores, como discutido pelos autores que estudaram o conceito de diplomacia presidencial. No caso da Unasul, foi também importante a participação do Ministério da Defesa. O apoio doméstico necessário para a implementação dos acordos, em geral, é buscado *ex post facto*, sendo essa uma das particularidades da integração regional na América do Sul que dificulta a utilização de teorias de matriz neofuncionalista ou liberal-intergovernamentalista para o seu entendimento.

A ideia de *relational autonomy* deve ser compreendida e utilizada combinadamente com a análise de Pinheiro (2004) sobre o duplo padrão da política externa do Brasil, definido como de institucionalismo pragmático. Isto é, há esferas distintas de análise. Por um lado, busca-se manter autonomia pela distância ou pela diversificação, por outro lado, busca-se manter a autonomia pela cooperação, estabelecendo uma relação entre as duas que visa garantir benefícios, afastando riscos. Nos governos Lula e Rousseff, intensificou-se em parte, sobretudo na visão da presidência, a ideia da importância da construção institucional, sem deixar de existirem padrões duplos. À medida que a crise política brasileira fortaleceu as posições dos que defendem a negociação de acordos comerciais com os países centrais e os grandes blocos (TTIP e APT), ou a rápida adequação aos padrões da OCDE, a busca da institucionalidade nas organizações sul-americanas perderá prioridade, sem que o Brasil deixe de continuar se preocupando com formas de cooperação e, mesmo, de integração regional. O país tem sido beneficiado de modo importante pela exportação de bens de maior valor agregado para a região e esta posição não desaparece nas organizações empresariais mesmo depois de 2019, como indica um estudo da CNI (2020, p.13): "O comércio com o bloco tem grande importância econômica para o Brasil. O Mercosul é destino de 45% das exportações brasileiras de bens para a América Latina e 21% das exportações totais de bens manufaturados para o mundo. É ainda um grande destino de investimentos de empresas multinacionais do Brasil".

Na análise da política de integração e de relações hemisféricas do Brasil, a Comunidade de Estados Latino-Americanos e Caribenhos (Celac), estabelecida em 2010, surge como o terceiro círculo concêntrico. Alguns dos Estados membros observavam a organização como possível fórum alternativo à OEA. O então presidente do Equador, Rafael Correa, foi quem mais avançou nessa direção. Para ele, a Celac deveria substituir a OEA.[10] A posição brasileira surge como mais branda e articulada. O governo brasileiro no período do PT reconhecia a importância da organização, mas não entendia que deveria se transformar numa alternativa à OEA, nem servir como base de confrontação a ela.

Para o Brasil, a Celac surge como uma organização que congrega todos os países da América Latina e do Caribe e, nas palavras de Garcia, "sem países estranhos a eles" (2013, p.61). Trata-se, sim, da abertura de foros sem a participação dos Estados Unidos e Canadá, mas a concepção pragmática no campo internacional estimula evitar ações de confrontação e mesmo políticas que diretamente visem o enfraquecimento da OEA ou outros instrumentos de tipo continental. Percebemos claramente a ideia do terceiro círculo concêntrico. O governo brasileiro considera existir maior grau de identidade na Celac que na OEA. Essa interpretação da posição brasileira é compartilhada por um espectro amplo de autores, inclusive por alguns próximos a posições então oposicionistas. Sorj e Fausto (2013), partindo de posição diferente daquela do governo, coincidem em parte das conclusões em relação às motivações:

> O objetivo central da ação brasileira em seu ambiente é a estabilidade política. Em geral, o Brasil obteve sucesso ao mediar conflitos entre a agenda antiamericana liderada por Chávez – e apoiada pelos demais países da Alba – e os demais países da região. Ao moderar os impulsos, o Brasil se tornou o eixo central do desenvolvimento de instituições que visam limitar a importância da OEA, ou seja, dos Estados

---

10 *Infolatam*. Equador: Rafael Correa apresenta a Insulza suas propostas para reformar a OEA. 30 nov. 2012. Disponível em: <http://www.infolatam.com.br/2012/11/30/equador-rafael-correa-apresenta-a-insulza-suas-propostas-para-reformar-a-oea/>. Acesso em: 28 maio 2013.

Unidos, sem propor sua desaparição. Ao mesmo tempo, a existência de organizações regionais sem a presença efetiva do gigante do norte impulsiona a influência brasileira. (Sorj e Fausto, 2013, p.65)

No entendimento do governo brasileiro, a Celac daria continuidade às ações desenvolvidas anteriormente pelos Grupos de Contadora e do Rio (criados em 1983 e 1986). Pode-se afirmar que a Celac é vista como a representação de um grupo continental de Estados que têm em comum algumas, não todas, afinidades e que pode articular conjuntamente algumas ações, inclusive algumas relações com o resto da comunidade internacional, também com os Estados Unidos. A China considera a Celac sua interlocução institucional para a América Latina.

Nessa perspectiva, houve interpretações de que o Brasil buscaria a formação de um polo alternativo com poder competitivo extrarregional (Burges, 2008; Gardini; Lambert, 2010; Malamud, 2005). Qual seria o fundamento para as análises sobre a política brasileira na região que destacam o papel pretendido pelo país na relação com o próprio entorno, sublinhando o desinteresse em oferecer contrapartidas que seriam esperadas de um ator com papel de *paymaster*? A política externa brasileira, particularmente a regional e a política hemisférica, exige entender que não houve preocupação por uma liderança acima das próprias possibilidades. Apesar de fortes diferenças em relação a aspectos da política exterior, regional e hemisférica, inclusive em relação ao Mercosul e à Unasul, na sociedade civil e entre as forças políticas que se originaram no bojo da Constituição de 1988, encontramos razoável consenso sobre alguns pontos fundamentais, particularmente em relação à necessidade de não se superestimar a capacidade nacional. Temas que estão inscritos no art. 4º do texto constitucional que dispõe sobre os princípios que regem as relações internacionais do Brasil: "I – independência nacional; II – prevalência dos direitos humanos; III – autodeterminação dos povos; IV – não intervenção; V – igualdade entre os Estados; VI – defesa da paz; VII – solução pacífica dos conflitos; VIII – repúdio ao terrorismo e ao racismo; IX – cooperação entre os povos para o progresso da humanidade; X – concessão de asilo político."[11] O parágrafo único do art. 4º dispõe que "A República Federativa do Brasil buscará a integração econômica, política, social e cultural dos povos da América Latina, visando à formação de uma comunidade latino-americana de nações".

Neste livro, não nos atemos aos aspectos formais, já que aqui procedemos a uma análise da política externa brasileira frente à integração regional. Citamos o artigo 4º porque simboliza a percepção de uma parte importante

---

11 Disponível em: <https://www.senado.leg.br/atividade/const/con1988/CON1988_05.10.1988/art_4_.asp>. Acesso em: 11 jul. 2023.

da sociedade, além das elites políticas, sociais e econômicas. O desenrolar da política nacional crescentemente polarizada, como vimos, a partir das eleições de 2014, levou nos anos sucessivos a crescentes tensões. Por isso é importante recordar que em política externa houve consensos mínimos, inclusive do ponto de vista da inserção regional e hemisférica. O que não desconhece grandes divergências, e mesmo uma visão de mundo muito distinta, entre o PT e o PSDB, dois partidos enraizados na Constituição de 1988. A radicalização que se sucede, levando ao governo Bolsonaro em 2019, de fato introduz no Brasil variáveis extraconstitucionais. Variáveis essas que em diversos aspectos têm coincidência com interesses das elites brasileiras, mas não se confundem com elas.

Se esta interpretação foi válida nos mandatos de Cardoso e Lula, os de Rousseff acentuaram a característica de inviabilidade de um papel fundador na região, a não ser o que pode ter o Brasil pelas suas dimensões, particularmente econômicas, conforme vimos na Tabela 5.1. Isso deriva em parte pelo reconhecimento dos limites, em parte pelo agravamento das crise política e econômica que pesa de forma decisiva na limitação de influência. Trata-se de crise estrutural da economia brasileira que, com alternâncias, sobretudo a do período desenvolvimentista-distributivista, perdura desde 1980, alcançando quarenta anos (Bresser-Pereira, 2019), gerando desindustrialização e contínua baixa na capacidade de poupança e de fortalecimento da competitividade. A crença na possibilidade de intermediação brasileira, ou mesmo no poder de convicção, o *soft power*, em alguns casos é superestimada até por grupos de interesse e setores do governo norte-americano que a utilizam para acentuar pressões na região.

O governo brasileiro contribuiu fortemente para a proposta de constituição da Cúpula da América Latina e do Caribe sobre Integração e Desenvolvimento (Calc) que viria a se fundir com o Grupo do Rio para se tornar a Celac. A contribuição não foi isolada nem se deve dizer que teve papel totalmente decisivo, já que somou-se a diferentes articulações. Sem tais articulações, a Celac não teria se constituído. Lembremos também que coube ao governo do México, durante mandato de Felipe Calderón, papel relevante, correspondente ao interesse em evitar um único vínculo externo – o Nafta e os Estados Unidos. A Celac é importante para o Brasil, mas com menor densidade que Mercosul e Unasul.

4. O eixo hemisférico: OEA e as relações com os Estados Unidos

As relações com os Estados Unidos, como vimos no Capítulo 1, sempre foram importantes para o Brasil. Não há qualquer particularidade nisso: elas foram e são importantes para todos os países hemisféricos. Nos séculos

XX e XXI, o são para qualquer país, em todos os continentes. E novamente se tornaram um importante foco de disputa política no Brasil ao longo do segundo governo Rousseff. As indicações nessa direção surgiam tanto no Brasil quanto nos Estados Unidos. As pressões pelas mudanças resultavam não tanto do quadro internacional ou das relações bilaterais, ainda que estas tenham estimulado caminhos, mas da compreensão que os grupos dirigentes e as elites brasileiras terão desse quadro e dessas relações. Em outros termos, relacionam-se diretamente com as condições internas do país e, secundariamente, com as atitudes dos setores norte-americanos preocupados com o Brasil, sejam empresariais, sejam governamentais. As atitudes norte-americanas são importantes, mas o ponto mais relevante foi, desde o aguçamento das tensões internas no Brasil, ver como estas influem nas relações de poder.

Como demonstramos nos capítulos anteriores, a ideia de autonomia tem sido uma diretriz sempre presente na política brasileira. A ação dos Estados Unidos nas relações hemisféricas é, por si mesma, um desafio para o exercício da autonomia nessa esfera. No início do século XXI, fatos novos surgiram, particularmente a possibilidade de mudança gradual no equilíbrio internacional. O que importa aqui sinalizar, pelas consequências que poderia ter nas relações nas Américas, é o declínio relativo dos Estados Unidos, mesmo esse país continuando a ser, de longe, a principal potência mundial. Importante é ter em conta o significado que passou a ter a presença chinesa, econômica, política e mesmo estratégica (Vadell, 2011). De todo modo, as consequências desse processo a longo prazo, se não estavam claras nos anos do segundo termo de Rousseff, aos poucos ganharam crescente visibilidade. Umas das consequências disso foi a dicotomia entre aceitação da presença chinesa na região no plano econômico, como grande importadora de *commodities* de muitos países latino-americanos e grande investidora, sobretudo em infraestrutura, e uma escalada de tensões que persiste nos planos tecnológico e geopolítico. As pressões norte-americanas, mesmo não sendo diretas, tiveram a capacidade de desestabilizar inúmeros governos, com consequências sobre os fenômenos de integração.

A análise da posição brasileira no continente deve ter em conta esse conjunto de fatores, que explicam ambiguidades ao longo do tempo. Por um lado, nos governos Lula e no primeiro mandato Rousseff, a busca do fortalecimento de organizações sub-regionais, de forma a aumentar a autonomia frente aos Estados Unidos, e, por outro, a manutenção de um perfil baixo na OEA, utilizada como foro de discussão de alguns temas. A OEA foi historicamente um *locus* para o desenvolvimento das relações com os Estados Unidos, mas passa longe de ser o único e mesmo o principal. As relações do Brasil com os Estados Unidos concretizam-se no contexto de foros bilaterais. Compreendemos assim o significado da OEA para o Brasil, e sua relativização. Se ela pode ser interpretada até 2016 com a ideia do quarto círculo concêntrico, seu papel não se modificou inteiramente para os governos brasileiros desde então.

Na OEA observa-se uma diminuição da influência norte-americana, que, para alguns autores, é considerada como desinteresse. Fenômeno não conjuntural, manifestando-se desde os anos 1990 e atravessando todo o período Insulza (2005-2015), e continuando no de Almagro (2015-2025). De acordo com Herz (2011), a organização, no período chamado pós-hegemônico, não pode mais ser vista como um instrumento da política externa norte-americana como no passado. Para a autora, a situação dos Estados Unidos na OEA é muito diferente, em decorrência da ascensão da esquerda em muitos países, da diversificação de suas políticas externas, da falta de compatibilidade entre os interesses norte-americanos e os objetivos da região em temas como migração, terrorismo e combate ao narcotráfico, além da falta de uma estratégia clara emanando de Washington (Herz, 2011). A evolução da influência norte-americana na organização também apresenta ambiguidades. Por um lado, parece diminuir, particularmente pela ausência de políticas para a região, mas, por outro, ela continua possuindo grande significado. Como sublinham Bell e Armstrong (2015), o orçamento continua vindo de Washington, ao redor de 42% do total (Meyer, 2013). Esse peso não se modificará no curto e médio prazo visto que as cotas relativas a cada país obedecem a critérios vinculados ao peso das próprias economias. Mais importante é considerar que na segunda metade dos anos 2010, até 2020, aquelas condições indicadas de que haviam levado ao enfraquecimento da OEA deixaram de existir no que tange à maioria dos governos da região – o governo brasileiro a partir de 2019 evidencia o fato. Isso não significa que a OEA possa voltar a ter centralidade na região. No período Trump, de fato, as orientações fundadas no unilateralismo buscaram acordos pontuais. Ampliação de tratados de comércio e cooperação bilaterais e ações diretamente dirigidas pelos Estados Unidos, como descreve Bolton (2020) no Capítulo 8 ("Chaos as a way of life") de seu livro, relativo às preocupações da administração com a Venezuela. Mesmo para a política de unilateralismo agressivo, os países da região não têm relevância – o Brasil estando entre eles.

Russell e Tokatlian (2007, p.22), ao discutir as possíveis estratégias da América Latina frente aos Estados Unidos, consideram que para os países da região é útil

> [...] o multilateralismo vinculante (que) implica a utilização das instituições internacionais para se opor a propostas ou ações dos Estados Unidos que violem a legalidade internacional, e para induzi-los, com outros países, a aderir a acordos e regimes internacionais que necessitem a sua participação para ser eficientes, assim como concertar com outros países a fim de ampliar a capacidade de ação coletiva frente a Washington.

Essa análise contribuiu à explicação da perspectiva geral da política brasileira nos governos de 1986 a 2016, mas não ajuda a explicar a posição frente à OEA, pela especificidade das relações dentro desta organização. No caso da organização hemisférica, vista a assimetria de poder, a experiência histórica e também a recente, ao longo daqueles trinta anos, têm sugerido ao Estado brasileiro que políticas multilaterais não surtem os efeitos desejados pelos governos do país. A preocupação do Brasil no governo Lula pelas bases norte-americanas na Colômbia, a falta de sintonia na crise de Honduras, o modo como os Estados Unidos persistem em discutir questões como o narcotráfico e as guerrilhas colombianas, são todos pontos que indicavam evidentes dificuldades na utilização da OEA, mesmo sem abdicar do reconhecimento de sua competência no trato de alguns temas de interesse comum. Torna-se evidente a colocação da OEA numa escala com menor comunidade de valores que os existentes nas relações com Mercosul, Unasul e Celac. É notável que governos brasileiros que buscam estreitar o relacionamento econômico e geopolítico com os Estados Unidos privilegiam as relações bilaterais em detrimento das multilaterais. A OEA não volta a ser centro de preocupação, e em outras instituições multilaterais com formato hemisférico, como o Banco Interamericano de Desenvolvimento (BID), o Brasil contribui para a consolidação do interesse geopolítico norte americano.[12]

A probabilidade desta situação da OEA modificar-se no final dos anos 2010, ainda nos *terms* Obama e Rousseff, mostrou-se impossível. Tanto de parte brasileira quanto de parte norte-americana, a orientação dos Estados, analisamos o caso do Brasil, a tendência foi a de privilegiar a busca que não teve êxito, de melhoria das relações bilaterais, em detrimento das multilaterias. As forças econômicas, políticas e sociais brasileiras, de oposição ou dentro do governo, redobraram as pressões para fortalecer um movimento de busca de acordos com os norte-americanos. As tendências que, a partir de 2015, defendiam o multilateralismo e autonomia, mostravam-se enfraquecidas. No caso dos Estados Unidos, há ambiguidades. Muitas vezes a posição do governo, particularmente da administração Obama, converge para a busca da melhora nas relações inclusive com governos não afins aos Estados Unidos. Nisso parcialmente apoiada por setores governamentais, empresariais, *think tanks*, sobretudo os liberais. Uma figura que teve papel relevante neste sentido foi o então vice-presidente Joe Biden. No caso das escutas realizadas pela National Security Agency (NSA) em relação à presidente brasileira, para as quais o governo do Brasil exigiu pedido formal de desculpas desde 2013, houve movimentos que visaram acomodar a situação, deles participando o então ministro das Relações Exteriores Mauro Vieira.

---

12 *Folha de S.Paulo*, 03 ago. 2020. Declaração sobre a candidatura norte-americana à presidência do BID. Disponível em: <https://www1.folha.uol.com.br/opiniao/2020/08/declaracao-sobre-a-candidatura-norte-americana-a-presidencia-do-bid.shtml>. Acesso em: 12 jul. 2023.

Ao mesmo tempo, os setores conservadores, sobretudo no âmbito republicano, agiram de modo agressivo, particularmente contra aspectos da política externa brasileira: por exemplo, são decididos críticos do bloco dos Brics. As sérias dificuldades em que se encontrava o governo Obama, enfrentando um Congresso hostil na fase final de seu segundo mandato, 2015 e 2016, indicam que, do mesmo modo que no conjunto das relações externas, não há diretrizes consistentes também em relação ao Brasil. Ou, no caso dos republicanos, há atitudes decididamente desestabilizadoras frente ao conjunto da política hemisférica.

Nesse contexto compreendem-se o encontro presidencial bilateral no Panamá em abril de 2015 e a negociação para reabrir o caminho interrompido na preparação da visita de Estado brasileira a Washington. As diferenças em relação a períodos anteriores, durante o segundo mandato Rousseff, não passam despercebidas nos Estados Unidos. O *New York Times* (21 mar. 2015),[13] ao analisar em editorial os problemas brasileiros, busca destacá-los:

> Até então, essas expectativas parecem ter sido mal colocadas. Rousseff tem sido uma liderança nada impressionante na gestão dos assuntos domésticos, e talvez ainda mais decepcionante no palco internacional. Enquanto as outras três grandes economias emergentes, China, Rússia e Índia, estão fortalecendo suas políticas externas, a voz brasileira na arena internacional sob a tutela de Rousseff se torna um sussurro quase inaudível.

As conclusões para o jornal são de que um caminho para a busca de maior estabilidade no Brasil seria agir de forma a contemplar interesses norte-americanos contestados na América Latina. Os formuladores da política do governo democrata de Obama visam atrair o governo brasileiro de Rousseff para sua esfera, sem confrontá-lo. Assim o editorial conclui:

> Contudo, o Brasil pode desempenhar um papel fundamental em relação a dois países latino-americanos cuja importância é crescente para os Estados Unidos. No que diz respeito à Venezuela, é provável que o Brasil seja um dos atores mais influentes e capazes de preencher a lacuna que divide o governo de Nicolás Maduro e a sua oposição, a qual teve suas lideranças encarceradas em confronto com o presidente. Da Silva, um político carismático e exitoso nas negociações diplomáticas, comumente lançava mão da sua relevância para se relacionar com o antecessor impetuoso de Maduro, Hugo Chávez.
> Em relação à Cuba, o Brasil poderia desempenhar um papel construtivo no desenvolvimento econômico e político da ilha, à medida em que a era de Castro

---

13 Disponível em: <http://www.nytimes.com/2015/03/22/opinion/sunday/brazils-dim-voice-on-the-world-stage.html?_r=0>. Acesso em: 12 jul. 2023.

chega ao fim. O Brasil já investiu em um novo enorme porto marítimo que poderia ajudar o restabelecimento da economia anêmica de Cuba.

Na mesma direção, em Washington buscava-se mostrar como o interesse econômico dos dois países aponta para a melhoria das relações, o que deveria encaminhar a um novo patamar de convergência e de cooperação. Meacham (2015), do Center for Strategic and International Studies (CSIS), indicava qual deveria ser o caminho:

> Em termos simples, o Brasil e os Estados Unidos têm razões abundantes para cooperar. As demandas econômicas de Brasília, em conjunto com o desejo de Washington de codificar o relacionamento, justificam a cooperação [...] As preferências de Washington pelas FTAs não são imediatamente compatíveis com a tendência brasileira ao comércio multilateral regulamentado por normas [...] Somam-se as complicações da participação brasileira no Mercosul, o qual explicitamente limita a possibilidade dos membros de buscar tratados de livre-comércio fora do bloco – como vimos no processo entre Mercosul-UE para acordar tratados de livre-comércio. Torna-se claro que qualquer esforço na direção de um tratado de livre-comércio significativo só pode resultar de manobras diplomáticas cautelosas. Conclusões: as duas maiores economias do hemisfério ocidental não podem continuar a operar em um paralelo econômico. Os ganhos em potencial de uma cooperação bilateral mais ampla são enormes, e ambas Washington e Brasília parecem progressivamente mais interessadas em ter essa conversa. Frente à turbulência doméstica e à insatisfação, Dilma poderia estabelecer o comércio bilateral como um novo objetivo – o que seria capaz de gerar resultados tangíveis úteis ao cenário doméstico, tendo em vista o crescimento do apoio popular. Mesmo sob crises políticas, trabalhar com Washington poderia ser uma saída muito bem-vinda.

O desenvolvimento econômico e político brasileiro na década de 2000 foi importante, mas não permite vislumbrar atenuação da forte assimetria em relação aos Estados Unidos. Não houve de parte dos governos brasileiros o objetivo de competir nem de criar blocos antagônicos. Buscaram negociar, contrapor-se partindo do pressuposto dos interesses nacionais, que incluem o combate à miséria, a diminuição das desigualdades que persistem, a defesa de políticas adequadas de proteção ambiental preservando as políticas de desenvolvimento etc. Vimos que houve uma política visando constituir um pólo autônomo no sistema internacional, mas não contraposto aos Estados Unidos. Algumas vozes norte-americanas o reconheceram.

> É tempo de trabalhar de forma mais próxima com o Brasil na busca dos interesses em comum relativos ao fortalecimento da governança global, da promoção da estabilidade regional, da proteção ao meio ambiente e à saúde pública, da liberalização e expansão do comércio internacional na agricultura e nos serviços e na segurança energética. (Lowenthal, 2008, p.37-8)

Ao longo dos governos do Partido dos Trabalhadores, não houve tensões significativas entre o Brasil e os Estados Unidos. Pelo menos desde 1990, o relacionamento não se modificou estruturalmente. Porém, isso não significa que inexistiram contraposições, particularmente em temas atinentes à crítica do sempre renovado unilateralismo norte-americano, sem impedir políticas de entendimentos e cooperação (Patriota, 2008). No campo econômico e comercial, houve disputas, como o recurso brasileiro contra os subsídios norte-americanos ao algodão na Organização Mundial do Comércio (OMC), julgado definitivamente pelo seu Órgão de Solução de Controvérsias favoravelmente ao Brasil em junho de 2008. Em geral foram disputas inseridas no quadro de controvérsias "normais" entre países. As controvérsias de caráter econômico e comercial sempre tiveram apoio *bipartisan* no Brasil.

Ao mesmo tempo, houve espaço para falta de sintonia, que nos anos 2010 cresceram em alguns campos. O que devemos considerar importante para a análise da posição brasileira frente aos Estados Unidos, com reflexos no que se refere à OEA, é que um campo onde essa falta de entendimento tem se feito sentir com intensidade é justamente no das relações hemisféricas. Com reflexos para a ação brasileira na tecimento de sua política regional. Isso justifica a discussão sobre os quatro níveis concêntricos. Basta lembrar novamente a conferência de chefes de Estado de 2005 em Mar del Plata. "Não há dúvidas de que o período desde 2009 tem evidenciado a distância fundamental que separa Brasil e Estados Unidos quando o tema é a gestão da ordem regional nas Américas" (Castro Neves; Spektor, 2011, p.149).

Para os governos brasileiros, a consequência disso é o debilitamento da instância que deveria abrigar institucionalmente essas relações, a OEA. A existência na América Latina, particularmente entre alguns países da América do Sul, de posições que coincidem na busca de maior autonomia frente aos Estados Unidos, acabou fortalecendo a percepção brasileira, que já havia existido no período dos governos militares, de parcial enfraquecimento da OEA. Essa percepção, fortalecida nos governos Lula e Rousseff, tensionou as relações com os Estados Unidos até 2016. Uma melhor discussão dessas relações exige entender de forma mais precisa a estrutura de formulação da política exterior norte-americana. As agências burocráticas agem nem sempre de forma coordenada. Para algumas, a tensão foi entendida como objeto a ser superado. Outras agiram desde o início dos governos desenvolvimentistas-distributivistas na perspectiva do enfraquecimento dos governos brasileiros de então. O caso da NSA, subordinada ao Department of Defense, bem como o do Justice Department, servem como exemplos. Em alguns casos mais importantes são as instituições privadas, desde corporações até *think tanks*.

Considerando a perspectiva deste capítulo de demonstrar a posição brasileira frente às organizações regionais e hemisféricas, é importante compreender sua evolução ao longo do tempo. A crise da OEA não é fato novo nos anos 2010, em parte confundindo-se com fortalecimento do unilateralismo norte-americano, em outros com a percepção de maior espaço de autonomia de parte de alguns Estados que fazem parte dela. Em diferentes momentos históricos ela se debilitou. Desde a crise de Honduras de julho de 2009, a OEA enfrentou dificuldades para manter-se como referência institucional. No período dos governos do Partido dos Trabalhadores, o Brasil adotou uma postura para a gestão das relações hemisféricas que não era compatível com as posições norte-americanas. No conjunto das relações interamericanas, essa falta de compatibilidade confluiu, mesmo não sendo fator decisivo, para o impasse que é observado simultaneamente como causa e sintoma de enfraquecimento da OEA. Naquilo que concerne às posições brasileiras naquela fase, destacam-se a crise em relação à Comissão Interamericana de Direitos Humanos (CIDH) decorrente da medida cautelar que recomendava a suspensão imediata do licenciamento da Usina Hidroelétrica de Belo Monte em abril de 2011, e a posição na VI Cúpula das Américas em abril de 2012, quando a totalidade dos países latino-americanos deixaram os Estados Unidos, e parcialmente o Canadá, isolados na sustentação da posição de não participação de Cuba nas cúpulas seguintes e de não apoiar a reivindicação argentina no tocante à sua soberania sobre as Ilhas Malvinas/Falklands. Analisada *ex post facto*, essa postura contribuiu poderosamente para o descongelamento das relações Estados Unidos-Cuba. A partir de dezembro de 2014, iniciou-se uma nova fase, inclusive de reconhecimento diplomático recíproco. Nem mesmo a eleição de Trump e a nova escalada de tensões entre Estados Unidos e Cuba, puderam, até o final de 2020, restabelecer a total ruptura com Cuba. Seja de parte norte-americana, seja de parte dos outros Estados do continente, entre eles o Brasil.

A resolução parcial da questão de Cuba não pesou para o revigoramento da OEA. Desse modo, justifica-se a alocação dessa organização como o quarto círculo concêntrico para a política externa brasileira no continente até 2016. A posição do Brasil não poderia ser classificada como de oposição à OEA e às suas diferentes áreas de atuação, mas deve ser considerada como sendo uma posição de perfil baixo. Do mesmo modo que é também consensual a ideia de que os Estados Unidos não encontram na organização uma estrutura que sistematize suas relações continentais. A constituição da Unasul em 2008 abriu o caminho para que durante alguns anos existisse na América do Sul capacidade de intermediação em conflitos regionais e internos. Seu enfraquecimento e em seguida desaparecimento impede que subsistam instrumentos que poderiam garantir estabilidade e resistência a tornar a região objeto de disputas geopolíticas com potencialidade desestabilizadora internacional. A resolução de conflitos específicos, em 2008 crise institucional na Bolívia e diplomática entre entre Colômbia e Equador, em 2010 entre Venezuela e Colômbia, assim como outras crises institucionais, no Equador em 2010, no Paraguai em 2012, entre 2012 e 2017 na Venezuela. Nesses casos, a OEA em nenhum momento teve condições para intervir de forma mediadora com adequada credibilidade. Segundo Teixeira Júnior (2020), esta situação abre o caminho para maiores instabilidades, tornando a região objeto de tensões geopolíticas que compreendem, além dos Estados Unidos, China e Rússia.

5. Conclusão

Utilizamos neste capítulo o conceito de círculos concêntricos, o que facilita a compreensão da posição brasileira em relação aos organismos regionais. Geopolíticos e estruturalistas dão grande importância à ideia de sistema internacional e ao posicionamento nele. Isto é, hierarquizavam-se as relações externas de cada Estado. Acreditamos que a hierarquização que descrevemos neste capítulo explicita a percepção brasileira do início dos anos 2000 até 2016, particularmente da presidência e do Ministério das Relações Exteriores: o Mercosul representou o primeiro círculo; a Unasul, o segundo; a Celac, o terceiro; e a OEA, o quarto. A escolha buscava a racionalidade. Havia o objetivo de focalizar os interesses dos atores sociais, particularmente os determinados pelos objetivos corporativos e econômicos, não desconhecendo parte dos da população em geral, vinculando-os, de acordo com essa perspectiva, aos chamados interesses nacionais e históricos do país. A *rationale* das políticas de integração esteve determinada pelo binômio autonomia e desenvolvimento. A hierarquização das formas de integração, colaboração e cooperação – todas internamente relacionadas – deveria ter o objetivo de maximizar capacidades.

Compreender a posição internacional e hemisférica do Brasil implica considerar o conceito de autonomia, tido um princípio fundamental para salvaguardar-se contra os efeitos mais nocivos do sistema internacional. Fundamenta a articulação entre os conceitos de independência, diversificação e universalismo. O termo autonomia, no caso brasileiro, remete à ideia de ampliação das margens de atuação ou de escolha do Estado, tendo em conta a percepção das condições do sistema doméstico e internacional em um determinado período. A ideia surge como explicativa de posições internacionais, mesmo em diferentes governos. Buscando compreender as razões que possam ter levado a mudanças extremas, o quarto nível na escala de Hermann (1990), *international orientation change*, iniciadas em 2016, mas decisivamente aprofundadas em 2019, será preciso proceder a nova fase de pesquisas, sobretudo entender se há razões estruturais ou se se trata de um momento da política exterior do Brasil, provavelmente de curto prazo. Dando continuidade às ideias centrais deste livro, há perspectiva de que a busca pela autonomia deixe de ser um horizonte da política externa brasileira. Como observamos, as dificuldades de negociação política interna, até mesmo o clima de falta de negociação, bem como a crise econômica, colocam entraves para o protagonismo brasileiro na região. Em todas as esferas analisadas, a política regional desenvolvida desde o fim dos governos militares em 1986 até 2016, durante trinta anos, pois, foi desafiada por pressões por uma aproximação mais intensa com os países centrais. A sua derrota, com a vitória dos contrários, significa a definitiva ruptura das bases sociais sobre as quais se apoiava a política externa anterior? Ou estamos frente a um equilíbrio instável? A fraqueza de um projeto de desenvolvimento nacional liga-se a uma visão de mundo maniqueísta, de guerra, onde quem controla o Estado parece adequar-se.

Ao discutir a posição brasileira frente às organizações regionais, um tema histórico parece retomar força: a relação com os Estados Unidos. Durante os governos de Cardoso e Lula, condições particulares, comércio internacional favorável, fortalecimento dos países genericamente anti-hegemônicos na América do Sul, capacidade de protagonismo internacional, participação no grupo dos Brics, crescente relevância da China, possibilitaram manter relações amistosas com os Estados Unidos, sempre no plano da normalidade diplomática. Isso ocorreu em um contexto de posicionamento forte contra o unilateralismo nas diferentes arenas, seja no comércio, seja na geopolítica, seja nas organizações multilaterais, inclusive a ONU. A crise brasileira que desemboca no *impeachment* de 2016, política e econômica, fortaleceu novas atitudes. O aguçamento da crise dá-se quando nos Estados Unidos também há mudanças importantes e profundas. No Brasil, no tocante às relações externas, houve o crescimento da reivindicação de empresários, de forças políticas, com impacto na alta administração do Estado, visando a adesão aos regimes internacionais formatados pelos Estados centrais. Essas atitudes repercutiram na defesa da adesão a regimes internacionais, até agora liderados pelos Estados Unidos, como desenvolvidos no contexto da OCDE.

6. Referências bibliográficas

ALVES, V. C. *Da Itália à Coreia*: decisões sobre ir ou não à guerra. Belo Horizonte: Editora da UFMG, 2007.

AMARAL, O. E.; RIBEIRO, P. F. Por que Dilma de novo? Uma análise exploratória do Estudo Eleitoral Brasileiro de 2014. *Revista de Sociologia e Política*, v.23, n.56, 2015.

AMORIM, C. Reflexões sobre a geopolítica depois da pandemia. *Carta Capital,* 15 jun. 2020.

ARAUJO, E. Trump e o Ocidente. *Cadernos de Política Exterior*, n.6, ano III, 2017.

ARON, R. *Paz e guerra entre as nações*. Brasília: Editora UnB, 1979.

ARBIX, G. Entrevista dada a Tullo Vigevani, Juliano Aragusuku e Jose Luiz Pimenta em 17 dez. 2015.

AVRITZER, L. *O pêndulo da democracia no Brasil*. São Paulo: Todavia, 2019.

BACHA, E. *Integrar para crescer*: o Brasil na economia mundial. Texto para discussão n.27. Rio de Janeiro: IEPE/Casa das Garças, 2013.

BELL, A.; ARMSTRONG, F. *OAS*: New leadership, old challenges. Aulablog. Washington: Center for Latin American and Latino Studies (CLALS), American University, 2015.

BERNAL-MEZA, R. *América Latina en el mundo*. Buenos Aires: Grupo Editor Latinoamericano, 2005.

BITTAR, S.; HERSHBERG, E. North-South relations in the Western Hemisphere. *Mid-Atlantic Council of Latin American Studies*. Washington: American University (Paper), 2012.

BORDA, S. Desafios y oportunidades de la Unión de Naciones Suramericanas – Unasur. *Documentos CRIES*, n.18, 2012.

BOLTON, J. *The Room Where it Happened*. Nova York: Simon & Schuster, 2020.

BRESSER PEREIRA, L. C. 40 anos de desindustrialização. *Jornal dos Economistas*, jun. 2019. Disponível em: <http://www.bresserpereira.org.br/articles/2019/278-40-anos-desindustrializacao-J.Economista-FOR.pdf>.

BRICEÑO RUIZ, J. Autonomia y desarrollo en el pensamiento integracionista latinoamericano. In: BRICEÑO RUIZ, J.; RIVAROLA, A.; GRAGEA, Á. (eds.) *Integración Latinoamericano y Caribeña*. Política y economia. Fondo de Cultura Económica de España, 2012.

BULL, H. *A sociedade anárquica*. Brasília: Editora UnB, 2002.

BURGES, W. S. Consensual Hegemony: Theorizing Brazilian Foreign Policy after the Cold War. *International Relations*, v.22, n.1, 2008.

CASARÕES, G. The first year of the Bolsonaro's Foreign Policy. In: MORI, A. (org). *Latin America and the Global Order*: dangers and opportunities in a multipolar world. Milão: Ledizioni Ledi Publishing, 2020.

CARR, E. H. *Vinte anos de crise*: 1919-1939. Brasília: Editora UnB, 2001.

CONFEDERAÇÃO NACIONAL DA INDÚSTRIA. *Impactos jurídicos da saída do Mercosul*. Brasília, 2020.

CASTRO NEVES, J. A.; SPEKTOR, M. Obama e o Brasil. In: LOWENTHAL, A.; WHITEHEAD, L.; PICCONE, T. (eds.) *Obama e as Américas*. Rio de Janeiro: Editora FGV, 2011.

CHOI, Y. J.; CAPORASO, J. A. Comparative Regional Integration. In: *Carlsnaes*, W.; RISSE, T.; SIMMONS, B. (eds.) *Handbook of International Relations*. Sage Publications.

COLACRAI, M. Los aportes de la Teoría de la Autonomía, genuína contribución sudamericana. La autonomía es hoy una categoria en desuso o se enfrenta al desafio de una renovación en un contexto interdependiente y más complejo?. In: LECHINI, G.; KLAGSBRUNN, V.; GONÇALVES, W. (eds.). *Argentina e Brasil, vencendo os preconceitos*. As várias arestas de uma concepção estratégica. Rio de Janeiro: Revan, 2009, p.33-49.

FERNANDES, F. *A revolução burguesa no Brasil*: ensaio de interpretação sociológica. Rio de Janeiro: Zahar, 1975.

FOLHA DE S.PAULO. Declaração sobre a candidatura norte-americana à presidência do BID. Disponível em: <https://www1.folha.uol.com.br/opiniao/2020/08/

declaracao-sobre-a-candidatura-norte-americana-a-presidencia-do-bid.shtml>. Acesso em: 12 jul. 2023.

FONSECA JR., G. *A legitimidade e outras questões internacionais*. Rio de Janeiro: Paz e Terra, 1998.

FROIO, L. *Paradiplomacia e o impacto da alternância de governos na atuação internacional dos estados brasileiros*. Tese (Doutorado)., DCP, UFPE, 2015.

GARCIA, M. A. Dez anos de política externa. In: SADER, E. (org.). *Dez anos de governos pós-neoliberais no Brasil:* Lula e Dilma. Rio de Janeiro: Flacso Brasil, 2013.

GARDINI, G. L. *The Origins of Mercosur*. Palgrave Macmillan, 2010.

GARDINI, G. L.; LAMBERT, P. (eds.). *Latin American Foreign Policies:* between ideology and pragmatism. Palgrave/Macmillan, 2010.

GUIMARÃES, S. P. (2006). *Desafios brasileiros na era dos gigantes*. Rio de Janeiro: Contraponto, 2006.

HAAS, E. *The Uniting of Europe:* political, social, and economic forces. Notre Dame: University of Notre Dame Press, 2004.

HERMAN, C. F. Changing course: when governments choose to redirect foreign policy. *International Studies Quarterly*, v.34, n.1, 1990.

HERZ, M. *The Organization of American States (OAS):* global governance away from the media. Londres: Routledge, 2011.

HOOGHE, L.; MARKS, G. Grand theories of European integration in the twenty-first century. *Journal of European Public Policy*, v.26, 2019.

JAGUARIBE, H. *O nacionalismo na atualidade brasileira*. Rio de Janeiro: Iseb, 1958.

_____. Autonomia periférica e hegemonia cêntrica. *Estudios Internacionales*, v.46 (abr.-jun.), p.91-130, 1979.

LEVITSKY, S.; ZIBLATT, D. *How democracies die*. Nova York: Crown Publishing, 2018.

LEKROFRIDI, Z; SCHMITTER, P. Transcending or descending? European integration in times of crisis. *European Political Science Review*, v.7, issue, 1, 2015.

LIMA, S. E. M. *O pragmatismo responsável na visão da diplomacia e da academia*. Brasília: Funag, 2018.

LOWENTHAL, A. Recomendações da política americana para a América Latina. *Política Externa*, v.16, n. 4 (mar./maio), p.33-40, 2008.

LULA DA SILVA, L. I. *Discurso do presidente da República, Luiz Inácio Lula da Silva, por ocasião do encerramento da XXX Cúpula dos Chefes de Estado do Mercosul*. Córdoba, julho. Disponível em: <http: //www.mercosul.gov.br/discurso>. Acesso em: 2 dez. 2006.

MALAMUD, A. Mercosur Turns 15: Between Rising Rhetoric and Declining Achievement. *Cambridge Review of International Affairs*, v.18, n.3, 2005.

MALAMUD, A.; SCHMITTER, P. The experience of european integration and the potential for integration in Mercosul. *Paper Joint Sessions of the Workshops of the ECPR*, Nicosia, Cyprus, 25-30 april, 2006.

MALAN, P. S., BONELLI, R.; ABREU, M. P.; PEREIRA, J. E. C. *Política econômica externa e industrialização no Brasil, 1939-1952*. Rio de Janeiro: IPEA/INPES, 1977.

MARIANO, M. P. *A política externa brasileira, o Itamaraty e o Mercosul*. Tese (Doutorado). Programa de Pós-Graduação em Sociologia. Faculdade de Ciências e Letras – Unesp – Araraquara-SP, 2007.

MARIANO, K. L. P. *Regionalismo na América do Sul*: Um novo esquema de análise e a experiência do Mercosul. 1.ed. São Paulo: Editora Unesp, 2015.

MATLARY, J. H. *Integration Theory and International Relations:* what does the elephant look like and how should it be studied? Paper, 2nd ECSA World Conference, 1994.

MATTLI, W. *The Logic of Regional Integration*: Europe and Beyond. Cambridge: Cambridge University Press, 1999.

MEACHAM, C. *Protests, Corruption, and Recession:* Is Brazil Ready for Trade Cooperation with the United States?. Washington: Center for Strategic and International Studies (CSIS), 23 mar. 2015 (http: //csis.org/).

MELLO, F. C. *Regionalismo e Inserção Internacional:* Continuidade e transformação da política externa brasileira nos anos 90. Tese (Doutorado). Programa de Pós-Graduação em Ciência Política, FFLCH/USP, 2000.

MEYER, P. J. *Organization of American States:* Background and Issues for Congress. Washington: Congressional Research Service, 2013.

MORAVCSIK, A. Preferences and Power in the European Community: a liberal intergovernmental approach. In: BULMER, S.; SCOTT, S. (eds.). *Economic and Political Integration in Europe*: international dynamics and global context. UK and Cambridge USA: Blackwell Publishers Oxford, 1994.

_____. Taking preferences seriously: a liberal theory of International Relations. *International Organization*, 51, 4. September 1997, p.513-53.

_____. The European constitutional compromise and the neofuncionalist legacy. *Journal of European Public Policy*, v.12, n.2, 2005.

MORGENTHAU, H. *A política entre as nações*: a luta pelo poder e pela paz. Brasília: Editora UnB, 2003.

NEVES, B. C. *Integração da infraestrutura sul-americana*. Dissertação (Mestrado). PPGRI-San Tiago Dantas, 2019.

PATRIOTA, A. A. O Brasil e a política externa dos EUA. *Política Externa*, v.17, n.1, jun/ago. 2008, p.97-109.

PICCONE, T. A agenda da democracia nas Américas: o caso para a ação multilateral. In: LOWENTHAL, A.; WHITEHEAD, L.; PICCONE, T. *Obama e as Américas*. São Paulo: Editora FGV, 2011.

PINHEIRO, L. *Política externa brasileira, 1889-2002*. Rio de Janeiro: Jorge Zahar, 2004.

PINHEIRO, L.; LIMA, M. R. S. Between autonomy and dependency: the place of agency in Brazilian foreign policy. *Brazilian Political Science Review*, v.12, n.3, 2018.

PUIG, J. C. *Doctrinas internacionales y autonomía latinoamericana*. Caracas: Instituto de Altos Estudios de América Latina. Universidad Simón Bolívar, 1980.

_____. (1984). Introducción. In: PUIG, J. C. (org.). *América Latina*: Políticas exteriores comparadas. Buenos Aires: Grupo Editor Latinoamericano, 1984, t.I.

PUTNAM, R. Diplomacy and domestic politics: the logic of two level games, *International Organization*, v.42, n.3, 1988.

RODRIK, D. Populism and the economics of globalization. *Journal of International Business Policy*, 2018.

ROGOWSKI, R. *Commerce and Coalitions*: How Trade Affects Domestic Political Alignments. Princeton: Princeton University Press, 1989.

ROSSI, P.; MELLO, G., BASTOS, P. The growth model of the PT governments: a Furtadian view of the limits of recent brazilian development. *Latin American Perspectives,* 2019.

RUSSELL, R.; TOKATLIAN, J. G. From Antagonistic Autonomy to Relational Autonomy. *Latin American Politics and Society*, v.45, n.1, 2003, p.1-24.

_____; _____. A América Latina e suas opções estratégicas frente aos Estados Unidos. *Política Externa*, v.16, n.3 (dez. 2007/fev. 2008), p.7-27.

_____; _____. (2010). *Autonomía y neutralidad en la globalización. Una readaptación contemporanea*. Buenos Aires: Capital Intelectual, 2010.

SABATINI, C., Rethinking Latin America. *Foreign Affairs*, March/April, 2012.

SANAHUJA, J. A. Regionalismo post-liberal y multilateralismo en Sudamérica: El caso de Unasur. *Anuario de la integración regional de América Latina y el Gran Caribe 2012*. Buenos Aires: Coordinadora Regional de Investigaciones Económicas y Sociales, 2012.

SANTOS, L. C. V. G. *A América do Sul no discurso diplomático brasileiro*. Brasília: FUNAG, 2014.

SCHMITTER, P. C. *How to Democratize the European Union and Why Bother?* Rowman & Littlefield Publisher, 2000.

SIMONOFF, A. Integración y autonomía en el pensamento de Juan Carlos Puig. In: BRICEÑO RUIZ, J.; SIMONOFF, A. (eds.). *Integración y cooperación regional en América Latina*: una relectura a partir de la teoría de la autonomía. Buenos Aires: Biblos, 2015.

SINGER, A. The failure of Dilma's Rousseff developmentalist experiment: a class analysis. *Latin American Perspectives,* 2019.

SORJ, B.; FAUSTO, S. Brasil: actor geopolítico regional y global. In: SORJ, B.; FAUSTO, S. (eds.). *Brasil y América Latina*: ¿Qué liderazgo es posible?, p.23-68. São Paulo/Rio de Janeiro: Fundação iFCH/Centro Edelstein, 2013.

TEIXEIRA JÚNIOR, A. W. M. Geopolítica e postura estratégica dos Estados Unidos na crise da Venezuela. *Análise Estratégica*, v.15, p.7-24, 2020.

THE INTERCEPT (2020). As mensagens secretas da lava-jato. Disponível em: <https://theintercept.com/series/mensagens-lava-jato/>.

THORSTENSEN, V.; FERRAZ, L. (2014). *The impacts of TTIP and TPP on Brazil*. Paper. São Paulo: Fundação Getúlio Vargas, 2014.

THORSTENSEN, V.; GULLO, M. O Brasil na OCDE: membro pleno ou mero observador? *Working paper series*, n. 478. São Paulo: Faculdade Getúlio Vargas, 2018. Disponível em: <https://bibliotecadigital.fgv.br/dspace/bitstream/handle/10438/23926/TD%20479%20-%20CCGI_08.pdf?sequence=1&isAllowed=y>.

VADELL, J. A China na América do Sul e as implicações geopolíticas do consenso do pacífico. *Revista de Sociologia e Política*, v.19, número suplementar, 2011, p.57-79.

VELASCO E CRUZ, S. C., (2007). *Trajetórias:* capitalismo neoliberal e reformas econômicas nos países da periferia. São Paulo: Editora Unesp, 2007.

WALTZ, K. N. *Theory of International Politics*. Nova York: McGraw-Hill, 1979.

Considerações finais

Na introdução deste livro, colocamos três perguntas relacionadas à política externa brasileira referentes à integração regional, particularmente ao Mercosul.

A primeira questão se refere a qual o limite entre uma concepção de mundo onde a integração regional tem um lugar central e uma concepção de mundo em que a integração é instrumental, ainda que importante.

A análise realizada, como visto no Capítulo 1, mostra que os atores domésticos pró-integração tiveram iniciativa e capacidade nos anos 1980 para superar longas fases históricas onde a questão da integração regional havia se colocado apenas de forma parcial. Esses atores, entre os quais encontramos diplomatas, militares, cientistas e técnicos nos campos de energia, políticos e empresários interessados na ampliação do mercado, viabilizaram a aproximação Argentina-Brasil e a mudança no padrão de relacionamento entre os dois países.

As dificuldades para a construção de políticas públicas convergentes com a integração e a ampliação da interdependência econômica, ao final dos anos 1990, inclusive as resistências encontradas – vistas em diferentes capítulos deste livro –, permitiram, no decorrer dos anos 2000, mesmo no período desenvolvimentista-distributivista, o fortalecimento de atores que passaram a valorizar ideias, projetos e interesses que não confluíam com a integração regional. Mostramos que, no núcleo do Estado brasileiro e de suas elites, as posições oscilaram ao longo do tempo entre ideias que colocaram a integração regional e o Mercosul como interesses centrais e estruturais, e outras que os viram como instrumentais. É essa alternância que permitiu o que definimos como forte atenuação do interesse ao longo do tempo, e que contribuiu para o seu declínio como se vislumbra nos últimos anos da década de 2010.

A segunda pergunta permitiu levar à explicação de como se passou de um modelo de integração com forte conteúdo comercial para um modelo no qual o enfraquecimento das possibilidades de maior integração econômica levou a concepções chamadas pós-hegemônicas – voltadas à integração política, social e cultural, especialmente discutidas no Capítulo 4.

Paradoxalmente, a integração regional, que em alguns casos alavancou fortes sinais de autonomia, como na IV Cúpula das Américas de Mar del Plata de 2005, e a integração Sul-Americana, deram-se em período histórico no qual o fenômeno da globalização permanecia hegemônico, ainda que com crescentes dificuldades, como aquelas evidenciadas nas negociações da Rodada Doha da OMC, iniciada em 2001 e ainda não concluída depois de quase vinte anos. A debilidade dos Estados nacionais na América Latina e sua baixa capacidade de agência aumentou as dificuldades do regionalismo. As forças econômicas internas nos países do Mercosul favoráveis à integração, em particular no Brasil, foram se enfraquecendo. Isso ajuda na compreensão das razões pelas quais a integração permaneceu parte da agenda de política exterior, mas tendo uma continuidade de baixa intensidade. Tratamos isso detalhadamente no Capítulo 5. As fortes mudanças políticas nos Estados Unidos em 2017, bem como em outros países centrais, como sinalizam as consequências do Brexit para a União Europeia, foram fenômenos que enfraqueceram a cooperação internacional liberal. A administração Trump nos Estados Unidos, em vez de ser enfrentada com a abertura de novos horizontes de concertação sul-americana abrangente, num contexto de crescente polarização política, acabou contribuindo para aprofundar as crises em quase todos os Estados da região.

De forma retrospectiva, podemos considerar que o contexto internacional, seja de crescimento, seja de crise, não favoreceu a integração na América do Sul. O período desenvolvimentista-distributivista – conceitualizado por alguns autores como pós-hegemônico –, no que se refere às ações direcionadas ao âmbito regional, não permitiu enfrentar aspectos desestabilizadores. Concordâncias e visões de mundo semelhantes de parte dos dirigentes políticos daquele período a respeito da importância do Mercosul, e depois da Unasul, não foram suficientes. Os fatores desestabilizadores, ou que não favoreceram a integração, são inúmeros, por vezes exógenos à região, como as consequências das políticas dos Estados Unidos ou as relações econômicas com a China baseadas na exportação de *commodities*. Ou endógenos, como a fragilidade dos Estados e a baixa capacidade de desenvolver a interdependência econômica. No Capítulo 4, mostramos que as dificuldades estruturais foram parcialmente substituídas pela ideia de um Mercosul social, político, participativo e cultural. Denominamos essa transformação de *salto in avanti*.

Os esforços de integração cultural, de compartilhamento de experiências de políticas sociais (educação, saúde, seguridade social etc.), as buscas por maior integração política (Parlamento) e ações compensatórias (Focem), sobretudo as afinidades entre as lideranças políticas, são aspectos relevantes, mas insuficientes para garantir a integração regional. Um processo de integração se consolida quando interesses econômicos ou comunidades epistêmicas veem atendidos seus objetivos relevantes. Esses interesses econômicos são um importante fator explicativo da continuidade do Mercosul. Do ponto de vista do Brasil, por um lado esses interesses explicam a baixa intensidade e, por outro, a continuidade, do Mercosul, como evidenciado em documento da Confederação Nacional da Indústria (CNI, 2020), discutido no Capítulo 5. Não discutimos neste livro os interesses de Argentina, Paraguai e Uruguai, mas a dimensão do mercado regional, particularmente o brasileiro, estimulou movimento simétrico.

Ao mesmo tempo, a escala limitada destes interesses inviabilizou o estabelecimento de uma dinâmica integracionista que gerasse *spillover*. Na pesquisa desenvolvida, tampouco identificamos entre os formuladores da política de integração do Brasil para a região ações especialmente voltadas à utilização do Mercosul ou da região visando alavancar as relações econômicas do país com o mundo exterior, como sugerido por Kraphol (2019).

Como vimos, o Mercosul e as políticas do Brasil evidenciam que, na integração regional entre países pobres, é difícil a construção de políticas compensatórias que facilitem a adesão social a um bloco regional. Na segunda metade dos anos 2010, a ascensão de governos conservadores, estreitamente enraizados em visões pró-mercado, teve como consequência uma maior desestruturação dos órgãos regionais. Fortaleceu-se a visão de uma preferência nacional particularista. Passou a prevalecer, coincidindo com a crise e desestabilização no Brasil, mas também em outros países da região, o objetivo de ampliação de vínculos com os países centrais, entendido como orientador das escolhas nacionais em um contexto de ampliação das rivalidades geopolíticas globais. No Brasil, nos termos discutidos no Capítulo 1, volta-se a enfatizar a ideia de singularidade brasileira em relação aos vizinhos.

A terceira pergunta que se apresenta refere-se à compatibilidade entre uma integração apoiada na ideia de aprofundamento do processo e outra que visa a seu alargamento. Qual é a *rationale* de priorizar o Mercosul e ao mesmo tempo criar outras instâncias regionais, como a Unasul, a Celac ou outras ainda com caráter técnico ou setorial? Discutimos no Capítulo 3 a percepção em parte dos altos servidores públicos e das elites políticas e econômicas, que o aprofundamento do Mercosul, e em geral de um processo de integração que tenha um horizonte supranacional, levaria à perda de soberania e de autonomia na relação do Brasil com o mundo. Esta ideia se manteve sempre presente, mesmo quando não prevaleceu na ação do núcleo central do governo, constituindo-se em componente da política para a região com o apoio de parte dos atores sociais, em particular empresários, e das forças políticas conservadoras.

Inversamente, a percepção de que o Mercosul fortalece a posição do país no mundo não prosperou. Vimos que os princípios orientadores da tradição diplomática brasileira – autonomia e universalismo – confluíram para a manutenção de um Mercosul no nível de uma união alfandegária, essencialmente intergovernamental e adequado ao alargamento do bloco, mas incompatível com o seu aprofundamento. Uma consequência dessas escolhas foi a vulnerabilidade às pressões externas, fato que ajuda a entender o progressivo enfraquecimento da centralidade do bloco na política externa brasileira a partir de 1999 e, sobretudo, a partir de 2016. Os argumentos tradicionais de autonomia e universalismo também motivaram a posição do Brasil na criação da Unasul e da Celac. A dimensão latino-americana, sul-americana e do Cone Sul estrutura a noção de círculos concêntricos presente na política externa brasileira que certamente teve como primeira dimensão o Mercosul, de 1985 a 2016.

A *rationale* dessa evolução existe e não esteve atrelada a forças políticas específicas. No Capítulo 3, ao examinarmos a origem do conceito de América do Sul, demonstramos como correspondeu a uma política de Estado e não à de um governo em particular. Manifestação significativa dessa evolução já havia surgido no governo Itamar Franco, em 1993, mediante a proposta de criação da Área de Livre-Comércio da América do Sul (ALCSA), apresentada como não antagônica ao Cone Sul, ao contrário, como complementar. No governo Cardoso, essa agenda teve continuidade, visando a articulação política regional, inclusive nos temas de segurança e de integração da infraestrutura regional. Em 2008, governo Lula da Silva, há a formalização da Unasul, que explicitamente não incluiu elementos comerciais e tarifários. No caso da Celac, a iniciativa não foi brasileira, ainda que apoiada ativamente pelo país. Tratou-se de absorver interesse comum com o de outros países, sobretudo do México, visando manter sua inserção e laços latino-americanos.

Concluindo a resposta à terceira pergunta, relativa à compatibilidade ou não entre uma integração apoiada na ideia de aprofundamento do processo e outra visando o seu alargamento, estudando a trajetória do Mercosul, podemos dizer que são dimensões distintas e de difícil compatibilização. Apesar disso, ambas exigem uma institucionalidade da integração regional, ainda que em graus diferentes. Até 2016, na política externa brasileira, a ênfase no alargamento sem a devida atenção ao fortalecimento institucional foi um dos elementos que fragilizou o processo. Do ponto de vista da integração regional, é necessário que um país (ou grupo de países) tenha clareza em relação às dimensões do alargamento e do aprofundamento e atue decisivamente visando a sua implementação. Mesmo a priorização do alargamento precisa do respaldo de instituições regionais eficientes e bem desenhadas. Argumentamos, já na introdução e nos Capítulos 3 e 4, que o desenho institucional e as dificuldades para se avançar em relação a uma comunidade de interesses no âmbito do bloco também se relacionam à ausência de um *paymaster*. No caso do Mercosul, o Brasil não teve uma política específica para assumir esse papel, em parte pelas suas próprias fragilidades estruturais. De acordo com os dados apresentados no Capítulo 5, o comércio intrabloco, de 1991 a 2018, diminuiu de 9% para 8%. Isso significa que o objetivo comercialista não foi alcançado.

Neste balanço do Mercosul e da integração regional, focado na política externa do Brasil, foi evidenciada a dificuldade para a solução de controvérsias de todo tipo, especialmente daquelas econômicas e comerciais. Houveram, inclusive, retrocessos na integração de cadeias produtivas – com a parcial exceção da automotiva. Nos aspectos políticos e sociais, o caso do Parlamento do Mercosul é um exemplo de instância que foi inserida na agenda, mas acabou paralisada pelos acontecimentos em função da falta de interesse na sua concretização e da ausência de empreendedores políticos. Não houve capacidade, sobretudo nem interesse, na consolidação de diferentes agendas que se apresentaram ao longo do tempo. Em alguns casos, como a Unidade de Participação Social (UPS), houve efetivo funcionamento durante o período em que houveram as Cúpulas Sociais.

A não implementação de decisões e a baixa capacidade de superação de controvérsias, no caso que analisamos, o brasileiro, também tem sua racionalidade. A teoria da escolha racional indica que a não decisão faz parte do jogo. Concluindo este livro no momento em que o Tratado de Assunção (março de 1991) completa 30 anos, com o benefício da análise *ex post facto*, percebemos que o retrocesso nas posições do Brasil com o governo Temer, mas, sobretudo, com Bolsonaro, tinha razões cujas raízes encontramos nos períodos anteriores. Os Capítulos 1 e 2 explicam as dificuldades de inserção do tema da integração regional no Brasil.

As crises são fatos inerentes a um processo de integração regional, assim como as controvérsias sobre a divisão dos ganhos e dos custos ocasionados pela maior cooperação entre os países. No caso do Mercosul, as crises no âmbito do bloco, sobretudo a partir de 1999, geraram menor engajamento e investimento institucional de parte dos países, bem como diminuição das expectativas em relação à integração. Parte das dificuldades resultaram em freios ao *spillover* e lentidão no movimento de bicicleta.

Evidenciamos com dados e com argumentos teóricos as dificuldades no Brasil para o aprofundamento da integração. Parte das elites foi favorável à integração e a sustentou em determinadas circunstâncias. Quando fatores geopolíticos se fizeram sentir com maior peso, os governos, ainda quando comprometidos com a região, não puderam proceder a iniciativas que exigem apoio e densidade doméstica. Não apresentamos esse impedimento como um determinismo histórico, uma inevitabilidade, mas como resultado da convergência entre tradições das elites e a lógica geopolítica, colocando em evidência vulnerabilidades.

Ao concluir este livro em contexto onde o regionalismo vive um momento distinto daquele que poderia ser vislumbrado quando da formação do Mercosul, há questões conceituais e contextuais em relação às quais cabem breves considerações. Lembrando uma ideia condutora do livro, há a perspectiva de que a busca pela autonomia deixe de ser um horizonte da política externa brasileira? Isso havia acontecido apenas em 1964. O resultado seria a decidida retração do Brasil na sua relação com a América do Sul.

Instabilidade e fragmentação regional têm como consequência a incapacidade do regionalismo de oferecer sustentação a governos legítimos e de mediar soluções nas situações de forte radicalização, como na Venezuela (Barros; Gonçalves, 2019). Essa situação aumenta a vulnerabilidade da região, particularmente frente a atores externos, fazendo com que alguns países voltem a ser cenário de disputas geopolíticas. O Brasil não é imune às disputas geopolíticas globais. Ao contrário, o país passou de posições pró-ativas de *balancing* para uma posição de alinhamento e *bandwagoning*, com o governo colocando-se na área de interesses norte-americanos, sob o seu guarda-chuva. Essa posição de alinhamento fica evidente nas posições recentes que o governo Bolsonaro assumiu em relação à Venezuela e à forma como será absorvida a tecnologia 5G no Brasil. Afastar-se do regionalismo contribui para o enfraquecimento da cooperação internacional e aumenta os espaços de intervenção de atores externos na região.

Ao concluirmos esta pesquisa no início da década de 2020, observamos que, na posição brasileira frente às organizações regionais, um tema histórico parece retomar força: a relação com os Estados Unidos. A crise brasileira política e econômica, que desemboca no *impeachment* da presidenta Rousseff em 2016, resultou e fortaleceu novas atitudes. O aguçamento da crise brasileira dá-se quando nos Estados Unidos também há mudanças importantes e profundas. No Brasil, no tocante às relações externas, houve o crescimento da reivindicação de uma parte dos empresários, de setores políticos, de estamentos burocráticos, com impacto na alta administração do Estado, visando a adesão aos regimes internacionais formatados pelos Estados centrais. Essas atitudes repercutiram na defesa da adesão a regimes internacionais, liderados pelos Estados Unidos, como os desenvolvidos no âmbito da OCDE (Mello, 2020).

A mudança de curso no Brasil, a partir de 2016, no sentido de maior aproximação com os Estados Unidos, bem como a diminuição da relevância do Mercosul, evidenciam que as políticas anteriores não foram capazes e não puderam ampliar a interdependência ou a institucionalidade do bloco, de modo a garantir a sua continuidade nas situações de instabilidade política. As dificuldades analisadas para a consolidação da integração, de 1991 a 2016, explicam em parte por que mudanças radicais, como as observadas na administração Bolsonaro, produzem limitada reação da opinião pública, ao menos até 2020.

A derrota de um projeto de inserção regional estruturante da ação internacional do Brasil significa a definitiva ruptura das bases sociais, econômicas e normativas sobre as quais essa política se apoiava? Ou estamos frente a uma mudança instável? Buscando compreender as razões que possam ter levado a mudanças extremas, o quarto nível na escala de Hermann (1990), *international orientation change*, mudanças iniciadas em 2016, mas decisivamente aprofundadas em 2019, será preciso proceder a nova fase de pesquisas, para sobretudo entender se há razões estruturais ou se se trata de um momento da política exterior do Brasil, provavelmente de curto prazo. O que nos parece inequívoco é que a integração regional e uma postura de cooperação com os países vizinhos é um componente fundamental para o desenvolvimento e para a estabilidade do país e da região.

Referências bibliográficas

BARROS, P. S.; GONÇALVES, J. S. B. Fragmentação da governança regional: o Grupo de Lima e a política externa brasileira (2017-2019). *Mundo e desenvolvimento*, n.3, 2019, p.6-39.

CONFEDERAÇÃO NACIONAL DA INDÚSTRIA (CNI). *Impactos jurídicos da saída do Mercosul*. Brasília, 2020, 77p.

HERMAN, C. F. Changing course: when governments choose to redirect foreign policy. *International Studies Quarterly*, v.34, n.1, 1990.

KRAPOHL, S. Games regional actors play: dependency, regionalism, and integration theory for the Global South. *Journal of International Relations and Development*, 2019.

MELLO, F. C. The OECD enlargement in Latin America and the Brazilian candidacy. *Revista Brasileira de Política Internacional*, v.63, n.2, 2020.

Posfácio

Este livro é a tradução do original em inglês *The Challenges for Building Regional Integration in the Global South: The case of Brazilian Foreign Policy towards Mercosur*, publicado em 2022 pela Editora Springer, na coleção *United Nations University Series on Regionalism*. O manuscrito do livro foi finalizado e submetido para publicação em novembro de 2020, e publicado em 2022. A versão em português foi editada e publicada no segundo semestre de 2023. Tendo em conta os desdobramentos da política brasileira, do ambiente regional e do sistema internacional entre a finalização da pesquisa e a publicação da versão em português, o objetivo deste posfácio é discutir como os argumentos apresentados no livro permitem também entender a política externa brasileira a partir de 2023. Em seus múltiplos aspectos: em relação à própria região e ao Mercosul, as relações com os Estados Unidos e com a China, e a posição do país em questões centrais da política internacional, como o conflito da Rússia com a Ucrânia.

O quadro analítico que orienta o livro, sobre a trajetória do Mercosul e dos aspectos estruturais, políticos, econômicos, sociais e normativos que condicionaram a política externa brasileira em relação ao bloco, e que impactaram o próprio desenvolvimento da integração, permite contextualizar aspectos relativos a diferentes governos que equilibram dimensões de agência e de estrutura no entendimento da posição brasileira. Alguns dos temas relevantes da pesquisa, como o da importância da dimensão institucional para a integração regional, podem ajudar a reflexão sobre a política externa brasileira a partir de 2023, tendo em conta a nova ênfase atribuída à questão.

Em que pese o fato do protagonismo brasileiro em relação ao Mercosul, à América do Sul e à América Latina ter se reduzido desde 2013, ocorre que, a partir de 2016, e, principalmente, no período de 2019 a 2022, houve desengajamento expressivo em relação à região, ao multilateralismo e ao próprio papel do Brasil no mundo. Durante a administração Bolsonaro, a capacidade de resiliência do Mercosul foi tensionada ao extremo. Isso em razão de trajetória que já acumulava dificuldades, multiplicadas em razão da intensificação de crises entre os países, problemas econômicos e instabilidades políticas, em boa medida decorrentes de decisões e omissões do próprio governo brasileiro, agravadas durante o período da pandemia de Covid-19. Esse processo teve como um de seus resultados a desarticulação das conexões entre os países da região. Assim, abriu-se espaço para maior protagonismo extrarregional em temas que deveriam ser considerados como de caráter sul-americano.

Nesse contexto, um dos sintomas das graves dificuldades enfrentadas pelo bloco foi o fato de que na reunião de presidentes do Mercosul de julho de 2021, sob a presidência *pro tempore* da Argentina, pela primeira vez não houve declaração presidencial ao final de uma Reunião de Cúpula.[1] Fortes divergências levaram a isso: visões e propostas dissonantes no tocante à Tarifa Externa Comum (TEC) e à possibilidade de negociações de acordos comerciais separadamente de cada Estado-parte com outros países, no bojo de divergências políticas entre os presidentes dos países membros, intensificadas por posturas do governo Bolsonaro. A proposta de flexibilidade para negociações comerciais, inicialmente defendida pelo governo do Uruguai, foi também encampada pela administração Bolsonaro, encontrando franca oposição do governo argentino. Ainda assim, atores domésticos ligados a setores industriais no Brasil têm frequentemente se manifestado de forma contrária ao retrocesso do Mercosul a uma área de livre-comércio pelo fato de que isso implicaria risco de perda de mercado de produtos industrializados que o país exporta para o bloco, como analisamos neste livro. Certamente esse posicionamento tem sido uma das razões para a sua continuidade de baixa intensidade.

Em que pesem as posições contrárias à integração regional e ao Mercosul durante o governo Bolsonaro, cumpre observar que as dificuldades do bloco são anteriores ao período 2019-2022, questão também abordada neste livro, embora durante sua administração tenham se ampliado, contribuindo para a ainda maior redução da interdependência econômica e para a ampliação da fragmentação política (Barros, 2023). Como apontam Azzi e Frenkel (2021:3), o distanciamento da América do Sul, presente na política externa do governo Bolsonaro, "não só representa uma das rupturas mais perceptíveis da política exterior brasileira recente, mas também possui implicações concretas para o futuro do regionalismo sul-americano ao intensificar as

---

1 Disponível em: <https://www.istoedinheiro.com.br/cupula-do-mercosul-termina/>.

tendências atuais de fragmentação e desintegração". Assim, a capacidade de agência da região diminuiu significativamente, em razão de dinâmicas presentes na própria região e no Brasil, mas também do quadro internacional, submetido a novas tensões geopolíticas.

No caso da política externa brasileira, uma das razões importantes da modificação da orientação tradicional e constitucional do país na administração Bolsonaro deve-se, em parte, ao declarado alinhamento às posições dos Estados Unidos, sobretudo ao longo do governo Trump. A crise iniciada em 2013 fortaleceu os setores domésticos no Brasil que apontam para a importância da relação com os Estados Unidos, assim como com a União Europeia. As relações com a China, entre 2019 e 2022, apesar de ser o maior parceiro comercial do Brasil e do Mercosul e grande investidor, passaram a ser entendidas na perspectiva da guerra comercial formulada pela administração Trump. Consequentemente, essas relações foram fortemente questionadas por importantes áreas do governo em Brasília e em parte dos grupos de apoio ao governo Bolsonaro. A grande admiração pela figura de Trump, manifestada em diversas ocasiões pelo presidente Bolsonaro e outros auxiliares, inclusive pelo chanceler Ernesto Araújo (janeiro de 2019 a março de 2021), por assessores e outros ministros, entrava em contradição com a falta de reciprocidade no tratamento recebido de parte da administração norte-americana, seja do ponto de vista do relacionamento público entre as autoridades, seja no balanço entre ganhos e perdas e nas concessões no quadro das negociações entre os dois países. A partir de janeiro de 2021, com o início da nova administração democrata de Joe Biden, em termos geopolíticos e comerciais não foram observadas mudanças importantes na posição do Brasil no que tange ao alinhamento com os Estados Unidos até dezembro de 2022, quando se encerra o mandato de Bolsonaro. No plano político e das ideias, manteve-se o relacionamento privilegiado com as forças conservadoras da sociedade norte-americana, muitas com fortes vínculos com os republicanos e instituições ostensivamente de direita e fundamentalistas.

Nesse contexto, a instrumentalização do Mercosul para o Brasil, que nos governos anteriores se ligava mais aos objetivos de inserção internacional do país, se viu, por um lado, subordinada às atividades discursivas de um governo movido pelo alinhamento aos Estados Unidos e pela lógica eleitoral de polarização política e, por outro, às políticas liberais capitaneadas pelo então ministro da Economia, Paulo Guedes, que pouco antes de assumir o cargo, em entrevista ao jornal *Clarín*, já afirmava que tanto a Argentina, quanto o Mercosul não seriam prioridade para o governo Bolsonaro. Na concepção de Paulo Guedes o "Mercosul é muito restrito. O Brasil ficou prisioneiro de alianças ideológicas. E isso é ruim para a economia".[2] A afi-

---

2 Disponível em: <https://valor.globo.com/politica/noticia/2018/10/28/paulo-guedes-diz-que-mercosul-nao-e-prioridade-de-bolsonaro.ghtml>.

nidade antidiplomática do presidente brasileiro com o então ministro Paulo Guedes quanto ao papel secundário do Mercosul para os interesses brasileiros permaneceu ao longo de todo o mandato.

A questão da autonomia na política externa brasileira frente aos países centrais, extensamente discutida neste livro, foi desvalorizada, em troca da busca explícita de inserção subordinada à hegemonia dos valores liberais. Como resultado, no período Trump, as orientações fundadas no pressuposto de que o unilateralismo seria uma realidade e parâmetro levaram à busca por acordos pontuais, como a ampliação de tratados de comércio e cooperação bilaterais, sobretudo à busca de inserção estável nos espaços onde prevalece a ideia do papel central da livre iniciativa, de forma combinada com a ideia da prevalência estratégica do sistema liderado pelos Estados Unidos. Entretanto, cumpre observar, que para a política de unilateralismo agressivo, os países da região não têm relevância, o Brasil entre eles. A internalização dessa perspectiva durante um período no governo brasileiro e de outros países da região enfraqueceu significativamente a integração, seja na perspectiva sul-americana, seja na perspectiva do Mercosul. Com isso, ampliou-se a instabilidade regional, viabilizando maior intervenção externa, tornando conflitos locais questões geopolíticas (caso da Venezuela, de Cuba) e, sobretudo, rebaixou-se a autonomia e a integração.

Portanto, as ideias e as estratégias políticas fundamentadas na autonomia encontraram um momento de inflexão entre 2016 e 2022. Em razão do peso do Brasil entre os países da América do Sul, o abandono das ideias e dos projetos que visariam integração e desenvolvimento contribuiu decisivamente para a alteração dos equilíbrios e para o enfraquecimento dos órgãos sul-americanos de integração, cooperação e coordenação. O resultado desse processo foi um debilitamento da própria capacidade do Brasil de projetar-se internacionalmente e, principalmente, de valer-se das relações internacionais para fortalecer projetos estruturantes no âmbito doméstico e regional.

Lula da Silva e o novo período na política brasileira: a difícil busca para reconectar temas como desenvolvimento, equilíbrio internacional e integração regional

A ampla coalizão que elegeu o presidente Lula da Silva e derrotou a ameaça à democracia brasileira que representava a continuidade do governo de Jair Bolsonaro representou também a vitória de um projeto de modelo de inserção internacional, visando recuperar o protagonismo regional e global, assim como a contribuição da política externa para o desenvolvimento do país. Contudo, a reduzida margem da vitória, 50,9% dos votos válidos contra 49,1% de Bolsonaro, evidencia um cenário doméstico de divisões significativas no país, de desafios para a democracia em razão da ampliação da polarização política e da desestruturação de políticas públicas, com consequências para a própria política externa. Além disso, a coalizão democrática que contribuiu para a eleição do presidente Lula da Silva em 2022 não se reproduziu no Congresso e em muitos estados, onde segue presente um conjunto expressivo de forças conservadoras e de direita. O governo Lula da Silva encontra dificuldades para construir maioria parlamentar, com consequências diretas para a possibilidade de levar adiante seu programa.

O aspecto de defesa da democracia e o objetivo de evitar um novo governo Bolsonaro foram amálgamas importante da ampla coalizão que viabilizou o resultado no segundo turno das eleições de 2022 (Abrucio, 2022). Contudo, considerando que há diferenças significativas entre os atores da coalizão de governo, anteveem-se dificuldades de construir consensos no que se refere a questões e prioridades de políticas públicas, entre elas, a política externa. O tema do acesso à OCDE e a posição a ser assumida em relação ao acordo de livre-comércio do Mercosul com a União Europeia, assinado pela administração Bolsonaro em 2019, são alguns dos temas nos quais não há consenso no governo e nos grupos que o sustentam, tampouco na sociedade. Os dois temas estão em pauta desde 1995, no governo Fernando Henrique Cardoso; mesmo tendo sido prioritários para Temer e para Bolsonaro, as negociações não puderam se concluir. Há inúmeras razões, uma é o posicionamento das contrapartes. Dúvidas subsistem no governo brasileiro empossado em janeiro de 2023.

No contexto de retorno do Brasil ao mundo, nos primeiros meses de seu governo em 2023, Lula da Silva visitou Argentina, Uruguai, Estados Unidos, China, Emirados Árabes Unidos, Portugal, Espanha, Japão. Nos primeiros 150 dias de seu governo, o presidente se encontrou com mais de 30 chefes de Estado e de governo, além de ter percorrido nove países em três continentes.[3] A política exterior do governo Lula da Silva retoma a linha de autonomia e de universalismo da política externa brasileira, que tinham perdido peso desde 2016 e de forma mais intensa entre 2019 e 2022, assim como a centralidade da diplomacia presidencial para a inserção internacional do país. Do mesmo modo, há um esforço para retomar a participação propositiva do país em diferentes temas da agenda internacional como mudanças climáticas, direitos humanos, paz mundial, pobreza, segurança alimentar, revertendo políticas defendidas no governo Bolsonaro.[4] Para alcançar estes

---

3 Disponível em: <https://oglobo.globo.com/mundo/noticia/2023/05/em-150-dias-de-governo-lula-se-encontrara-com-mais-chefes-de-governo-que-bolsonaro-em-4-anos.ghtml>.
4 Disponível em: <https://www.gov.br/mdh/pt-br/assuntos/noticias/2023/janeiro/brasil-encerra-participacao-no-consenso-de-genebra-e-anuncia-novas-relacoes-com-mecanismos-internacionais-em-defesa-dos-direitos-humanos-1>.

objetivos, ganharam destaque o diálogo com os Estados Unidos na busca da defesa da democracia e do meio ambiente, a retomada de relações com a União Europeia e países como Alemanha, Portugal e Espanha, e a consolidação do bloco Brics e sua nova agenda, inclusive os termos de sua ampliação.

No que se refere ao regionalismo latino e sul-americano, o governo Lula da Silva voltou a tratar o tema como prioridade para a política externa brasileira, assim como o engajamento com o Mercosul. No Ministério das Relações Exteriores, foram recriadas as secretarias dedicadas à América Latina e ao Caribe.[5] Um dos sinais do interesse em relação ao Mercosul foi o pagamento da dívida de US$ 100 milhões com o Fundo de Convergência Estrutural do Mercosul (Focem),[6] em que pese o fato do Brasil ainda não ter internalizado a norma de renovação do Focem (Focem II), negociada em 2015.[7] As agendas desenvolvidas pelo presidente Lula da Silva nas viagens para a Argentina e para o Uruguai, em janeiro de 2023, evidenciam esforços para fortalecer a relação com os países do bloco. O retorno do Brasil à Comunidade de Nações Latino-Americanas e Caribenhas (Celac) soma-se a esses esforços, que precisam fazer frente a forças e tendências de fragmentação e desintegração da região. A reunião dos presidentes sul-americanos em Brasília, em maio de 2023, consolida a sinalização do governo brasileiro em favor de formas institucionalizadas de cooperação. Por ocasião da reunião, os presidentes sul-americanos "reconheceram a importância de manter um diálogo regular, com o propósito de impulsionar o processo de integração da América do Sul e projetar a voz da região no mundo".[8] Trata-se de iniciativa que buscou retomar a perspectiva de um regionalismo inclusivo e multidimensional, em contraposição aos projetos e iniciativas de fragmentação regional prevalecentes entre 2016 e 2022, que, de diferentes formas, enfatizavam as dimensões de diferenças entre os Estados da região.

Os esforços buscam ampliar o comércio intrarregional, a integração da infraestrutura e também a integração em temas de saúde e defesa. Esses pontos voltam a ocupar papel relevante na agenda, ecoando os projetos anteriores a 2016. O governo brasileiro anunciou o retorno do Brasil à Unasul em abril de 2023, num momento em que o Brasil busca a "retomada de suas principais alianças internacionais".[9] Com o retorno da Argentina, tam-

---

5 Disponível em: <https://www1.folha.uol.com.br/mercado/2023/04/governo-quita-divida-com-fundo-do-mercosul-apos-quase-dez-anos-de-inadimplencia.shtml>.
6 Disponível em: <https://www1.folha.uol.com.br/mercado/2023/04/governo-quita-divida-com-fundo-do-mercosul-apos-quase-dez-anos-de-inadimplencia.shtml>.
7 Disponível em: <https://www.parlamentomercosur.org/innovaportal/v/15627/2/parlasur/brasil-declara-seu-apoio--aprovac%C3%A3o-do-focem-ii.html>.
8 Disponível em: <https://www.gov.br/mre/pt-br/canais_atendimento/imprensa/notas-a-imprensa/consenso-de-brasilia-2013-30-de-maio-de-2023>.
9 Disponível em: <https://www.gov.br/planalto/pt-br/acompanhe-o-planalto/noticias/2023/04/governo-federal-anuncia-retorno-do-brasil-a-unasul>.

bém em abril de 2023, surgem sinais, não definitivos, que com os atuais integrantes, Bolívia, Guiana, Peru, Suriname e Venezuela (Barros, 2023) se poderia delinear ao menos uma nova fase de cooperação. O reestabelecimento de um instrumento sul-americano de cooperação exigirá esforços significativos por parte dos Estados envolvidos e encaminhamento a respeito de temas em relação aos quais não há qualquer consenso, como a questão da Venezuela. O fato de que quase todos os Estados da região enfrentam sérias dificuldades políticas, inclusive com visíveis sinais de instabilidade institucional, sugere que o Brasil teria um papel de aglutinação importante, mesmo sem poder surgir como *paymaster* da região.

É tema analisado neste livro o fato de que o tema da integração regional não teve no Brasil qualquer manifestação de *spillover* em nenhum grupo social. Isto é, não ganhou adesão ampla e nem mesmo setorial profunda. Certamente houve momentos em que o tema teve relevância em grupos. Isso desde o governo Sarney, mas sempre uma relevância de baixa intensidade. Nos momentos iniciais do terceiro mandato Lula da Silva, a partir de 2023, o tema do regionalismo não produziu a mobilização social que seria necessária para incentivar novos passos. De todo modo, as iniciativas governamentais de política internacional podem produzir uma interação favorável na medida em que cresça o convencimento, a partir de resultados, de que a perspectiva das relações amplas com todos os países e a integração regional favoreçam a produção brasileira e os projetos estruturantes. A retomada do engajamento do Brasil ocorre em circunstância regional e global distinta e ainda mais desafiadora do a que da primeira década dos anos 2000. Essa retomada, para ampliar suas chances de êxito, implica a retomada da capacidade de atuação do BNDES na região e o retorno do Brasil ao sistema do Convênio de Pagamentos e Créditos Recíprocos (CCR) da Aladi, que foi abandonado durante o governo Bolsonaro. Esses instrumentos são relevantes pois envolvem duas dimensões centrais, quais sejam, a do financiamento e a de mecanismos financeiros de pagamento das operações de comércio exterior entre os países da região. Nesta perspectiva acrescentam-se problemas de grande complexidade, como o das relações do Mercosul com os países latino-americanos da costa do Pacífico, Chile, Colômbia e Peru (Borba Gonçalves, 2023). Ao mesmo tempo, temas nos anos 2020 fundamentais, ao existir uma cooperação sul-americana melhor articulada, poderiam ser tratados de modo a fortalecer a capacidade de barganha. Inclusive as relações com parceiros fundamentais para todos, especialmente China e Estados Unidos.

Discutimos neste livro o tema do possível retrocesso do Mercosul de união alfandegária a área de livre-comércio. Vimos que mesmo nos governos Temer e Bolsonaro a ideia não prosperou em razão dos interesses de grupos empresariais, sobretudo industriais, nas tarifas preferencias. No terceiro governo Lula da Silva, o tema do retrocesso do Mercosul para área de livre-comércio saiu da pauta do governo brasileiro, ao contrário, o objetivo é o seu fortalecimento. Em relação ao Uruguai e à possibilidade de Montevidéu negociar um acordo bilateral próprio com a China externamente ao Mercosul (antes havia se discutido o mesmo em relação aos Estados Unidos, negociação iniciada nos governos da Frente Ampla), o ministro brasileiro das Relações Exteriores, Mauro Vieira, aponta que seria uma ação que teria implicação negativa para o bloco em seu conjunto. Afirma o ministro, em entrevista de janeiro de 2023: "Se você negociar fora da Tarifa Externa Comum, destrói a tarifa. Destruir o Mercosul não interessa a ninguém".[10] Um acordo de livre-comércio de um membro do Mercosul com um outro Estado fere o arcabouço legal do bloco. O fato do Brasil ser membro dos Brics e ter relações importantes com a China, renovadas a partir de 2023, posição evidenciada em ocasião da visita do presidente Lula da Silva à China em abril daquele ano, pode eventualmente matizar a posição chinesa nesta questão. Na mesma direção podem-se ler as intensas relações que a Argentina também possui com o país asiático.

No que se refere ao acordo Mercosul-União Europeia, a posição dos governos do Mercosul é relativamente favorável, com nuances no caso da Argentina, e com demandas no caso brasileiro, no sentido de renegociar pontos específicos, como o item de compras governamentais.[11] Da parte europeia há demanda por termo adicional no tocante a compromissos ambientais e há posições diferenciadas quanto ao conjunto do acordo: alguns governos a favor da redação firmada em Bruxelas em junho de 2019 e outros com reservas. Ainda no caso europeu, fator de complexidade adicional é a necessidade de o texto ter que ser ratificado no Parlamento Europeu e em todos os 27 parlamentos nacionais. De todo modo, além da dimensão comercial, o acordo pode ter significativo impacto geopolítico, tanto para a Europa, quanto principalmente para os países do Cone Sul. Do ponto de vista do Mercosul, argumento sustentado pelos que o defendem, pode significar a ampliação da credibilidade negociadora do bloco, posição essa que no Brasil foi mantida pelos governos Temer e Bolsonaro. As dificuldades apontadas, ainda que não insuperáveis, sugerem tempos longos para a ratificação plena e o início de sua vigência. Provavelmente no governo Lula da Silva surgirão manifestações favoráveis a mudanças adicionais, sobretudo visando mais garantias para o setor manufatureiro.

O governo Lula da Silva recoloca o foco na multipolaridade como tema de forte centralidade para a política externa brasileira, tornando-se guia de sua ação exterior. Como afirma Celso Amorim: "Nas condições do mundo atual, da economia e de vários aspectos, interessa ao Brasil trabalhar por um

---

10 Disponível em: <https://www1.folha.uol.com.br/mundo/2023/01/acordo-do-uruguai-com-a-china-seria-destruicao-do-mercosul-diz-chanceler.shtml>.

11 Disponível em: <https://www1.folha.uol.com.br/mercado/2023/05/alas-do-governo-divergem-sobre-renegociacao-do-acordo-entre-uniao-europeia-e-mercosul.shtml>.

mundo multipolar. Nossa voz será mais ouvida nele do que em um mundo dividido por uma guerra fria entre os bons e os maus."[12] Ainda na perspectiva de Amorim, o Brasil sozinho não tem condições de impulsionar decisivamente esse movimento,[13] mas tem procurado o apoio de outros países na região, no fortalecimento do papel dos Brics e por meio das coalizões de diferentes formatos, de geometria variável, de acordo com a linguagem do Ministério das Relações Exteriores, como o G4 pela reforma do Conselho de Segurança das Nações Unidas. Neste livro, a questão da multipolaridade é relevante. Sua leitura permite compreender as razões pelas quais ela deixa de ser pauta a partir das mudanças de 2016 e volta com ênfase em janeiro de 2023.

O entendimento que volta a ser predominante na política externa brasileira a partir de 2023 é que a multipolaridade seria a configuração mais adequada para a ordem internacional. Do mesmo modo, a ideia de que o Brasil pode desempenhar um papel relevante no sistema internacional. No ano de 2024, o Brasil assumirá as presidências do Brics e do G20, agendas que demandarão esforços políticos e diplomáticos significativos. Um ponto a ser acompanhado, que retoma questões abordadas no livro, é qual será o papel da região na estratégia brasileira de *global player*, assim como o nível de prioridade relativa da região, tendo em conta os diferentes compromissos e inserções do país. Nesse sentido, a questão da relevância das relações com a África também deverá ganhar destaque a partir de 2023. Em discurso proferido no contexto de celebração do Dia da África, o presidente Lula da Silva afirmou que "a África não é mais a mesma. Seu dinamismo exige do Brasil que atualize sua política para o continente".[14]

As relações do Brasil com os Estados Unidos, cujas marcas distribuem-se desde os primórdios da vida nacional no século XIX, em todo o século XX e no que vai do século XXI, vistas esparsamente ao longo deste livro, são importantes e mesmo decisivas. Nesse sentido, considerando os argumentos discutidos, é fundamental levar em conta que este relacionamento continuará tendo grande importância. Pelo menos desde 2017, a "Estratégia de Segurança Nacional dos Estados Unidos" tem consolidado a visão, que prevalece em Washington e que conta com apoio bipartidário, de que há um ambiente internacional crescentemente competitivo e que a Rússia e, sobretudo, a China desafiam o poder, a influência e os interesses dos EUA. No período em que escrevemos este posfácio, há significativo consenso,

---

[12] Disponível em: <https://www1.folha.uol.com.br/colunas/monicabergamo/2023/04/nao-somos-obrigados-a-seguir-todas-as-opinioes-dos-eua-diz-celso-amorim.shtml>.

[13] Disponível em: <https://www1.folha.uol.com.br/colunas/monicabergamo/2023/04/nao-somos-obrigados-a-seguir-todas-as-opinioes-dos-eua-diz-celso-amorim.shtml>.

[14] Disponível em: <https://www.gov.br/planalto/pt-br/acompanhe-o-planalto/discursos-e--pronunciamentos/2023/discurso-do-presidente-da-republica-em-razao-do-dia-da-africa>.

irradiado pelas instituições públicas norte-americanas e reverberando nos meios acadêmicos e nos *think tanks*, de que a fase da globalização, regida pelas organizações multilaterais, perdeu boa parte de seu significado. Tudo se encaminha para uma nova onda de particularismos, *decoupling*, restrições ao livre-comércio, inclusive protecionismo, com todas as consequências que se desprendem, em termos econômicos, mas também geopolíticos. Os exemplos são inúmeros, a guerra Rússia-Ucrânia é parte. O secretário de Estado Antony Blinken descreveu o relacionamento com a China como "o maior teste geopolítico do século XXI".[15]

Nesse contexto da intensificação da competição entre Estados Unidos e China, e também frente à guerra na Europa, o governo brasileiro, em 2023, busca posição de equidistância, de preservação da autonomia e, sobretudo, ação na direção da preservação dos interesses do Brasil e de defesa da paz. Posicionamento que implica extrema complexificação da ação externa em todos os campos e contexto no qual o cenário *win-win* em que muitos acreditavam no pós-Guerra Fria, ou mesmo antes, dificilmente se concretizará. Os acordos e entendimentos e seus desdobramentos buscados e havidos nas viagens de Lula da Silva a Estados Unidos e China, em fevereiro e abril de 2023, demonstram o grau maior da complexidade. Diálogo com os Estados Unidos na defesa da democracia e do meio ambiente. Com a China, esforços em diversificar a pauta comercial e diálogo sobre a ampliação dos Brics. O cenário vivido durante a administração Bolsonaro, que optou pelo alinhamento com os EUA, principalmente durante o período do presidente Trump, sem contrapartidas e ganhos para o Brasil, muda profundamente.

As relações Brasil-Estados Unidos têm sido objeto de pesquisa, análise e interpretações de parte de intelectuais, diplomatas e analistas de diferentes países. Muitas vezes prevalece a interpretação dual/binária. A ideia de que autonomia não significa posição antiamericana tem sido de difícil compreensão nos dois países, apesar do fato de que políticas visando autonomia tenham sido defendidas em diferentes níveis ao longo da história. Discutimos neste livro a Política Externa Independente, mesmo o Pragmatismo Responsável, a política exterior de Lula da Silva e Dilma Rousseff. A simplificação do debate, mesmo de parte de setores políticos ou da imprensa, no Brasil e nos Estados Unidos, reforça a antinomia, a favor ou contra. Consideremos exemplos recentes: a retomada da exigência de visto de turista para pessoas de países que exigem visto dos brasileiros, como é o caso dos EUA. Trata-se de questão consular ordinária, de praxe, é a rotina da reciprocidade, segundo a qual os mesmos critérios estabelecidos para a entrada de brasileiros são demandados. Na eleição para diretor-geral da Organização Internacional das

---

15 Disponível em: <https://www.em.com.br/app/noticia/internacional/2021/03/03/interna_internacional,1242915/blinken-promete-enfrentar-a-china-o-maior-teste-geopolitico-do-seculo.shtml>.

Migrações (OIM), ocorrida em maio de 2023, o Brasil apoiou o candidato português António Vitorino e não a norte-americana Amy Pope. Os dois casos foram objeto de críticas, alguns considerando as posições brasileiras como antiamericanas. Em termos estratégicos, de alta relevância, considerar a posição do Brasil na Guerra do Golfo de 2003 ou na guerra entre Rússia e Ucrânia iniciada em fevereiro de 2022. Nos dois casos, as posições dos dois países não coincidiram. Há diferenças, reflexo de uma visão de mundo ou de interesses distintos. Considerar a posição do governo brasileiro como antiamericana não parece refletir a análise dos fatos.

Como surge no discurso diplomático e do governo do Brasil a partir de janeiro de 2023, fundamentam as posições frente ao conflito na Europa o objetivo de contribuir para a multipolaridade e, no caso da guerra, contribuir para a paz. Certamente a busca do fortalecimento do papel do Brasil no sistema internacional e de maximizar suas capacidades são argumentos de grande peso. O Brasil apoiou resoluções na ONU condenando a invasão russa e a anexação de partes do território ucraniano. Mas não aderiu às sanções lideradas pelos Estados Unidos e aliados da OTAN contra a Rússia. Também não ofereceu apoio militar à Ucrânia, quando expressamente solicitado pelo chanceler alemão Olaf Scholz. Motta e Junior (2023:1) utilizam a noção de "não alinhamento proativo" para caracterizar a posição brasileira neste início de governo Lula da Silva no que se refere à guerra da Rússia com a Ucrânia. A diplomacia brasileira lembra as contradições das posições de norte-americanos e europeus na interpretação do direito internacional, não respeitado em ocasião da invasão do Iraque em 2003 e em ocasião da intervenção na Líbia em 2011. Enquanto a primeira ocorreu sem o aval do Conselho de Segurança da ONU, a segunda desvirtuou uma resolução com fins humanitários, manipulada para derrubar o regime de Muammar Gaddafi.

Neste posfácio é importante identificar as significativas diferenças que estão em curso no sistema internacional nos anos 2020. Iniciaram-se com a crise econômico-financeira de 2007-2008. A globalização e a liberalização, que foram universalizadas com a contribuição das formulações de organizações internacionais que respondiam nos anos 1980 e 1990 em parte às necessidades e interesses das grandes corporações e aos novos desenvolvimentos tecnológicos baseados no grande salto da informática, depois da crise financeira passam por um movimento de revisão, que paulatinamente se encaminha a uma reorientação radical. A abertura incondicional pretendida passa a ser substituída aos poucos por formas novas de protecionismo, com legislações específicas. O enfraquecimento do sistema multilateral decorrente do objetivo focado na (re)atração de investimentos para os Estados Unidos e na busca de limitar o poder econômico chinês tem a consequência da volta das tensões geopolíticas. A *Open Investment Policy*, sancionada pelo presidente Joe Biden em junho de 2021, tem a ver com uma nova concepção da ordem internacional.

Algumas tendências parecem se fortalecer no sistema internacional, quais sejam, intensificação da rivalidade entre as superpotências, intensificação de crises simultâneas e em diferentes áreas temáticas, deslocamento do dinamismo econômico-demográfico do Atlântico para o Pacífico, ampliação do uso de sanções e ações unilaterais por parte de Estados contribuindo para enfraquecer a ordem econômica liberal, dificuldades de atuação dos mecanismos e organizações multilaterais. Esses aspectos sugerem a pertinência de maior peso do contexto regional na formulação da política exterior do Brasil. Como fica evidenciado neste livro, o fato do intercâmbio comercial com os países do Mercosul e da América do Sul constituir-se majoritariamente de produtos manufaturados, de maior valor agregado, pode fortalecer a tendência sul-americanista. Ou seja, as exportações do Brasil para a região e o adensamento das relações econômicas podem favorecer a indústria de transformação, sistemas produtivos de maior sofisticação, e a geração de emprego e renda. Lima, Ives e Albuquerque (2023:7) vislumbram que "o Brasil terá uma política externa multifacetada nos próximos anos para levar adiante uma atualização do projeto nacional desenvolvimentista, que deve responder aos desafios de uma crise securitária, ambiental e econômica".

Na América do Sul, o novo governo do Brasil indica o fortalecimento provável do posicionamento favorável à cooperação e à integração regional. Poderiam contribuir para o enfrentamento e a superação de crises políticas, econômicas, sanitárias, migratórias, entre outras, assim como para lidar com desafios ambientais e climáticos. A estabilidade regional é de interesse para o Brasil, não apenas pelos benefícios em termos de intercâmbios econômicos e outros, mas também pelo fato que situações de instabilidade nos países vizinhos têm inevitáveis efeitos de radiação para o Brasil, gerando potencial problema para estados, municípios e políticas públicas no país. A questão climática, relevante no cenário internacional como um todo, conecta-se também às questões regionais. A participação de Lula da Silva na Conferência das Nações Unidas sobre as Mudanças Climáticas (COP 27) no Egito, em novembro de 2022, foi sinal da centralidade que o tema passa a adquirir. Com isso, e em contraposição ao desconhecimento pelo governo Bolsonaro, quando prevaleceu o negacionismo climático, abrem-se janelas de oportunidades (Abdenur et al., 2023), inclusive nas relações com os Estados Unidos e países europeus. Em termos regionais, fortalece-se na agenda com os vizinhos o tema e, no tocante à região amazônica, readquire significado o Tratado de Cooperação Amazônica, abrindo-se caminho para a futura COP 30, em 2025, a realizar-se em Belém.

Concluímos o presente posfácio, cujo objetivo é, como afirmado em seu início, conectar o conteúdo analítico geral, o desenho de longa duração que fizemos da política de integração regional do Brasil e mais em geral de sua política exterior numa perspectiva histórica, com os novos cenários que surgem no Brasil, a partir de 2023, em radical contraste com o período imediatamente anterior. No livro verificamos a existência de uma trajetória de gradual perda de centralidade do Mercosul para a política externa brasileira, ou melhor, de uma permanência de baixa centralidade. Ainda que os momentos iniciais da integração Argentina-Brasil a partir de 1986 e da criação do Mercosul em 1991 até as crises financeiras de Brasil, janeiro de 1999, e Argentina, janeiro de 2002, tenham sido de maiores expectativas, a partir daí há sinais de redução delas. Por exemplo, os níveis de intercâmbio comercial deixaram de crescer e em alguns casos diminuíram. Assim, o declínio da prioridade do bloco para o Brasil, observado nos governos Temer e Bolsonaro, não deve ser visto como fato desenraizado de problemas que já se manifestavam nos governos anteriores, ainda que com diferentes características. Mesmo quando havia a chamada "vontade política", esta não foi suficiente para mudar circunstâncias estruturais. A situação de forte instabilidade que levou ao impeachment da presidente Dilma Rousseff, em 2016, e se seguiu nos governos Temer e Bolsonaro contribuiu para aprofundar ainda mais a crise do bloco. A partir de 2023, em razão da renovada ênfase do regionalismo na política externa brasileira, o tema das assimetrias na integração regional e a expectativa de parte dos vizinhos em relação ao papel do Brasil como *paymaster* tendem a se colocar novamente. Contudo, essas questões reemergem em período de maior heterogeneidade na região, de intensificação da polarização e da instabilidade doméstica nos países (e no Brasil) e de aparatos institucionais regionais fragilizados, fatores que tornam a situação atual ainda mais desafiadora.

É importante ter em conta que, desde 1986, a integração no Cone Sul conviveu com diferentes ambientes externos, evoluindo de tentativas desenvolvimentistas, breves (1986-1988), para formas de regionalismo aberto (1989-2002), inseridas num clima internacional de regimes liberais. Em seguida, os governos desenvolvimentistas e distributivistas (2003-2016), no período chamado pós-hegemônico (Riggirozzi e Tussie, 2012), buscaram fortalecer as diferentes instâncias de integração, cooperação e articulação regional, visando consolidar algumas instituições sem voltar ao protecionismo. A partir de 2016, até 2022, o governo Mauricio Macri na Argentina e os de Temer e Bolsonaro no Brasil fortaleceram a resistência à integração, mais particularmente no Brasil. Essa tendência se confirmou em níveis previamente inimagináveis na administração de Bolsonaro a partir de 2019, ao mesmo tempo em que tanto na Argentina quanto no Brasil a atração pelos vínculos com os Estados Unidos cresceu. A China como mercado comprador e fornecedora de capitais também manteve e acresceu poderosamente seu papel na região.

A América Latina em geral, a América do Sul principalmente, encontra-se frente a desafios de alto significado. Um desafio que apenas indicamos aqui é o determinado pela mudança profunda que vive o sistema internacional. A miragem da globalização, que prevaleceu por pouco mais de 30 anos, de 1990 a 2010 aproximadamente, vai esvanecendo-se aos poucos. As consequências do ponto de vista econômico, tecnológico, político, cultural, militar ainda não podem ser exatamente dimensionadas. Tensões e pressões serão crescentes. Ao mesmo tempo, temas globais e propensos à cooperação, como o meio ambiente, mantêm certamente alta relevância. Como apontamos aqui, a instabilidade na região, também forte no Brasil, hipoteca o nosso futuro enquanto aumenta a responsabilidade brasileira, cujo reconhecimento parece acrescido nos últimos anos. Desde 1986, e com a formação do Mercosul em 1991, houve avanços históricos em pontos importantes, como o desaparecimento de hipóteses de guerra na Bacia do Prata, tema de preocupação secular para os quatro países do Mercosul.

Permanece o desafio de construir instituições que trabalhem a partir de uma perspectiva regional e que contribuam para uma cooperação mais efetiva entre os países, trazendo resultados concretos para as sociedades. No Brasil, o desafio maior, para incidir regionalmente e no sistema internacional, é a afirmação das próprias instituições nacionais.

Tullo Vigevani
Haroldo Ramanzini Junior

Referências

ABDENUR, A.; TEIXEIRA, I., WAGNER, J.; ABRAMOVAY, P. Clima e estratégia internacional: novos rumos para o Brasil. *Plataforma Cipó*, nov. 2023.

ABRUCIO, F. Frente ampla, da eleição ao governo. *Valor Econômico*, 3 nov. 2022.

AZZI, D.; FRANKEL, A. Jair Bolsonaro e a desintegração da América do Sul: um parêntese?. *Nueva Sociedad*, ago.-set. 2021.

BARROS, P. S. A América do Sul no tempo do Bicentenário da Independência do Brasil: revitalização da Unasul e reconstrução da integração regional. *Revista USP*, 2023, n.136, p.113-44.

GONÇALVES, B.; DE SOUZA, J. The Pacific Alliance and its influence on South American regionalism. *Latin American Policy*, 2023, v.14, p.147-66.

LIMA, M. R. S.; IVES, D.; ALBUQUERQUE, M. O retorno de uma política externa brasileira multifacetada. *Boletim OPSA*, jan.-mar. 2023, n.1.

MOTTA, B. V. DE C.; JUNIOR, D. P. S. Brazilian foreign policy for the war in Ukraine: changing non-alignment, counterfactual, and future perspectives. *Globalizations*, 2023.

RIGGIROZZI, P.; TUSSIE, D. *The rise of post-hegemonic regionalism: the case of Latin America*. Nova York: Springer, 2012.

SOBRE O LIVRO

Formato: 16 x 23 cm
Mancha: 26 x 48,6 paicas
Tipologia: StempelSchneidler 10,5/12,6
Papel: Off-White 80 g/m² (miolo)
Cartão Triplex 250 g/m² (capa)
1ª *edição Editora Unesp*: 2023

EQUIPE DE REALIZAÇÃO

Edição de texto
Rita Ferreira (Copidesque)
Pedro Magalhães Gomes (Revisão)

Editoração eletrônica
Eduardo Seiji Seki

Capa
Quadratim Editorial

Assistente de produção
Erick Abreu

Assistência editorial
Alberto Bononi
Gabriel Joppert